U0800940

演讲与辩论

潘晶 尹敬红 ◎ 主编

中国戏剧出版社
CHINA THEATRE PRESS

图书在版编目（CIP）数据

演讲与辩论 / 潘晶，尹敬红主编. -- 北京 ：中国戏剧出版社，2024.9（2025.6重印）
ISBN 978-7-104-05498-6

Ⅰ. ①演… Ⅱ. ①潘… ②尹… Ⅲ. ①演讲—语言艺术②辩论—语言艺术 Ⅳ. ①H019

中国国家版本馆CIP数据核字(2024)第098729号

演讲与辩论

责任编辑：齐　钰
责任印制：冯志强

出版发行：中国戏剧出版社
出 版 人：樊国宾
社　　址：北京市西城区天宁寺前街2号国家音乐产业基地L座
邮　　编：100055
网　　址：www.theatrebook.cn
电　　话：010-63385980（总编室）　010-63381560（发行部）
传　　真：010-63381560

读者服务：010-63381560
邮购地址：北京市西城区天宁寺前街 2 号国家音乐产业基地 L 座

印　　刷：北京九州迅驰传媒文化有限公司
开　　本：787mm×1092mm　1/16
印　　张：18.25
字　　数：280千字
版　　次：2024年9月　北京第1版第1次印刷
2025年6月　北京第1版第2次印刷
书　　号：ISBN 978-7-104-05498-6
定　　价：118.00元

版权专有，违者必究；如有质量问题，请与出版社联系调换。

前　言

演讲与辩论属于口语传播学科的核心内容，也是高校大学生必须掌握的一项基本表达技能。想必很多人都看过 2023 年中国中央电视台主持人大赛的精彩盛况，我们无不为选手们的精彩表现而折服，深厚的文化底蕴、卓越的口才、出众的气质形象、超群的临场应变，都给我们留下了深刻的印象，网友们更是为这个节目起了个形象的名字，叫作“神仙打架”。在关注这场比赛的过程中，大家是否特别留意一些细节呢？所谓的“外行看热闹，内行看门道”。比赛中所有环节的设计主要考查选手的沟通、演讲、辩论、说服等多种表达技能，这些都属于口语传播中公共传播的范畴，也是本书的核心内容，希望通过本书的学习，能够提升大家的语言表达能力，未来大家也许也会站在“神仙打架”的舞台上。

一百多年前，美国心理学家、哲学家威廉·詹姆斯（William James）在《心理学原理》（*The Principles of Psychology*）一书中说过：“这个世界上再也没有比受到他人的漠视更加恶毒的惩罚了。如果我们走进屋子时没有人转过头来，如果我们说话时没有人回应，如果我们做事时没有人搭理，如果人们对我们不理不睬，好像我们根本不存在一样，那我们心里就会升起一股愤怒与绝望的情绪。此时就算是最残忍的酷刑，相比之下也微不足道。”是的，我们都知道说话很重要，但你知道吗？说话不仅是一种能力，它展现的更是一种权利。我们都渴望被理解、被重视，但如果一个人不能清晰地表达自己的感受与看法，甚至常常被误解、被忽视，那么很可能他就会感受到詹姆斯所说的那种愤怒和绝望，因为他觉得在话语中他失去了权利。我们要学着去掌握话语的权利，我们要通过演讲、谈判、辩论、说服去一点一滴地在别人的心中树立形象。吸引关注、化解冲突，这一切就是一个人权利的来源。演讲其实就是一个创造权利的过程，而谈判是一种协调权利的方式，当你在学习辩论的时候真正学到的是一种对抗权利的技巧，说服的本质是改变权利的策略。

成功学大师卡耐基（Dale Carnegie）曾说："一个人的成功，15% 取决于知识和经验，85% 取决于沟通能力——发表自己意见的能力和激发他人热忱的能力。"可见，语言表达的力量是巨大的。在人际交往中，高超的口才技巧能够帮我们准确地表达思想、维护人际关系，甚至可以变危机为转机、化劣势为优势。

"是人才未必有口才，而有口才者必定是人才。"这话虽然有点片面，却也颇有道理。在今天这样的信息时代，人们的文化视野、交际视野开阔了，越来越多的场合需要公开发表意见、需要用语言去打动别人。自我推荐、介绍产品、主持会议、商务谈判、交流经验、鼓励员工、化解矛盾、探讨学问、接洽事务、交换信息、传授技艺，还有交际应酬、传递情感和娱乐消遣等都离不开说话。正因如此，人们常常根据一个人的讲话水平和风度来判断其学识、修养和实力。

杰出的说话能力不是天生的，是可以通过后天培养训练的。通过本书可以轻松地掌握各种场合说话的方法和技巧，提高自己的说话能力，在错综复杂的人际关系中，轻松应对生活中的各种场景，赢得友谊、爱情和事业，踏上辉煌的成功之路。

《演讲与辩论》不仅仅向大家展示演讲、辩论比赛的技巧，更重要的是让大家从权利的角度重新审视说话这件事。本书共分为两大章，其中第一章"演讲的艺术"由沈阳城市学院潘晶编写，共计约 15 万字。第二章"辩论的艺术"由沈阳师范大学尹敬红编写，共计约 13 万字。

编者的话

《演讲与辩论》是在演讲学、辩论学原理和方法的基础上，通过对演讲规划、演讲素材、演讲架构、演讲语言、论证使用、立场分析、方案设计、论证攻防、赛前演练等专题的学习，使读者系统掌握演讲与辩论基本理论与知识，熟悉演讲与辩论的基本技能技巧，能够针对不同场合开展有理、有据、有序的传播要义。本书内容对播音与主持艺术专业核心能力“融媒体视听节目主持”具有重要的支撑作用。

本书可以为对演讲与辩论有兴趣的读者提供理论依据和学习素材，从而提升自己的演讲和辩论能力，培养自己的核心素养。同时也可作为从事相关教学工作的读者的辅导用书，为他们的教学工作提供更为有效的指导实践。编者在编写本书过程中，更多结合自己的教学实践进行讲解，在全书结构上也与教学实践紧密结合，采用课堂教学的编写方式，让读者有在课堂上教学和学习的真实感觉。

一、概述

演讲是一门古老的艺术。在古希腊自由教育的七艺中，文法与修辞学两门课程是作为演讲家的基本训练而开设的。古希腊的大哲学家们几乎都同时是演讲家、雄辩家。苏格拉底一生就是在演讲与辩论中度过的。中国先秦时代的诸子百家，都是通过游说来宣传自己的学说。在人类历史上，优秀的演讲家灿若群星，经典演讲浩如烟海，很多重要的演讲改变了民族、国家乃至人类的发展进程。

演讲在中国古代社会已经广为盛行。我国有文字记载的第一位演讲家要推殷商时期的盘庚。《尚书》中有关于盘庚迁都前后的三次演讲记录，那时距今已有3000多年的历史。到了距今2000多年前的春秋战国时期，诸子百家、策士说客如雨后春笋，层出不穷，他们或办学授徒，传播自己的政治信仰、道德观念，或游说诸侯，纵论天下之事，阐述立国安邦之策。当时，演讲风气盛况空前，像孔子、孟子、苏秦、张仪等，都是能言善辩、才学出众的人物，实际上也就是一些很了不起的演说家。

近年来，《我是演说家》《超级演说家》等节目收视长虹，《中国正在说》给予人们心灵的震撼，中国中央电视台《开讲啦》温情叙述，《时代新人说》演讲大赛选手们的真情流露，演讲正从单纯的你听我讲，转换成一种双向的言语沟通和思想交流。

《演讲与辩论》不仅向大家展示演讲、辩论比赛的技巧，更重要的是向大家说明从权利的角度重新审视说话这件事。本书共分为两个部分，分别是演讲的艺术与辩论的艺术，重点在于引导大家在全面掌握演讲、辩论基础知识及实践技能的前提下，切实提升“语言构建与运用”“思维发展与提升”“审美鉴赏与创造”“文化传承与理解”等核心素养。

（一）学习目标

通过本课程的学习，学生能够了解演讲与辩论的语言特征、设计原则等基础理论知识，掌握演讲中修辞、渲染、控场，以及辩论中申论、进攻、防守、机变等技能技巧，具备演讲选题、策划及发表能力，辩论立场分析、方案设计与论证思辨能力，学习本课程后，学生能够做到在多种媒介场景中进行演说、报告、宣讲与辩论，提高学生语言应用及表达能力。

（二）主要内容

学习演讲学基本原理和技能技巧。主要分为六个专题：

认识演讲——演讲界定、演讲价值、演讲能力、演讲道德；

演讲规划——演讲准备、选择主题、决定目的、分析听众；

演讲素材——例证故事、统计数字、名言引语、收集素材；

演讲架构——演讲正文、演讲开头、演讲结尾、演讲大纲；

演讲语言——消极修辞、积极修辞、撰写讲稿、演讲发表；

告知演讲——认识告知、融入策略、参与策略、传授策略。

通过六个演讲专题知识讲授及训练，使学生掌握每个专题的基本理论和训练技巧。

学习辩论学原理和技能技巧。主要分为六个专题：

认识辩论——辩论界定、人际辩论、正式辩论、辩论比赛；

论证使用——断言、主张、议题、认识论证；

立场分析——界定辩题、建立论点、收集证据；

方案设计——建立辩案、非政策辩案、政策辩案；

论证攻防——反驳策略、驳论方法、反驳谬误；

赛前演练——发表技巧、答辩技巧、赛前演练。

通过六个辩论专题知识讲解和训练，使学生学会辩论能力素质拓展及组训方法。

（三）学习方法

本门课程主要采用课堂学习、小组学习等学习方法。

课堂学习：本课程以教师课堂讲授为主，学生在课堂上主要学习演讲与辩论的语言特征与设计原则、演讲的构架与规划、辩论立场分析与方案设计、论证攻防的程序与方法。在教师的启发下，学生掌握演讲中修辞、渲染、控场，以及辩论中申论、进攻、防守、机变等技能技巧，具备演讲选题、策划及发表能力，辩论立场分析、方案设计与论证思辨能力。在教师指导下，学生能够做到在多种媒介场景中进行演说、报告、宣讲与辩论。

小组学习：本课程共安排 2 次小组任务，每组 4—6 人，分工协作，共同完成团队专题演讲、质询式团队辩论两个小组任务，分别形成 1500 字以上的小组报告，并在课上进行 2 次小组汇报。目的是培养学生具备演讲选题、策划及发表；辩论立场分析、方案设计与论证思辨以及团队合作能力。

（四）考核方式

课堂表现占 15%，包括课堂出勤和课堂互动情况。

阶段测试占 20%，阶段性地考核学生对所学知识的掌握情况。

小组任务占 25%，共两次，每次 4 学时。分别是完成团队专题演讲——选题、策划、发表，质询式团队辩论——立场分析、方案设计、论证思辨。通过两次小组任务，综合性地考核学生演讲辩论实践能力。

结课考核为操作演绎，占 40%。通过主持人大赛来考核学生演讲与辩论的语言表达能力。在比赛中设定了演讲和辩论环节，考查学生现场演说及逻辑思辨能力以及演讲辩论理论素养学习在实践中的应用等综合能力。

（六）学习成果

通过本门课程的学习，学生能够熟练掌握“告知型演讲”“说服型演讲”“质询式辩论”等不同类型演说的基本理论与知识，具备演讲选题、策划及发表能力，辩论立场分析、方案设计与论证思辨能力。在专业学习的过程中，学生还能够通过演说方案设计、小组学习和小组汇报等活动，形成良好的计划、组织与协调能力，收集信息的能力，流利的文字与语言表达能力，团队协作能力以及独立思考与逻辑思维等可转移能力。

基于上述学习与实践，学生的综合能力得到提升，能够成为具备全面能力素养、过硬专业技能的专业人才，实现课程目标。

二、布置小组任务

（一）任务目标

结合演讲与辩论课程所学习的理论知识，以小组为单位，对团队专题演讲和质询式辩论小组任务拟定题目进行观点分析、资料收集、大纲设计、发表演练，最终进行汇报展示。通过两次小组任务，考核学生利用演讲与辩论知识分析和解决实际问题的能力以及团队合作等可转移能力。

1. 团队专题演讲任务

本次小组任务共有 8 个选题，学生可在选题库中直接选题或参考选题方向的指导和要求自行选题，不可重复。从表 0–1 中可见小组任务 1 选题方向。

表 0–1　小组任务 1 选题方向

序号	选题名称	研究方向
1	未来城市可持续发展性和宜居性	未来城市的可持续发展和宜居性关键在于整合创新科技、环境保护与社会包容，共同打造资源高效、生态友好、人文关怀的城市生态系统
2	社交媒体的影响：如何在数字世界中建立良好的自我形象	演讲将探讨社交媒体对个人自我形象的塑造影响，以及如何在数字世界中通过积极的自我表达和行为建立健康、积极的自我形象
3	未来的教育：在线学习和自我导向学习的趋势	演讲将聚焦于探讨未来教育的发展趋势，包括在线学习和自我导向学习在教育领域的不断增长及其对学习方式、教学模式和教育体系的影响
4	毕业和就业，如何制订和实现职业规划	演讲将探讨毕业生如何有效地制订并实现个人职业规划，包括目标设定、资源整合、实践经验积累以及持续学习的重要性
5	财务自由：理财和投资的策略	演讲将重点探讨实现财务自由的路径，包括理财原则、投资策略以及财务规划的重要性
6	美食与健康：如何平衡饮食与生活方式	演讲将深入研究如何在追求美食的同时实现饮食与生活方式的平衡，涉及营养均衡、健康选择以及持续的身体活动等方面
7	大学生与心理健康：如何管理压力和促进心理健康	演讲将关注大学生面临的压力问题，探讨有效的压力管理策略，并提出促进心理健康的方法，旨在帮助大学生建立积极的心理健康习惯
8	健康的生活要素和实践	演讲将探讨构建健康生活的关键要素，以及如何将这些要素转化为实践行动，包括营养、运动、睡眠、心理健康等方面的综合策略

2. 质询式辩论任务

本次小组任务共有 6 个选题，学生可在选题库中直接选题或参考选题方向的指导和要求自行选题，不可重复。从表 0–2 中可见小组任务 2 选题方向：

表 0–2 小组任务 2 选题方向

序号	选题名称	研究方向
1	大学生兼职利大于弊	大学生兼职的利大于弊，主要关注于职业技能培养、经济收入增加以及社会经验积累等方面的研究
2	大学生兼职弊大于利	“大学生兼职弊大于利”的主要研究方向聚焦于影响学业表现、增加心理压力以及削弱社交活动等方面的探讨
3	逆境更有利于人的成长	应对挑战的心理机制、个体逆境经历与发展成就的关系以及逆境经历对人格塑造和情感智慧的影响等方面的探讨
4	顺境更有利于人的成长	积极环境对个体心理健康、学业成就以及人际关系的促进影响，以及幸福感对个体全面发展的正面推动等方面的研究
5	当今社会，合作比竞争更重要	合作的影响对组织绩效、社会发展、个体幸福感的比较分析，以及合作型领导与团队动力、创新能力的关联研究等方面的探讨
6	当今社会，竞争比合作更重要	竞争激励对创新、经济发展、个体职业成就的影响，以及竞争环境对资源配置、市场竞争力的塑造等方面的研究

（二）内容要求

两次小组任务小组成员需要充分分工合作，根据选题的要求，进行选题分析、资料收集、方案设计，最后在现场呈现及答辩。

（三）成果及提交时间

1. 汇报作品

将完整的汇报作品交由教师保存，教师挑选质量较高的作品参赛。

2. 小组报告

研究结束后一周内，学生要提交小组任务报告（纸质版和电子版各一份）。教师对小组报告内容进行审核。

3. 答辩 PPT

小组报告审核通过后，学生要根据研究内容，结合小组任务报告制作答辩 PPT。答辩 PPT 要与小组任务报告中内容一致，须在正式答辩前一周上交。

目 录

第一章

演讲的艺术

第一节 认识演讲

演讲要想充满魅力，成为前进的鼓点、时代的号角，就应该反映强烈的时代特色，作为播音与主持和艺术专业的学生，站在媒体的最前沿，我们要讲好中国故事，传播好中国声音。

大家都听说过柏拉图、亚里士多德、西塞罗（Marcus Tullius Cicero）、昆提利安（Aristides Quintilianus）这几位大人物吧，他们都是古希腊罗马时代演讲理论研究的代表人物。学习演讲先从他们的代表作说起。

柏拉图关于演讲的理论对后世影响很深，观点在其对话形态的巨著《柏拉图对话录》中都体现。他指出演讲应具备五项条件：第一，了解事情真相；第二，确定定义，演讲家应有逻辑的理念与思想；第三，了解听众心理，熟练运用说服技巧；第四，了解语言的功能和格调的运用；第五，追求真理，崇尚道德。

亚里士多德的重要论著是《修辞学》（*The Art of Rhetoric*），如果说他的老师柏拉图对修辞采取负面态度，那么亚里士多德对于修辞与公共演讲提供了正面与宝贵的观点。他把演讲分为法律性、政治性和仪式性三大类。在演讲的创作中，注重演讲者的可信度、唤起听众的情绪和有逻辑的议论。

西塞罗的著作是《论演说家》（*De Oratote*），他清晰说明了对演讲的看法，认为演讲者不是昧于事实或是轻蔑文字的人，而是“一位具有真正智慧与雄辩力的人”。换言之，西塞罗认为，伟大的演讲者同时是伟大的思想家，舌头与脑袋密不可分。他也强调，演讲者的素质来自良好的教育。他提出修辞的五大要素，即取材、谋篇、风格、记忆与表达。

昆提利安是罗马非常成功的修辞教师，昆提利安在其重要著作《演说原理》中致力于刻画一名优秀公众演讲者的形象，他认为，优秀的演讲家必须具有文化教养。

古典时期的哲人对于后世的影响都颇为深远，部分观点迄今依旧非常实用。从古至今有这么多的往哲先贤对演讲进行了细致的研究，足以证明演讲的重要性和它深远的文化渊源。那到底什么是演讲呢？接下来就让我们一起走进今天的课程吧。

一、课程导入

（一）演讲的热度

1. 深圳卫视的跨年演讲《时间的朋友》

每年的 12 月 31 日都是各个卫视的跨年黄金时段，往往各大卫视都会积极筹划场面宏大、明星云集的综艺晚会，以此来获得更多的收视率和更大的影响力。然而从 2016 年开始，深圳卫视以独特的知识演讲跨年方式获得了很高的收视率，并引起了良好的反响。这说明告知型演讲、娱乐型演讲被越来越多的受众所喜爱。通过下面的例子就可以看出，演讲作为一种丰富生活、开阔视野的重要方式被越来越多的观众所认可。

2016 年 12 月 31 日晚 11 时左右，深圳卫视跨年演讲《时间的朋友》收视率超过其他几大卫视综艺晚会，居全国同时段第一位。

《时间的朋友》是由得到 App 出品、得到 App 创始人罗振宇主讲的跨年演讲，在每年 12 月 31 日晚定期举办。主讲人罗振宇分享过去一年的观察和学习心得，为观众洞察趋势和未来机会。《时间的朋友》首创“知识跨年”新范式，并开创了“跨年演讲”这一新颖的跨年新范式。这档节目之所以取得了巨大成功，是因为演讲内容的实用性和演讲表达的魅力性。从 2016 年《时间的朋友》开始，知识演讲跨年越来越被各大卫视所追捧，出现了众多演讲类节目，由此我们可以看出演讲的普遍性和重要性。

2. 演讲的重要性

要成为一位伟大的演讲家，你才算真正强大。我们的舌头是最锐利的锋刃，演讲的威力更胜于战争。

——古埃及法老，埃克托三世

通过这句话我们可以看出，演讲所涉猎的领域非常广泛，包括商业、司法、教育、宗教、学术、传播、政治。

演讲是一种思想性、政治性较强的现实活动。演讲是真理的呐喊，演讲是心灵的共鸣，演讲是人格的展现。因此，演讲者必须具有较高的政治素质，良好的道德品质，高尚的思想情操和无穷的人格魅力。只有这样，演讲者才能说服人、感染人、打动人、鼓舞人，从而促使人们去行动。

（二）演讲的起源

在中国浩如烟海的历史画卷中，曾有这样一个时期，纵横家和雄辩家周游列国，用充满激情与智慧的演讲演绎着历史的分分合合，那是春秋战国时期，一个思想、语言激越飞扬的年代，演讲是时代风云的有力镜鉴。回顾纵横七国的演说家们，有一个共同的特点，就是希望用思想与语言的力量，合纵连横、化解危机、共创美好。

纵览近代以来的中国历史，从顾维钧在巴黎和会上的据理力争，到天安门前李大钊高呼庶民的胜利，从闻一多慷慨激昂的最后一次演讲，到改革开放伊始郭沫若咏叹科学的春天。演讲者见微知著的言说历程，见证着一个个时代的巨大转折，也回响着文化的交融之声。

人类社会因发展的需要而产生了语言，有声语言成为主要的表达方式，更加充分地表达思想感情，有声语言和态势语言有机地结合起来。这就是作为一种语言表达方式的演讲的起源。

在古代埃及、希腊、巴比伦、印度和中国，演讲已成为普遍的社会现象。公元前 25 世纪埃及人普霍特就写了如何说话的教喻；公元前 5 世纪的伯利克里时代，古雅典随着经济的繁荣，文化艺术和演讲也达到了鼎盛时期。各地学者云集，雅典成为“希腊的学校”。古希腊、古罗马时代，先后涌现出一大批富有才华和声望的演讲家，如苏格拉底、柏拉图、亚里士多德等。

（三）课堂互动

1. 探讨西方演讲的起源

通过课前的预习，查阅和收集资料，接下来一起探讨关于西方演讲的起源。通过课堂互动讨论，大家可以各抒已见，围绕典型的人物、著作或观点进行陈述。

【教师总结】西方公共演讲源远流长，从 2500 年前的古希腊罗马时代演讲就已经在希腊各城邦之间盛行，学者 J.W. 希金斯（Hikins J. W.）归纳出七个影响希腊修辞发展的因素：

第一，口语传统的传承。希腊城邦当时的重要事务，如法律与政治等，仍需以口语完成，著名的荷马史诗《伊利亚特》《奥德赛》的出现，便可知口语在公共沟通中仍扮演重要的角色。

第二，代议政府的兴起。随着希腊城邦人数日益增加，促使代议政治的兴起。早在公元前 508 年建立的雅典民主形态，也使得人民对于议会成员的有效表达技巧的期待日益增高，相对也刺激人们对于传播过程做更有系统的理论性探讨与哲学思考。

第三，民法与刑法的实行。传统希腊公民犯罪，在没有律师的情况下，必须在法庭前为自己辩护，因此培养个人演讲的技巧备受重视。

第四，希腊语言的复杂，也促成表达思想与复杂意见的可能性，让演讲更富有内容。

第五，解释意识的兴起。显示当时希腊的知识成就，也让演讲更具有发挥的空间。

第六，希腊戏剧艺术的影响及蓬勃发展，使得公民在公开场合说话的机会增加，尤其是一些仪式性的活动与吟咏，对于开场白、叙述、赞美需求的增加，促进了正式公共演讲情景的广泛发展，促使希腊公民认识到正式演讲的必要性与重要性。

第七，正规教育的兴起。由于希腊社会各个层面都有公共演讲的需求，促使公共演讲教育的兴起，同时也促使整个社会制度对于公共演讲的关心与推广，甚至因此产生一批辩论家——一群以教授演讲为生的人，足以显示公共演讲的蓬勃。

2. 探讨演讲在中国的起源

【教师总结】在中国，演讲在先秦时期已盛行。中国最早的一部历史学文献《尚书》中就记载了《甘誓》《汤誓》《牧誓》等好几篇演讲词。

在日常生活中，时时处处都会应用到演讲，如家人的聚会、聊天、工作时的会议研讨、夫妻之间的沟通交流等都可视为演讲。中国有资料考证的最早起源为盘庚迁都前后的三篇演讲。后来发现，夏启征讨有扈氏，发表过一个战前动员令，叫《甘誓》。这是历史资料记录最早的一篇演讲稿。它在《尚书》里面保存记录着。夏启是公元前 2000 多年结束原始社会，进入奴隶社会的公认第一个帝王，距今有 4000 多年，这是演讲在中华民族的起源和有文字记载的历史。

二、演讲界定

演讲在英文中为“public speaking”，译为“公开说话”，具有在同一时间通过说话影响受众的特性。从前文中可以看出作为一种重要的沟通形式，演讲在人类文明发展史中具有相当悠久的历史。

我国演讲历史悠久、研究学者众多，以下为武汉大学李元授教授和台湾地区世新大学游梓翔教授等人为其下的定义，也代表着不同学者对演讲的不同看法。

武汉大学李元授教授：

（演讲）是指在特定的时空环境中，以有声语言和相应的体态语言为手段，公开向听众传递信息，表述见解，阐明事理，抒发情感，以期达到感召听众的目的[①]。

① 李元授、邹昆山：《演讲学》（第 3 版），华中科技大学出版社 2017 年版，第 33—34 页。

清华大学颜永平教授：

（演讲）就是说话者在特定的实境中，借助有声语言（为主）和态势语言（为辅）的艺术手段，针对社会现实和未来，面对广大听众发表意见、抒发情感，从而达到感召听众并促使其行动的一种现实的信息交流活动。①

中南大学教授欧阳友权：

（演讲）亦称“演说”，就是在特定的场合中，讲话者凭借自己的口才，运用有声语言，并辅之以态势语言如姿态、动作、手势、表情等，面对广大听众发表意见，从而达到感召听众并促使其行动的一种现实的信息交流活动。②

台湾地区世新大学游梓翔教授：

（演讲）是在特定的场地与场合下，由担任演讲者角色的个人或众人，以扮演听众角色的个人或众人为对象，发表口语与非口语信息，以期建立共享意义的传播行为。③

四位教授对演讲的定义都各有侧重，接下来我们以游梓翔教授对演讲的定义为例进行分析。

1. 演讲本质

演讲以“讲”为主，“演”为辅，“讲”“演”结合。演讲不同于一般的语言表达形式，而是具有一定的表现手法和语言技巧。演讲的“演”可不是“演戏”的“演”，而是“演绎”的“演”和演示的“演”。《说文解字》注解为“水流”的意思。也就是说，演讲要像流水一般通畅，表示语言的流利和顺畅。我们常用“口若悬河”“滔滔不绝”来形容语言的流畅，“河”与“滔”都是流水，所以说演讲是需要既“讲”又“演”的。“讲”就是陈述，运用有声语言手段，将组织有序的思想内容表达出来。“演”是辅助语言表达的表情、动作和姿态等态势语言。

---

① 颜永平、杨赛主编：《演讲与口才教程》，华东师范大学出版社 2012 年版，第 4 页。

② 欧阳友权、朱秀丽编著：《口才学教程》，高等教育出版社 2011 年版，第 106 页。

③ 游梓翔：《演讲学原理》，台北，五南图书出版公司 2000 年版，第 7 页。

2. 演讲四要素

接下来从沟通过程的组成要素来解析演讲行为，可以将其分为四组要素：演讲者、信息、听众和情境。

（1）演讲者

演讲者就是在演讲过程中对听众发表口语与非口语信息，以期建立共享意义的人。通过定义我们可以看出演讲包括口语与非口语两个重要的要素，即我们常说的语言和副语言相互配合，这样才能做到传达的声情并茂。

从演讲的形式上来看，传统的演讲是单打独斗，现在越来越多的企业采用团队演讲的形式。演讲的形式更加多样化，应用范围也越来越广泛。

演讲者也具有三大要素，分别是责任、目的与制码。首先是责任，主要包括在表达前的准备和说话的责任，准备责任一定要有计划、有目的、有主题、有系统地进行。说话责任是指发表性较高的沟通，在表达时一定要考虑听观众的感受。演讲者的目的是演讲者希望通过演讲信息在听众身上产生的结果。检验结果的四项标准包括有效性、真实性、伦理性、艺术性。最后一个是制码，狭义上来说是演讲者如何将内心想法转换为外在信息，主要是通过内容的解压和延展两种方式进行的；广义的制码是指演讲者为达成演讲目的，而进行的策略构思与产生过程，主要包括演讲的构思和修辞两个部分。

（2）信息

信息，是指演讲者对听众传递的口语与非口语符号。这个“符号”指的是特定社会约定俗成意义系统。口语符号就是语言表达，而非口语就是我们常说的副语言，也就是身体语言和视觉语言。

口语：由于特定的口说语言能将特定的声音与意义联系在一起，因此演讲者可以通过送出适当的声音刺激，来对熟悉特定口语的听众传达意义。例如在普通话中，人们发出（hóng）“红”与（lán）“蓝”两个字的声音时，就是使大家联想和想象到色彩画面。

随着演讲风格的不同，演讲者对演讲主题展现的基调可能有热调（热情激动）或冷调（镇静疏离）、正调（态度正面）或反调（态度负面）；对听众展现的基调则可能有近调（亲切）或远调（疏远）、高调（权威）或低调（谦恭）等。

非口语：如果演讲信息是通过口语以外的符号系统来呈现的，演讲者发表的就是一般所谓的非口语信息。

①声音语言，包括音质音量、语气声调与抑扬顿挫等；

②身体语言，包括目光表情、手势动作与体态仪容等；

③视觉语言，包括海报插图、投影图片与实物展示等。

有些演讲者只是站在讲台上平淡无味地起着传声筒的作用，既听不到他动听的抑扬顿挫的语调，也见不到丰富多变的表情，更看不到优美准确的手势，充其量在演讲结束时双手一举了事。显而易见，这不能叫作演讲，自然也达不到演讲所应达成的效果。

演讲要有效果，不仅需要口语信息，也需要非口语信息的声音语言和身体语言，来增强演讲的情绪感染力与煽动力。

（3）听众

听众是指演讲者发表信息的对象，在沟通过程中接收信息以解读其意义的众人。听众接收信息主要经历两个过程，一个是解码，另一个是回馈。

首先是解码，是指听众接收的信息转化为意义或想法的过程。如果没有经历这个过程，那么听众就没有接收到信息，如我们常说的“心灵假期”，就是在应该听讲的时候“溜号”了。

如果演讲者在制码中做了足够的解压，听众理解或意义转换的速度就比较快；但如果演讲者发表的是高度压缩的信息，听众就得将信息先放在心灵的暂存区，等待是否有其他信息能提供判断意义的线索，不过这样将造成理解速度的减缓。

在口语沟通的文献中，注意、理解、接受、记忆的整个解码过程通常被称为倾听。由于每个步骤都涉及听话者的主动投入，因此传播学者通常会将主动的倾听与代表被动接受的耳闻划分开。

其次是回馈，是指听众在演讲过程中向演讲者送出的信息。例如某位听众在听讲的时候打哈欠，这就是在向演讲者回馈信息，说明听众听困了。由于演讲者能够在发言的同时不断接受回馈，并且针对回馈即刻调整沟通的方式与内容，因此演讲是一种具有“即时互动”特性的活动。

（4）情境

情境，是指演讲发生的场地和场合。场地是指演讲的物理环境，场合指的是演讲的心理环境。

①在实际演讲中，场地主要包括座位摆设、音响设备、照明采光、温度空调等。

如果设计不良或控制不当，场地可能出现“物理噪声”，对受众沟通构成干扰。举例来说，在“座位摆设”方面，缺乏写字桌面的座椅将妨碍听众记笔记、过于突出的粉刷与室内装饰则使人无法专心；在“音响设备”方面，麦克风可能出现怪声、室外可能传来工程噪声；在“照明采光”方面，射入场地的阳光可能使听众难以睁眼，遮光不足可能使投影无法显现；而在“温度空调”方面，未安装冷气可能使听众闷热难耐，过重的臭味或香味则很容易让人分心。

②场合主要考虑因人制宜（与听众的关系）、因事制宜（正式、轻松）、因时制宜（时间问题）、因地制宜（习俗）等。

首先，在因人制宜方面，演讲信息应该符合演讲活动的性质。一般来说，在学生对老师、下属对上级的演讲中，演讲者除了礼貌还应该保持谦卑的态度；如果是老师对学生、上级对下属，演讲者应该以平等的态度，不能过于谦虚。

其次，在因事制宜方面，演讲信息应该符合演讲活动的性质。有些场合具有高度的正式性，涉及诸多仪式性的规矩与礼节；有些场合则轻松自在，演讲者的发言要符合演讲的主题及性质。

最后，在因时制宜方面，应注意演讲的时间问题，包括守时（演讲是否准时开始、结束与休息）、时长（演讲时间的长短）、安排（演讲安排在哪一天的什么时间）。

【课堂互动】欣赏赵启正先生下面这段关于“我向世界说明中国”的演讲，并分析演讲的四要素：

各位同学，我大学毕业到今年是 49 年。1958 年考大学，我考大学的时候，只招十万个大学生，现在你们这一届是680万毕业生，是我那时候的68倍。那时候，全国的人口我记得是6.6亿，六亿六千万。所以，我们在大学毕业的时候，周总理跟我们讲话："你们是同龄人的1%，你们是非常幸运的！"所以，总觉得毕业以后，应当多报答国家、报答人民。

因为我父母都是大学教物理的老师，（所以我）从小喜欢物理，于是就报了核物理系。我们系在北京考区是每70位录取一位，这样学了五年。毕业的时候，正赶上中苏关系破裂，苏联专家撤离了中国。原来答应在科学技术方面援助我们的项目，都没有进行完，我分配到核工业部做反应堆的物理研究和试验工作。由于苏联专家撤退了，我们反而有机会到第一线，顶替苏联专家了。到西北去，看到我们核工程基地已经被沙漠填满了，一片凄凉，但是我们自己的物理学家和刚毕业的物理系的学生接替了这个工作。最后，很顺利地完成了运营的任务，为我们国家的国防工业做出了贡献。

当时，我们要什么没有什么，因为我们的工业不发达，探测粒子的探测器都是中国人自己去试制，有些和苏联专家原设计的很不相同，但是很成功，有的就是我们这些刚毕业的人做出来的。这一段给我的教育是什么？就是：自力更生，奋发图强。

工作十年以后，我调到上海航天局做其他工作，由核物理转到电子光学。我这一生转了很多次行，换了很多次工作，到哪里都听到过说："这位赵启正是外行。"我非常感谢这样的话，它激励我：就是得用功！

在"我是外行"的鞭策下，我很快成了内行。不仅完成了科研任务，而且获得了专利，所以也几次当劳动模范，很早就成了高级工程师。这个时候我的结论就是：天下无难事，只怕有心人。

之后，我就调到了上海市工作，当过上海市的常委组织部部长，当过上海市的副市长。浦东新区开始后，我成为浦东新区的主任。刚刚宣布浦东开发的时候，外国的报纸称：这是波将金村，这是一个俄国贵族波将金，他在圣彼得堡的周围，用木板搭了一个街道，给当时俄国的女皇来看，夜里打着火把、坐着马车，你看这村多好。这是一个虚拟的（假象），有人说浦东就是波将金村。我们艰苦努力做得比我们想象的还好，为什么？因为我们有邓小平同志的领导，有上海市委、市政府的努力，有北京各部的支持。

许多外国朋友说：我们没有见到，在20年时间建成一个城市的，并且你们的规划那么好。像陆家嘴还没建好，它将会是什么样子，已经在我们沙盘中做好了。因此，我就得到什么结论呢：全国的大方向对了之后，我们就能够创造奇迹。

所以我这一生，工作换了很多次，每次四五年。对我有什么好处呢，就是让我开阔眼界。不要太惧怕改行、换工作。我说过这样一句话：一个30岁的人，如果他有40岁的智慧，大体上是成功了。一个30岁的人，只有20岁的智慧，他可能不成功。但是多数人是30岁，具有30岁的智慧。

有一次在北京，另一次在山东，我演说之后，很有意思，都是女青年，都是30岁，把我拦住了。（她们说）“赵老师，我告诉你，我看了您这句话之后，一夜没睡！因为我正好30岁，我在想，我到底是不是有40岁的智慧？我好像没有，我怎么办？”我说：“你现在知道，犹为未晚。我的建议是：第一，要读好书，你每年能够选两本好书，就很不错。第二，和你的家长或老师，像智者那样的人，你多接触，因为他和你谈话的时候，他的经历、他的阅历，可以用很短的时间告诉你，这样你就走了一些捷径。第三，你要善于思考，什么事情多问为什么，每到一个新的岗位，要把原岗位所传授的一些规则，你要问问是这样吗？你可能会发现有些基本的规则和基本说法，已经过时或不适应了，这时候你可能就成为一个革新者了。”

那么做了大约六年，又调到北京国务院新闻办公室。任务是什么呢？向世界说明中国。为什么要向世界说明中国？因为中国以前不够开放，人家不太知道中国是什么样子。他们是从电影中看，我们拖着辫子，也可能人人都会武功，我们在纽约的《中国文化美国行》的节目中，请电视台的同志到纽约街头，碰到年轻人就问他：“当说到中国的时候，你想到什么？”有人说我想到熊猫，有人说我想到长城，有人说我想到带着长辫子，有人说我想到都是缠足的。我看，这对中国的了解实在是不足。

在德国，我问一个出租汽车司机：“你对中国有什么认识？”他说：“我想这是一个很神秘的国家，除此以外不知道了。”因此，我觉得我们应该向世界说明中国。说明中国的现状，说明中国的历史，说明中国的政策。这样我们就设计了很多节目，做了很多事情，出版了外文的书，建成了外文的网站。我们的外文网站有60种，孔子学院现在在外国建了三四百个了。上个月，美国忽然说中国老师的签证是j-1（交换访问学者签证），不可以在大学讲课，是吗？可是当时我们来的时候，是你们同意的，是你们邀请的，是这么办的。老师都回去了，孔子学院不就垮台了吗？80个美国大学说："这些孔子学院在我们大学，我们怎么能这样做事呢？"美国人是错得快改得也快。七天后他们宣布：我们上次做粗糙了，不算，我们还欢迎他们在这里做。签证问题，我们把它更改一下就行了。为什么？因为现在有很多有远见的美国青年，愿意学中文了。这是在30年前没有的事情。但今后，我们汉语，就展开翅膀向各地飞去了。

因为我毕业49年了，明年是50年。同学们说大家要相会，大家要交流。这50年差异很大了，都有变异了，一定也是很有意思的，也许还有一点伤感，但是我一定要去！这是明年的事情，现在先祝大家毕业以后顺利、成功！

【教师分析】

赵启正先生的演讲"我向世界说明中国"不仅是一场深入人心的表达，更是一次关于如何有效进行演讲与表达的生动教学。在分析这场演讲时，我们可以从中汲取许多关于演讲技巧和内容的宝贵经验。

第一，赵启正先生的演讲主题明确且意义重大。他选择了"向世界说明中国"这一主题，紧扣时代脉搏，回应了国际社会对中国的关注与好奇。这一选择不仅展示了他的国际视野和担当精神，也为我们提供了一个极好的范例：在选择演讲主题时，应关注社会热点，回应时代需求，以引起听众的共鸣。

第二，赵启正先生的演讲结构清晰，逻辑严密。他从个人的经历出发，谈到了自己对中国发展的见证与参与，进而引出了向世界说明中国的重要性。这种由点及面、由浅入深的叙述方式，使得演讲内容既有深度又有广度，易于被听众理解和接受。在准备演讲时，也应注重结构的合理性，确保内容之间的连贯性和逻辑性。

第三，赵启正先生的演讲语言生动，情感真挚。他善于运用生动的实例和幽默的语言来阐述观点，使得演讲既具有说服力又具有感染力。同时，他还通过适当的手势和动作来增强表达效果，使得演讲更加生动有趣。我们在演讲时，也应注重语言的运用和情感的表达，以吸引听众的注意力并激发他们的共鸣。

第四，赵启正先生的演讲体现了对教育理念和方法的深入思考。他强调讲好中国故事的重要性，提倡用真实、生动的故事来向世界展示中国的魅力和发展成就。这一理念同样具有启示意义：应注重故事思维和表达能力，用生动的故事来传递知识和价值观。

第五，赵启正先生的演讲展示了一种从容自信的姿态。他在演讲中始终保持着平和的心态和稳定的情绪，这使得他的演讲更加具有说服力和感染力。

演讲四要素分析：

演讲者：赵启正先生，演讲目的就是通过演讲传播中国文化、优越的社会制度和日新月异的变化。

信息：赵启正先生讲述的向世界说明中国的魅力与发展成就。

听众：在这段演讲中，听众是指现场观众。这段演讲通俗易懂，听众回馈效果很好，频频点头、微笑鼓掌，现场听众被演讲者深深地感染和打动。

情境：这段演讲的物理空间为中央电视台演播大厅，现场灯光、背景主色调为中国红，背景音乐大气恢宏，彰显出大国风范和高雅气势。

三、演讲能力

要想成为一位演讲高手，必须具备三项条件：动机、知识与技能。

（一）增进动机

首先要对演讲建立爱好兴趣，具有当众发言的热情与意愿。认识正面的演讲价值，克服恐惧心理。我们要认识怯场，怯场时主要会出现身体发抖、口干舌燥、直冒冷汗、胃肠翻滚等。我们要想办法克服怯场，应做到准备（准备越充分，意外越少）、意念（注意力集中）、经验（每次演讲都是经验的积累）、放松（呼吸法、拉近放松法——保持 30 秒后放松）。在演讲前最忌讳的是负面自我对话，要放下负担，从容面对，增加自信度，这样才能增强演讲内容的可信度。

（二）增进知识与技能

我们常说知行合一，演讲时注重知识也要注重实战能力。有知识无技能就是纸上谈兵，缺乏实际经验。有技能无知识则是有勇无谋。所以我们在学习演讲的过程中，要将理论很好地运用到实践中，更好地在实践中锻炼。

【案例】以下是《超级演说家》季度冠军陈铭的演讲，名为“女人永远是最佳辩手”。这个演讲特色鲜明，观点新颖，演讲者动机热烈、知行合一。

今天要跟大家分享的是一个关于女人和辩论的故事。名字叫作“女人永远是最佳辩手”。我在辩论的赛场上拿过世界冠军，拿过全程最佳辩手，也算得上是小有收获。但是说实话，有一件事情真的非常丢人。但是在这里我必须要向在座所有人坦白：就是在生活的辩场上，有那么一个人，我是从来都没有赢过，那个人就是我的老婆。所以不知道在座各位会怎样想，但是我本人是发自内心深处赞同一句话：“女人永远是最佳辩手。”

但是，凡事总有原因，为什么呢，后来我开始琢磨—琢磨—琢磨，我找到了第一层原因，男人总是输，那是因为男人总是讲道理。我有一个饱经沧桑和血泪的小小忠告，告诉在座所有的男士，就是当你面对女人的时候，你永远永远不要试图讲道理。因为她们会坚信你解释就是掩饰，掩饰就是欺骗的开始。我老婆有一次，她看中了一款包，她就把我拉过去说她想买。大家都知道全世界所有的女人，喜欢的包就只有两个特色，第一美，第二贵。当然女人会比较关注它的前者，男人呢，只能关注后者。所以我老婆一直在看那个包的时候，我也一直在看那个包的价签。我在数，个、十、百、千。我当时数着数着我崩溃了，我赶紧把她拉到一边，我背着导购把她拉到一边。我得说服她，我说：“老婆，你知道咱们中华民族五千年，最美的传统美德是什么吗？勤俭节约呀。你知道当今中国经济最欠缺的精神是什么吗？是支持国货呀。你看看这个包，你看看这个包的价格，你知道它的成本是多少吗？你知道它利润翻了多少倍吗？你冷静一下，你跟我一起深呼吸。你想想看，我们家庭现在的经济情况，我们的收入状况。你现在买这么一个包，它理性吗？它负责吗？它是个现在我们应该有的选择吗？你这么漂亮一个大姑娘，你拎着这么一个包走在路上，你遭贼惦记呀。你拎着这么一个包去单位，你遭人妒忌呀。你考虑过单位和谐吗？你考虑过人际关系吗？你考虑过你办公室大妈的感受吗？”

我当时说实话，上到民族情怀、消费理念，下到买这个包的性价比、收现比、收益比、风险比、收支情况对比。我慷慨激昂、鞭辟入里，我自己都已经快为我自己的沉稳和理性征服了。然后，然后她只是看着我，眨巴着她的大眼睛，然后她问我说："是你的那些道理重要，还是我重要？"傻了吧，你说呀、说呀、说呀、说呀。你的那些唧唧咕咕、滴滴答答的臭道理、烂道理，都比我重要一千倍、一万倍对不对？在你心里，我根本就不重要对不对？你根本就不爱我了对不对？你之前要娶我的时候，说的那些你爱我、你爱我，都是骗人的对不对？你根本就不爱我了，对不对？真的，她的眼泪当时已经快要飙出来了。

各位，在座的各位，你说这个时候你除了宣布她是最佳辩手，并且掏出银行卡给她颁奖之外，你还有任何其他的选择吗？这是我总结的第一层原因，然后我往下深入地踏了一步，完了，我发现了事情的真相，女人永远是最佳辩手。就是因为女人根本就不是辩手啊，亲们。她们是，她们是，评委啊！她们是在你们感情生活中，判断对错输赢，选择最佳辩手的评委和导师啊。对不对？李咏老师，是不是？很多时候如果您和您的老婆发生了争执，万籁俱寂的夜晚，您看向身边爱人的时候，有没有一种看着导师，甚至是看着导演的这种感觉，对不对。当然，对于我本人来讲，我是个辩手，作为一个辩手大家想想，还有比发现你对方辩友其实是评委更深的悲哀吗？

就在这份浓得不能再浓的悲哀当中，突然有一个全新的观点，让我一下子灵台透亮，豁然开朗。大家想一想，作为一个男人，咱们输，咱们输掉了一生的比赛。可是咱们赢，赢得了什么呢？那是一颗可爱的、俏皮的，甚至有一点点蛮横的，但是从不遮掩、从不伪装的少女的心啊！这个世界上还有什么比一颗愿意陪伴你到终老的真诚的少女的心更宝贵的东西呢？所以人生的辩场上，女人永远是最佳辩手，男人总是输，女人总是赢。那只是因为，爱！

【分析】首先，从增进动机的角度分析，通过陈鲁豫对陈铭的采访，可以了解到陈铭有许多的光环，国际大学生曲艺辩论会冠军队伍最佳辩手，被辩论赛场评委余秋雨先生评价为“当今世界上最会说话的年轻人”。但是通过演讲可以感受到陈铭很谦虚，演讲欲望热烈而撼动人心，他完全沉浸在演讲强大的磁场之中，有效地避免了紧张的情绪，感染自己的同时也感动听众。

其次，从增进知识与技能的角度分析，陈铭的演讲立意新颖，采用老话新说的方式，同一个观点采用不同的表达方式，将普通的话题“女人永远是最佳辩手”上升到“家庭中的爱与包容”。陈铭机智幽默的表达，既让听众感受到言之有理，又博得了听众对他的好感。

四、演讲道德

（一）演讲行为

演讲活动进行过程中，演讲行为必须符合特定社会的伦理与理想标准。演讲行为是一种在公众场合，以有声语言为主要手段，以体态语言为辅助手段，针对某个具体问题，鲜明、完整地发表自己的见解和主张，阐明事理或抒发情感，进行宣传鼓动的一种语言交际活动。它不仅是个人思想的表达，更是对听众的一种影响和引导。演讲行为具有以下多种特性。

1. 社会性

演讲具有很强的社会性，它是对其他人的一种煽动形式，通过演讲者的语言、情感、逻辑等来影响听众的思想和行动。

2. 感染性

演讲中，演讲者通过独特的思想和个性，用幽默风趣或者激情澎湃的方式打动观众，传递信息和情感，产生感染力。

3. 现实性

演讲的内容必须基于现实，举的例子必须是发生过的或者大家都知晓的，不能凭空举例或编造事实，否则将失去演讲的意义。

4. 逻辑性

演讲需要有层次、有顺序、有逻辑，这样听众才能更好地理解和接受演讲内容。

5. 针对性

演讲内容应该具有针对性，不能泛泛而谈，要针对具体的问题或主题进行深入分析和探讨，以便让听众更好地理解演讲者的意图和观点。

（二）演讲道德

演讲道德是指在演讲活动中应遵循的道德规范和原则，以确保演讲内容真实、公正、尊重他人，并符合社会普遍认可的价值观。在演讲中，道德原则的应用至关重要，它们不仅有助于建立演讲者的信誉和声誉，还能增强演讲的说服力和影响力。以下是在演讲中应遵循的道德规范和原则：

1. 诚实守信

演讲者应该始终如一地讲真话，不夸大事实，不虚构信息。通过真实、客观和准确地呈现信息，演讲者能够建立起与观众之间的信任关系。此外，演讲者还应该兑现自己在演讲前对观众做出的承诺，无论是关于演讲主题、内容，还是演讲结果。

2. 尊重他人

演讲者应该尊重观众的权利和意见，尊重他们的多样性和个体差异。演讲者应当给予观众足够的时间和空间来表达自己的看法和观点，同时也要充分考虑观众的情感和利益，避免使用冒犯性的语言或观点。

3. 公正客观

演讲者应该保持公正客观的立场，避免偏见和歧视。在呈现事实和观点时，应该进行全面的分析和评估，避免片面和误导性的信息。

4. 负责任

演讲者应该对自己的言论和行为负责，不传播未经证实的信息或谣言。如果演讲内容涉及他人的隐私或权益，应该事先征得对方的同意。

演讲道德是演讲者在演讲活动中应遵循的重要规范和原则。通过遵循这些规范和原则，演讲者可以建立起良好的信誉和声誉，增强演讲的说服力和影响力，并推动社会的和谐与进步。同时，观众也应该对演讲者的道德表现进行监督和评价，以促进演讲活动的健康发展。

五、课堂练习

（一）互访介绍

两人一组，访问时长一分钟，然后代表上台介绍自己的访问对象。介绍限制：不能讲述背景资料（身高、体重、性别、学历、经历、职业、团体），只可以讲述心理资料，如对方喜欢什么与不喜欢什么。

训练要点：

本训练主要考查大家“听众分析能力”的掌握情况。

大家在介绍的时候一定要注意不能介绍直白的显性特点，应该注重内在的挖掘。

（二）友善听众与冷漠听众

每个小组派一个代表，一个一个上台进行训练，每人准备 2 个故事。讲述第一个故事，台下同学不正面回应——不看他、不点头、不微笑；三分钟后开始讲第二个故事，观众给出正面回应，结束后讲故事人发表感想。

训练要点：

主要考查大家“听众回馈、怯场反应”的掌握情况。

参与实验的学生由大家推选，老师将其带出教室并布置任务。参与者一定要积极地配合，活动结束后由参与者说出心得，这是训练的重点。

（三）演讲恐惧测量表

说明：这份测量表包含 34 个关于你对沟通看法的叙述。根据每则叙述对你而言的适用度，在空格中填入（1）非常同意、（2）同意、（3）不确定、（4）不同意、（5）非常不同意的数字之一。请按你对各项叙述的第一反应尽快作答。

表 1–1

答案	序号	问题
	1	准备上台演讲时我会感到紧张不安
	2	在老师布置的作业中看见要上台报告或演讲令我感到紧张
	3	上台演讲时我的思绪会变得杂乱无章
	4	演讲结束后我会觉得自己拥有一次愉快经验
	5	想到自己即将上台演讲会令我感到焦虑
	6	我不怕上台演讲
	7	虽然在上台前感到紧张，但演讲开始后我很快便觉得从容自在
	8	我期待上台演讲
	9	当老师宣布课程中必须上台演讲时，我可以感受到自己的紧张
	10	上台演讲时我的手会发抖
	11	我对上台演讲感到轻松
	12	我喜欢为上台演讲做准备
	13	我总是会怕自己忘记准备要说的话
	14	如果有人在提问环节问我关于讲题方面的陌生问题，将令我感到焦虑
	15	预备上台演讲前我充满自信
	16	上台演讲时我觉得可以完全掌握自己
	17	上台演讲时我的思绪很清楚
	18	上台演讲时我不会害怕
	19	上台演讲前我会紧张得直冒汗
	20	上台演讲前我会心跳得非常厉害
	21	光是坐在那等演讲开始我就会紧张得不得了
	22	上台演讲时我身体的某些部分会感到僵硬紧绷
	23	了解到演讲时间所剩不多令我感到相当紧张不安
	24	我知道在演讲中我能控制心理的紧张与压力
	25	演讲开始前我的呼吸会加速
	26	演讲开始前的一小时左右我仍感到轻松自在
	27	上台演讲时我的表现会比较差，因为我很紧张
	28	在老师宣布上台演讲的指定日期时我会感到紧张
	29	如果在演讲中出现错误，我在后面会难以集中注意力
	30	发表重要演讲时我的心中会出现无力感
	31	上台演讲前的晚上我将很难入眠
	32	上台演讲时我会心跳加速
	33	等待上台演讲令我感到很紧张
	34	在上台演讲时我会紧张得忘记原本记得的事

分数合计：X：1、2、3、5、9、10、13、14、19、20、21、22、23、25、27、28、29、30、31、32、33、34。Y：4、6、7、8、11、12、15、16、17、18、24、26。

演讲恐惧 =132 — X + Y

测试结果：

低度怯场（34—84 分）：只在极少数场合怯场。

中低怯场（85—92 分）：多数场合不会怯场。

中度怯场（93—110 分）：多数场合会怯场，但程度适中。

中高怯场（111—119 分）：多数场合会怯场，且程度颇高。

高度怯场（120 分以上）：几乎在所有场合高度怯场。

六、课堂小结

本节课明确了演讲与辩论课程的课程目标、课程内容、学习方法和考核方式，从选题、设计、发表等方面重点学习了演讲与辩论的流程，难点是发表环节的临场应变和论证攻防。

通过本门课程的学习，可以了解演讲辩论的重要价值和意义，演讲辩论与日常、工作学习都有着千丝万缕的关系，拥有广泛的社会作用。演说作为一种口才能力，能够增进人们进取的机会，提高事业成功的概率。通过了解教学实施过程，让大家明确演讲辩论的重要性和它深远的文化渊源，并且对这门课程产生兴趣。

七、课后作业

（一）复习内容

复习演讲的基本概念、目的和重要性，了解不同类型的演讲（如告知性演讲、说服性演讲、娱乐性演讲等）及其特点。回顾如何确定演讲主题、演讲能力和演讲道德，以及如何克服演讲怯场。

（二）预习内容

认识演讲规划的重要性，包括如何确定演讲目标、选择主题、分析听众以及规划演讲结构等。有助于养成良好的演讲习惯，提高演讲的质量和效果。

（三）作业题目

观看许吉如在北京卫视“我是演说家”节目中的“国强则少年强”的演讲视频，说说这位演讲者具备哪些演讲能力，并说明这段演讲的价值。

八、课外拓展

慕课线上课程口才与演讲实训教程，由湖南师范大学蔡颂老师等名师主讲。这门课程秉持培养“全人英才”的教育理念，结合语言学、教育学、心理学、艺术学等相关学科知识，以“高阶性、创新性、挑战度”为课程建设目标，将“口才与演讲实训教程”打造成线上“金课”。引导大家在全面掌握“口才与演讲”基础知识及实践技能的前提下，切实提升“语言建构与运用”“思维发展与提升”“审美鉴赏与创造”“文化传承与理解”等核心素养。

第二节　演讲规划

使克莱斯勒汽车公司起死回生的美国著名管理者艾柯卡（Lacocca）说得好：演讲是激励一大群人最有效的方法，不过上台说话与私下谈话不一样，演讲者可能知识丰富，但如果他并未仔细思量今天对这群听众要说什么，他就没有资格占用人们的宝贵时间。

实证研究似乎也证明了事前的规划与准备确能左右演讲表现。口语传播学者曼佐（Manzo）与卡瑞尔（Carell）发现，至少就大学参与演讲的学生而言，上台前花了越长时间准备，通常演讲表现也就越好。

规划与准备减少了演讲过程中的意外，使演讲者更能胸有成竹地面对演讲挑战。相反地，缺乏准备的人仿佛是在缺乏计划、未带地图的情况下走进丛林，是很难全身而退的。

广义的演讲规划可以囊括从开始构思演讲主题到实际登台前的所有准备步骤，随着课程的推进，每个重点内容我们都会讲到。本节重点讨论的是狭义的演讲规划，包括决定主题、决定目的与分析听众三项构思活动。

本节的学习有助于大家建立演讲的整体观念，避免出现“只见树木，不见森林”的情况。

一、课程导入

演讲规划的目的是为演讲撰写脚本、拟定流程，希望能借着事前的精心筹划与准备，使演讲品质获得提升。

【课堂提问】如何理解下面这几句话：

意授于思，言授于意，密则无际，疏则千里。

刘勰，修辞学家，阐明了“意”“思”“言”三者的关系，说明了好文章的作者能够做好规划，处理好“意”“思”“言”三者的基本关系。

说话是怀有目的的旅程，必须事先规划蓝图，在开始时就不知道自己要到哪里去的人，通常也就哪里也去不了。（卡耐基，美国教育家）

重点阐述演讲表达明确目的的重要性。

曾有人说过决定演讲成败的三项关键是“准备、准备、准备”，如何理解这句话，并举例说明。

充分表达了规划与准备的重要性，通过举例的方式来进行解读——例如，在演讲设备出现问题时如何化解危机，完成演讲。

教学目标：

通过本节教导学生如何有效地规划和组织演讲内容，包括确定主题、构建框架、安排逻辑顺序等，以提升演讲的条理性和连贯性，确保演讲能够吸引听众的注意力并达到预期的效果。

二、演讲准备

两千多年来，西方语艺学或演讲学有关准备流程的讨论，一直受到古罗马语艺学家西塞罗的深远影响。西塞罗对语艺学最大的贡献是整理出语艺五要项：构思、布局、风格、记忆、发表。① 后来大纲演讲的流行让风格与记忆逐渐融合在发表的步骤当中。所以我们主要通过构思、布局和发表三个方面来说明演讲的准备工作。

① 游梓翔：《演讲学原理》，台北，五南图书出版公司 2000 年版，第 16 页。

（一）构思

演讲中谈论的重点（论点），以什么材料来使听众了解与接受这些重点（素材）。主要原则是用心和创新。所谓的用心，用欧阳修的一个例子来说明，“余平生所作文章多在三上，乃马上、枕上、厕上也”，这句话说明了随时随地构思话题与素材的重要性。所谓的创新是指富有新意、不落俗套的话题与素材。

在构思阶段，首先需要明确演讲的主题和目标受众。主题是演讲的核心，应选择自己熟悉且感兴趣的领域，同时考虑目标受众的需求和兴趣，确保演讲内容能够引起他们的共鸣。

其次，要收集与主题相关的资料和信息。包括书籍、文章、报告、调查等多种来源，通过阅读、整理和分析这些资料，可以获取丰富的内容和观点，为演讲提供有力的支持。

再次，需要提炼演讲的主要观点。根据收集到的资料和信息，确定演讲的核心论点，并思考如何以逻辑清晰、条理分明的方式表达出来。

最后，还需要考虑演讲的结构和顺序。一个典型的演讲结构包括开场白、主体部分和结尾。开场白要引人入胜，吸引听众的注意力；主体部分要围绕主题展开，详细阐述主要观点；结尾部分要总结演讲内容，强调核心观点，并给听众留下深刻印象。

（二）布局

主要是组织要点、设计头尾、制作大纲，将构思阶段产生的论点排列起来。

组织要点分为纵的排列和横的排列。纵的排列包括主要论点、次要论点和支持论点的素材，除非演讲超过一小时，否则最好不要有第三层次。横的排列是指同一逻辑位阶的论点数量及先后顺序。最好为3—5点，先后顺序符合重点逻辑。

设计头尾，开头主要是指何事（演讲者必须说明演讲主题为何）与何故（听众为什么要听）；结尾主要是显示告终，结尾要注意精心设计高潮，在听众心中留下余音。

制作大纲主要包括演讲的基本资料、演讲的内容构架和演讲的补充资料。

演讲的基本资料应包括日期、姓名、目的、题目、时间长度；演讲的内容构架主要包括开头结尾详细内容，正文的要点，注明论点间的衔接设计以及素材等；演讲的补充资料是指时间过长或不够时的增删素材与演讲参考书目等。

在布局阶段，需要根据构思的内容，制订详细的演讲大纲。大纲应明确列出每个部分的主题和要点，以及它们之间的逻辑关系。这有助于在演讲过程中保持清晰的思路，确保内容的有序展开。

同时，要注重语言的表达。使用准确、生动、富有感染力的语言，可以增强演讲的吸引力和说服力。可以通过使用修辞手法、调整语速和语调等方式，让语言更加生动有力。

此外，还可以考虑使用辅助工具，如PPT、视频、图片等，来丰富演讲的内容和形式。这些工具有助于更好地展示演讲内容，提高听众的参与度和理解度。

（三）发表

发表应该注意选择用语、演练试讲和登台发表三个方面。选择用语是西塞罗的风格阶段，指的主要是演讲者选择何种语言来表达思想。主要包括语言和非语言两个方面，其中非语言包括声音语言、身体语言和视效。演练试讲是指练习和背诵。试讲时应该注意选用相同或相似的场地，并且安排几位听众现场聆听，在试讲过程中应该保持连续性，最好不要中途喊停，演练的过程中要出声，不要默念。登台发表能力主要通过观摩、练习、积累等训练来提升。

在发表阶段，首先要保持自信、冷静的心态。相信自己已经做好了充分的准备，能够顺利完成演讲。同时，要保持与听众的互动，注意观察他们的反应，及时调整演讲的节奏和方式。

在演讲过程中，要注重语音、语调、表情和肢体语言的运用。清晰、洪亮的语音可以让听众更容易听清内容；适当的语调变化可以强调重点；生动的表情和肢体语言可以增强演讲的感染力。

此外，还需要注意时间的控制。根据演讲的长度要求，合理安排每个部分的时间，确保在规定时间内完成演讲。如果时间充裕，可以适当增加一些细节或深入阐述某个观点；如果时间紧张，则需要抓住重点，简洁明了地表达内容。

最后，在演讲结束后，可以进行简短的总结和致谢。总结演讲的主要观点，强调核心思想；感谢听众的聆听和参与，表达对他们的尊重和感谢。

总之，演讲的准备是一个系统性的过程，需要认真构思、精心布局和自信发表。通过不断练习和积累经验，可以逐渐提高自己的演讲水平，成为一名优秀的演讲者。

三、团队准备

因为团队演讲具有很多优势，所以当前应用也越来越流行。那么接下来我们将团队演讲与个人演讲进行比较，从利弊和规划两个部分阐述。

（一）利弊

从弊的方面来说，由于团队成员较多，小组成员的时间和演讲材料不易整合到一起，另外，台上正式发表时也会增加衔接和配合等多方面的事项，所以也会增加协调的难度；从利的角度来说，团队演讲更有助于展现专业的素养和内涵，通过团队作战可以提升品质。

（二）规划

从演讲规划来看，团队演讲较个人演讲多了一个团队组成阶段，步骤主要包括组成、构思、布局和发表。

首先是组成，指的是团队成员的组成，成员的选择要富有团队精神，能够积极配合小组工作，同时还要有适当的专长，能够在小组活动中发挥优势。

其次，构思的核心是必须取得对演讲主题与目的的一致意见，进一步确定角色的分工，群策群力，挖掘小组成员的潜能，形成具有创意和执行力的方案。

再次，所谓的布局，就是指做好演讲开头、正文和结尾的规划，并且规划成员上台的先后顺序，以及演讲者之间的衔接。接下来我们一起来看一下演讲衔接的案例。

在了解了食物中的药物残留，可能对健康造成伤害之后，各位一定会想：我们每天都要吃蔬菜水果，再这样下去不会吃死了吗？现在我要向大家介绍今天的另一位演讲者，他是食品健康方面的专家，告诉我们怎样避免农药带给我们的伤害。

需要注意的是，团队演讲并不是意味着所有团队成员都必须上台，也可以准备道具和负责问答。

最后，发表过程中最大的挑战是协调性。团队成员不仅要了解自己的内容还要了解其他成员的内容，避免冲突和重复。

四、选择主题

演讲者构思的第一阶段就是拟定主题或自选主题。在主题明确的基础上，才能进入下一步的演讲规划中。在选题的过程中，主要通过选题标准、主题伸缩和决定讲题三个方面进行思考。

（一）选题标准

好主题有三个标准：能讲、想讲；能听、想听；宜时、宜地。

首先是能讲、想讲：能讲是指演讲者演讲的内容是其专长、职业或者嗜好，总之这一主题领域具有一定的研究或权威性；想讲是指对主题感兴趣，经过研究有自己独到的见解和看法。

其次是能听、想听：能听是指演讲的内容要适合观众的接受程度，接受程度是指听众接受的教育和认知能力等；想听是指演讲内容要符合听众的兴趣。

最后是宜时、宜地：宜时是指根据时长确立主题的大小；宜地是指演讲主题要符合特定场合中听众的期待。

（二）主题伸缩

顾名思义，主题伸缩就是指延伸主题或缩小主题。

首先是延伸主题，延伸主题的主要方式是通过创意联想或惯用话题，来扩充或丰富主题内涵。

通过创意联想来延伸主题的例子：手的联想——从能屈能伸体验人生态度；从五指长短不一体验天生我材必有用；从五指握拳体验出团结就是力量；从手心手背都是肉体验出平等的重要。

通过惯用话题来延伸主题的例子：新闻六要素就是惯用话题。

其次是缩小主题，缺乏经验的演讲者有时候不是无话可说，而是太多话要说，造成时间不足或是重点不清。

小题大做的例子：

你所不知道的博物馆——纸的博物馆。

保护环境的方法——怎样在家中做垃圾分类。

今年推出的新车——三款国产小型车。

怎样减肥——早餐美容塑身术。

通过上例我们可以看出，缩小主题的例子更加具体明确，让听众通过题目可以了解演讲的主要核心内容。所以，演讲主题语言要精练，最好是高度概括，美国总统杰克逊曾说过：冗长是现代口才的恶。对理性的听众而言，冗长无助于说服，只是令人厌恶的重复；用小时计算钟点的演讲，将随着钟点的消逝而消逝。非洲有一个部族，规定演讲者必须单脚站立演讲，如果离地的脚因疲惫而落地，演讲即使尚未完结，也得立刻结束。

这说明，从演讲的题目到演讲的内容，都应该注意精练，过于冗长的演讲不但令听众厌烦，而且还不能达成演讲效果。

总之，延伸主题是在找出所有能讲的论点与话题，缩小主题是将能讲的论点与话题去粗取精。

（三）决定讲题

我们经常提到主题和讲题，主题是演讲实际的话题主轴，讲题则是主题的广告包装，接下来我们一起来区分。

例如：　主题　讲题

主题	讲题
通过饮食控制肥胖	怎样吃出好身材
谈盗用软件	你是电脑小偷吗

好的广告包装不需要将演讲的目的与主要话题尽数曝光，而是要制造悬念，激发听众好奇心，使他们期待将在演讲中听到有趣的内容。

注意：讲题不能夸大不实宣传，也不能过于啰唆。

五、决定目的

古罗马哲学家塞内加（Seneca）告诉我们：缺乏目标是计划失败的主因，若不知自己正驶向哪个港湾，便无法确定什么风向才是正确的风向。在演讲前考虑通过演讲要达成一个怎样的效果，也就是我们常说的一般目的和具体目的。

（一）一般目的

"一般目的"包括告知（描述事物、传授技能、讲解新知、进度报告）、说服（信你所信、爱你所爱、感你所感）和娱乐（使人乐、使人激动）三种方式，一般目的不同，演讲的类型也就有所不同。

（二）具体目的

具体目的是指在这次演讲中达成的具体目标。用一个公式来表示：具体目的＝一般目的＋听众资料＋演讲主轴。① 例如，演讲主轴是有效求职面谈的五个注意事项。一般目的是告知，演讲对象是某大学应届毕业生，演讲的具体目的是告知某大学应届毕业生有效求职面谈的五个注意事项。

① 游梓翔：《演讲学原理》，台北，五南图书出版公司 2000 年版，第 23 页。

六、听众分析

为了能给听众提供更加有针对性和热衷度的演讲，需要在演讲前进行深入的调查，通过对听众进行意见调查、私下对特定或是类似听众进行探访、请主办人或邀请者提供信息或请曾经与特定或类似听众有接触经验的人提供信息等。听众分析主要包括四个方面，分别是听众接触、背景分析、心理分析和听众顺应。

（一）听众接触

听众接触主要包括物理接触、心理接触和情绪接触。物理接触主要是指听觉接触和视觉接触；心理接触主要是了解演讲者表达的内容；情绪接触需要找到听众的情绪交集。

（二）背景分析

年龄分析——中老年偏好历史、过往与回忆；年轻人喜欢展望未来的素材、喜欢充满活力语速较快的演讲者，年长者听众可能不太喜欢。

性别分析——女性听众较为喜欢富于情感的故事或例证，而非冰冷的数字；男性喜欢竞争性话题，如政治、新闻、运动等。

教育分析——孔子说过："中人以上，可以语上也；中人以下，不可以语上也。"也就是说，演讲者要充分考虑不同的教育经历和教育背景的受众，这样的演讲才能更加有针对性，更容易被受众接受。

团体分析——了解听众的团体归属，如受众的职业、行业、业务、职位等。

（三）心理分析

不同类型的演讲，听众的聆听状态不一样，心理状态也不太一样，所以我们先来看看不同类型的演讲特点。

告知演讲一般是流动听众、被动听众和主动听众。第一个是流动听众，在演讲的过程中要注重 ESPN 策略，即演讲热情、内容的悬疑、观众的参与、内容的新奇；第二个是被动听众，应该注重 NOMO 策略，即演讲内容要脱俗，而且要有一定的激励性；第三个是主动听众，就是对演讲内容和演讲者都非常关注和感兴趣的观众，这些观众往往心理状态非常积极。

说服演讲主要分为支持听众、中立听众、反对听众。第一个是支持听众，这一部分的听众心理属于顺应状态，很好争取；第二个是中立听众，这一部分的听众心理属于摇摆状态，主要靠演讲内容和演讲者的魅力征服；第三个是反对听众，这一部分的听众很难争取，心理有一定的抗拒，但是通过演讲说服也是有希望的。

通过对演讲类型及听众的分析，接下来，主要通过三个方面来分析听众心理。

信念分析——了解听众对演讲者了解多少；了解听众对演讲主题了解多少。

态度分析——了解听众对演讲者的态度；了解听众对演讲本身的态度。

价值分析——超我（重他人甚于重自己：大爱、关爱）、自我（重视自己：权利、成就、享乐）、保守（传统、服从与重视）、变迁（变化、刺激）。

（四）听众顺应

交集顺应——设法找出不同听众集群之间的最大公约数，即找到听众感兴趣的共同点，来设计演讲的内容。女士大多喜欢减肥、美容、美食等话题，男士一般喜欢体育、时政、军事等话题，男士和女士一般共同关注的是社会热点话题，所以我们要找到他们的交集，然后将交集作为演讲主题，这就是交集顺应。

区隔顺应——找出部分听众集群或对象，以他们为主要目标来调整演讲内容，即使牺牲了其他集群也在所不辞。区隔顺应分为多数顺应和少数顺应两种方式，多数顺应就是少数服从多数，听从大多数意见；少数顺应一般要看演讲主导者权利或某些特殊情况，会出现少数顺应。

七、课堂练习

（一）翻了就讲

学生分为四组，准备一本成语词典，每组翻一页词典选择一个成语，以该成语为题，做一段三分钟演讲，准备十分钟，每组派代表上前演讲。其他小组成员说明选题原因及规划过程，并向大家展示演讲大纲。

训练要点：

演讲规划、选择主题。

（二）推销员

学生分为三组，每组派一个代表做推销员，另外小组成员做观众，第一组扮演小学生，第二组扮演大学生，第三组扮演老年人。演讲完毕后，让各组学生谈谈感受。

训练要点：

演讲规划、听众分析。

八、课堂小结

本节学习了演讲准备、选择主题、决定目的和听众分析。了解演讲规划的构思、布局、风格、记忆与发表的全流程；选择主题的标准、伸缩和方法；决定目的中的一般目的和具体目的；分析听众的听众接触、背景分析、心理分析、听众顺应。引导学生通过完成任务活动，学会知识在实践中的应用，从而实现合理规划演讲这一最终目的。通过本节的学习，学生能够掌握演讲规划的全流程及方式方法，并学会在未来演讲实践中熟练应用。

演讲规划的目的是为演讲撰写脚本、拟定流程，借助事先的精心筹划与准备，使演讲品质获得提升。本节的学习有助于大家建立演讲的整体观念，避免出现“只见树木，不见森林”的情况。为下一步的演讲素材、演讲架构、演讲语言的学习做好总体的规划，使演讲学习的知识体系更加系统、清晰。

九、课后作业

（一）复习内容

演讲的基本概念、目标设定、主题与内容规划、听众分析、演讲结构、决定目的、案例分析与讨论以及复习与自我评估等方面。通过这一系列的复习，学生能够全面理解和掌握演讲规划的理论和实践，提升自己的演讲能力和效果，与听众建立更好的沟通和互动。

（二）预习内容

通过理解素材收集的重要性、多样性来源、筛选整理方法、呈现方式、与目标的关联、创新性应用，以及通过案例学习和模仿来提高素材运用能力，学生可以更加有效地准备演讲，提升说服力和感染力，为未来的演讲做好充分准备。

（三）作业题目

观看罗振宇跨年演讲《时间的朋友》，以此为主题，编写一份演讲大纲，大纲应包含演讲的基本资料（日期、姓名、目的、题目、时间长度）和演讲的内容构架（开头结尾、正文要点、论点间的衔接设计以及素材等）。

十、课外拓展

演讲话题有很多，亚里士多德在他的《翻译学》中，将这些惯用话题称为套题，演讲者可以将套题作为构思的基础。西方语艺学家对演讲话题进行了规划，其中影响力较大的是美国学者威尔吉森·阿诺德（Arnold）博士归纳出 16 个演讲套题：

1. 存在（existence）

描述事物的事实信息（包括何人、何事与何故）——麦奎尔打出了第 70 支全垒打。

2. 程度（degree）

比较事物的优劣高下——麦奎尔打破了旧纪录，而且胜过竞争对手索沙。

3. 空间（space）

描述事物的空间特质（地点、距离、分布）——打破纪录的球场、全垒打的落点与距离、麦奎尔的成长地点。

4. 时间（time）

描述事物的时间特质（时间、长短、快慢）——旧纪录的保持时间、打破纪录的速度、在何时打破纪录。

5. 动作（motion）

描述事物的运行动作——全垒打球的飞行方式、麦奎尔破纪录一击的挥棒姿势。

6. 形式（form）

描述事物的具体或抽象形貌——麦奎尔属于重炮型的选手；索沙则是短小精悍型。

7. 物质（substance）

分析事物的具体、抽象或心理特质——麦奎尔除了有一身傲人的肌肉，还有破纪录的决心。

8. 改变（capacity to change）

改变事物的能力——面对体能随年龄下降的因素，麦奎尔要更加努力才能再创佳绩。

9. 能量（potency）

描述事物的力量（包括有利或有害的力量）——麦奎尔拥有极强的臂力、球迷给予红雀队高度支持。

10. 愿望（desirability）

分析事情的利弊得失——明星强打者使棒球赛更好看，对棒球运动有正面帮助。

11. 可行（feasibility）

分析事情实现的有利与不利因素——其他队伍很难挖角麦奎尔，因为他与红雀队仍有合约。

12. 因果（causality）

说明事物的因果关系——投手水准降低与打击者竞争激烈是造成全垒打数激增的原因。

13. 相关（correlation）

说明事物的并存关系，但并不确定是否为因果——麦奎尔似乎在红雀队主场表现特别好。

14. 类别（genus-species）

说明事物的类别关系——麦奎尔是圣路易红雀队的一垒手，红雀队隶属于国家联盟中区，是大联盟的一队。

15. 相似（similarity）

描述事物的属性异同——麦奎尔与索沙的身高、体重、出身不同，但他们追求卓越的热情却十分类似。

16. 可能（possibility）

事情的发生概率——麦奎尔的新纪录很可能再被他自己或其他选手打破。

为了避免遗忘构思的话题，许多演讲者习惯在构思过程中将想法写在策划纸上，并且直接在纸上画圈拉线，将想法作初步的排列组合，形成演讲组织架构的雏形。无论你是否将排列组合的结果重新抄写或输入电脑，这份记载有架构雏形的纸张就是初步大纲，初步大纲是演讲准备过程要完成的三种大纲之一。我们将在下一节研讨演讲大纲的具体规划方式和方法。

第三节　演讲素材

完成写作要三个月，产生创意要三分钟，收集资料要一辈子。

——费资格罗（CF. Scott Fitzgerald），美国作家

在准备演讲的过程中，你已经选好主题，并构思出阐释主题的主要与次要论点，下一步是要收集素材使你的演讲更有趣、更清楚、更有利，而非只有枯燥与单薄的论点而已。

由于素材的功能是支持论点，因此被演讲学者称为佐证资料。素材佐证论点的方式有三种：澄清、扩充与证明。澄清使抽象观念具体化，帮助听众了解；扩充使单调内容丰富化，增加听众兴趣；证明使立论基础周延化，获取听众信任。当强调证明功能时，素材也就是所谓的证据。

演讲素材的重要性不仅长期为语艺学者们认可，沟通与说服方面的科学研究也印证了此种观点。美国传播学学者约翰·C. 雷纳德（John C. Reinard）就从其50来年的相关研究中归纳出一项结论，演讲素材的品质越高，演讲的说服力也就越高，尤其是在听众对主题的所知有限，素材又有许多来源时。另外也有研究指出，可信度中等或偏低的演讲者如果能多用来源可靠、听众又前所未闻的素材，其可信度将可以获得提升。

演讲素材的类型很多，但大致上可以区分为事实与意见两类。事实是对既存事物的客观描述；意见则是对事物的主观判断与解释。在这一节，笔者将先介绍两种最常见的事实素材——例证故事与统计数字，接着再介绍意见素材——名言引语。今天的课程中将会引用许多名人案例，希望能够激起大家

的学习热情。

一、课程导入

在开始今天的课程前，想先和大家分享一个有趣而又引人深思的故事。

这个故事发生在不久前的一次国际会议上。一位来自亚洲的环保专家，在众多国际同行面前，发表了一场关于环境保护的演讲。他没有一开始就抛出枯燥的数据和理论，而是讲述了他亲身经历的一个故事。

他曾亲自前往一个被严重污染的小村庄，那里的河流已经变成了黑色，空气中弥漫着刺鼻的气味，孩子们的脸上不再有笑容。当他问及村民们对环境的看法时，一位老人含泪告诉他，他们曾经拥有清澈的河流和美丽的田野，但现在这些都已经成了遥不可及的回忆。

这位环保专家通过这个故事，成功地引发了听众的共鸣和思考。他紧接着提出了环保的重要性和紧迫性，以及我们每个人应该为此做出的努力。这场演讲不仅赢得了在场听众的热烈掌声，还引起了国际社会对环保问题的更多关注和行动。

这个故事，就是我们今天要讨论的演讲素材案例之一。它告诉我们，一个好的演讲素材，不仅能够吸引听众的注意力，还能够深刻地传达出我们的观点和理念。

这个导入案例通过讲述一个具体的环保故事，成功地引发了听众的兴趣和思考，为后续关于演讲素材的讨论做好了铺垫。同时，它也展示了演讲素材在演讲中的重要性和作用，为后续内容的学习和理解提供了具体的背景和情境。

演讲素材积累的重要性在于为演讲者提供丰富的内容和有力的支撑，使演讲更具说服力、生动性和深度，有助于提升演讲的质量和效果，从而更有效地传达观点、感染听众并达到预期目标。

教学目标：

通过本节的学习使学生了解演讲的例证故事、统计数字、名言引语与收集素材。帮助学生系统地积累丰富多样的演讲素材，包括实例、数据、故事等，以提升学生演讲内容的说服力和吸引力，培养学生在演讲中灵活运用素材的能力，为成为优秀的演讲者打下坚实的基础。

二、例证故事

在演讲的过程中，让听众了解、相信或对概括与抽象的观念感兴趣，向来都是演讲者的难题，运用例证与故事则是解决此项难题相当有效的方法。接下来我们一起学习如何运用例证和故事。

（一）运用例证

1. 运用实例

运用实例进行论述的优势是真实、形象、说服力强。下面这个例子可以很好地说明。“当周教授提出‘我国台湾地区附近海域或污染严重，对保育类鲸豚的生存造成威胁’的论点时，便举了一个例证作为佐证资料。‘1997 年 4 月在澎湖外海曾经发现了一只花纹海豚，送到中心时已生命垂危，无法进食，后来在灌食两天后仍然死亡。解剖结果发现这只海豚胃里有三分之二都是塑料袋。’”

总结：澄清、证明了原本抽象的陈述，具体鲜明的形象描述，令人印象深刻。如果不能找到真实的例子怎么办呢？接下来我们一起研究运用虚例。

2. 运用虚例

运用虚例时人、事虽然是杜撰的，但是情节必须合情合理。通过下面这个例子让我们了解虚例。“对从 1960 年开始，就在某事业单位连续工作 40 年的老王来说，如果电脑在公元 2000 年出现千年虫问题，电脑将以为自己回到了 1900 年，因此老王的年资就将不是 40，而是 0，退休金就全部泡汤了！”

理解案例需要先熟悉这个事件的背景，即计算机 2000 年问题，又叫作“2000 年病毒”“千年虫”“电脑千禧年问题”“千年病毒”，是指在某些使用了计算机程序的智能系统（包括计算机系统、自动控制芯片等）中，由于其中的年份只使用两位十进制数来表示，因此当系统进行（或涉及）跨世纪的日期处理运算时（如多个日期之间的计算或比较等），就会出现错误的结果，进而引发各种各样的系统功能紊乱甚至崩溃。

总结：通过这个案例我们可以看出，虽然人、事都是虚设的，但是却能够将一个抽象的千禧虫问题说明白，而且合情合理，这就是运用虚例的好处。

3. 运用比较

运用比较包括中外比较、古今比较、新旧比较、正反比较。

（1）中外比较

在中国人的心目中，夏天总与酷暑炎热联系在一起，如“夏日炎炎”“火辣夏日”。而在莎翁的一首十四行诗中却有这样的诗句：“Shall I compare thee to a summer’s day？ /Thou art more lovely and more temperate.（我能不能拿夏天同你相比？ / 你啊，比夏天来得可爱温煦。)”

总结：诗人把情人比作夏天，可爱而温煦。“夏天”带给中国人和英国人的联想竟是如此迥异。原因就在于所处的地理位置不同，中国位于亚洲大陆，属于大陆性气候，四季分明，夏天最明显的特征便是骄阳似火，炎热难熬。而英国位于北温带，属海洋性气候，夏天明媚温和，令人惬意。当然还有很多这方面的例子，例如，在汉语中的“东风”使人想到温暖和煦，“西风”则叫人有种寒风刺骨的味道。而在西方则相反。原因也是一样，两地所处地理位置不同，带来的感受就不同。

（2）古今比较

太守——战国称郡守，汉改太守，为一郡的行政最高长官。秦分三十六郡，比县大。相当于现在的省辖市市长。

刺史——汉武帝分全国为十三州，刺史掌管一州军政大权。相当于省长兼省军区司令员。

京兆尹——西汉京畿地方行政长官。相当于北京市市长。

太尉——秦至汉均有设置，为全国军政首脑。相当于国防部部长或军委主席。

廷尉——执掌法律、主审要案的大臣。相当于最高人民法院院长。

吏部尚书——掌管全国文武官吏考核赏罚。相当于人力资源部部长。

尚书令——参议大政，综管政务，百官之长。相当国务院秘书长。

总结：古代和现代的官位称呼方式不同，通过古今的比较让大家可以更加直观地熟悉各个官位及所管辖的范围。

（3）新旧比较

打鸡血——在20世纪60年代曾是疯狂蔓延的一种“保健疗法”。现在说某人像打鸡血一样，主要是借以讽刺此人对特定的人物或事物突然情绪亢奋的一种行为表现，也具有调侃的意味。现在的打鸡血被证实是伪科学。

（4）正反比较

正——在唐朝王位争夺中，魏征曾鼓动太子李建成杀掉李世民，李世民发动玄武门政变夺得帝位后，不计前嫌，量才重用，使魏征觉得“喜逢知己之主，竭其力用”，为唐朝盛世的开创立下了汗马功劳。反——慈禧与一位大臣下棋，大臣无意说了一句话：“我杀老佛爷的马。”慈禧勃然大怒：“你杀我的马，我杀你全家！”可见慈禧小肚鸡肠、心胸狭隘、待人刻薄。

（二）运用故事

接下来我们一起来学习如何运用故事。故事深具魅力，是因为它使信息更亲近。

1. 叙事结构

叙事主要有三个重要的要素，分别是人物、情节和场景。

人物：每个人都有独特的行为动机。区分人物的正邪往往不是特定行为，而是行为背后的动机。例如，电视剧《神雕侠侣》中作为英雄人物的杨过可能做出离经叛道的事，但他追求挚爱的行为动机却是正面的。

情节：人物发生的事。正面人物达成目标与坚持原则的困难成为冲突的来源。例如，电视剧《神雕侠侣》中杨过想与小龙女厮守却遭到重重阻挠。

场景：关于故事发生时代、场合与地点的描述。例如，电视剧《神雕侠侣》中时代是宋朝；场合是武林大会；地点是在某个庄园。

启示：希望听众相信或接受的寓意。例如，电视剧《神雕侠侣》中经常出现名门正派人物满口仁义道德，行为却阴险邪恶，传送出表面上的好人未必真是好人的道理。

总结：从故事的结构来看，人物个性越鲜明、越特殊、行为动机涉及的价值层次越高，情节发展越令人意外，正邪冲突程度越高，结局越无法预期的故事，也就越精彩越吸引人。

2. 叙事类型

叙事类型主要包括个人故事、他人故事、历史故事、寓言故事（虚构故事）、幽默故事等类型。

（1）个人故事

演讲者的亲身经历或遭遇。

例如，J.K. 罗琳在讲述创作《哈利 · 波特》系列之初所经历的。“我也是一位追梦人，虽然我的故事没有那么传奇，但那份坚持和不懈努力却是共通的。那时，我深陷创作的泥潭，作品屡遭拒绝，生活也一度陷入困境。但就在我最迷茫的时候，一个灵感如同闪电般划破天际，我紧紧抓住它，不眠不休地创作。终于，我的作品得到了认可，就像《哈利 · 波特》一样，它也找到了属于自己的舞台。那一刻，我深刻体会到，只要坚持梦想，勇于追求，每一个普通人都能创造出不凡的奇迹。”

（2）他人故事

因为演讲者本人并非故事中的人物，主角另有其人，因此在运用他人故事时，演讲者是以第三人称发言。

例如，奥普拉 · 温弗瑞（Oprah Winfrey ）的故事，一个关于逆境与崛起的励志篇章。奥普拉出生在一个贫困的家庭，童年时期经历了许多艰辛。然而，她凭借着自己的才华和努力，逐渐在媒体界崭露头角。最初，她只是一名地方电视台的新闻主播，但她对工作的热情和出色的表现引起了全美的关注。她不断努力，最终创办了自己的电视节目，并成为一位全球知名的媒体人。奥普拉的故事告诉我们，无论出身如何，只要有才华、有毅力，就能战胜逆境，实现自己的梦想。

（3）历史故事

通常是以听众熟悉的历史人物为主角。演讲者多半是借过去发生的事件，来印证现在的主题——“援古证今”。

（4）寓言故事

虚构故事的流行名称是寓言。编造故事的目的在于说明某种道理或真理，给人以一种教益或教训。

（5）幽默故事

可以真实也可以虚构，要有笑点。

3. 注意事项：真、切

（1）“真”的原则

例证与故事是否真实合理。真故事——合乎事实；假故事——合乎情理。

合乎事实：在某公司担任保险业务员的被告，上星期三晚上 8 时 20 分到我家来向我借了 2300 元，说好 3 个月还清，我答应了，并且给了他 22 张百元大钞和两张 50 元的钱币。我记得他那天穿的是一件浅蓝色的衬衫，打了一条上面有汽车图案的红色领带。

合乎情理：虚构的故事要合乎情理（如主角从二十楼跳下来毫发无伤和一岁小孩打电话报警就不合乎情理），例如千禧虫事例中，老王虽然是虚构的人物，但问题却是真实存在的。应注意故事要来源可靠和明确具体。

（2）“切”的原则

例证与故事是否切题相关。切就是在衡量例证与素材支持性。

违反切的原则：文不对题和自相矛盾。

文不对题：例如说电视记者工作的挑战性，却举了报纸记者为例。

自相矛盾：不但不能支持论点，反而有抵消或驳斥论点的效果。

三、统计数字

语艺学家哈特（Hatt）说，运用具体明确的数字、统计与计量资料可以让听众对演讲者的谈话产生实体感。

（一）两大类型

1. 描述统计

用简明扼要的数字呈现大量事实的意义。例如，演讲与辩论课程期中考试班级平均分为 80 分。分数不用一一呈现就能概观全班考试表现。

2. 推论统计

先对部分个案的事实做统计计量，再进一步以部分个案的统计计量结果推测全体个案有关的事实。例如，民意调查。抽样 800 位民众，对 800 位的访问结果推测选民意见。

（二）注意事项

1. 说明来源

在运用统计数字时，必须说明统计数字的来源（例如，根据……的调查或研究）。统计数字具有高度的时间敏感性。

2. 避免说谎

（1）平均数说谎

某位主管告诉你，本单位有 5 名员工，平均薪资每人每月 1 万元。你可能会认为不错，但实际主管月薪 4 万元，其他员工月薪 2500 元。

（2）百分比说谎

影视传媒学院播音与主持艺术专业有 20% 的老师姓张，其实五个人中只有一人姓张。

（3）趋势说谎

某小学班会上，班长说："本周我们班级有希望获得流动红旗了，因为上周我们班有五名同学淘气被主任批评，本周这种情况有所好转，只有两名同学被批评，批评率减少了 150%。按照这个比例，我们本周就能获得流动红旗了。"这就是趋势说谎，听起来很荒唐。

（三）帮助理解

演讲者应设法帮助听众理解统计数字。

1. 语言延展

用重复的方式增强听众对统计数字的印象。例如，根据某网站公布的最新统计数据，全国高中女教师的数量首超男教师，女性专任教师所占比例已达 50.55%，其中，上海高中女性教师占比为 64.81%，而女教师占比最高的北京，已经达到 70.65%。在北京高中教师行列，相当于三个人中，就有两个是女性。

2. 常识比较

演讲者提出的统计数字与更亲近听众的统计数字比较。例如，坐飞机比你在家里洗澡更安全。

四、名言引语

（一）两大类型

1. 证言

引用演讲者以外的人发表的意见，引入演讲证明自己的观点。

专家意见：权威论证。在分工复杂的信息社会中，没有人能够精通所有的知识领域，因此可以向专家学习，这使专家意见在演讲中被运用得相当普遍。例如，在医学领域，主任医师给患者的手术方案；在教育领域，教育专家给出教育改革方案；在工程领域，工程师给出桥梁设计方案；等等。

普通人言论：呈现某种民意或市场反应。与民意调查具有十分类似的功能。不同的是，民意调查是希望以数百位或数千位受访者的简短答案推论全体常人意见，具有一定的广度。普通人言论则是借着几位普通人的较长回答呈现某种民意概况，具有一定的深度。

2. 警句

警句是语句简单精练，但却意义深刻、引人深思的语句。最好的警句是像蜜蜂，形体短小而有刺有蜜，为最美妙。

静以修身，俭以养德。——《诫子书》

出处：《诫子书》是诸葛亮临终前写给儿子诸葛瞻的家书，这句话教导人们通过内心的平静和生活的节俭来培养品德。

意义：一个在日常生活中保持内心平静、不追求奢华的人，往往能够更专注于自我提升，从而培养出高尚的品德。

苟利国家生死以，岂因祸福避趋之。——《赴戍登程口占示家人》

出处：这句话出自清代林则徐的《赴戍登程口占示家人》，表达了他为了国家利益，不惧个人祸福的崇高精神。

意义：历史上许多英雄人物，如林则徐、岳飞等，他们为了国家的利益，不惜牺牲个人的安危和利益，这种精神值得我们学习和传承。

父母威严而有慈，则子女畏慎而生孝矣。——《颜氏家训·教子篇》

出处：这句话出自颜之推的《颜氏家训》，强调了父母威严与慈爱并存的教育方式对于培养子女孝顺品质的重要性。

意义：当父母在教育子女时，既要有威严的一面，让孩子知道规矩和界限；也要有慈爱的一面，让孩子感受到家庭的温暖和关爱。这样的教育方式有助于培养出既懂事又孝顺的子女。

（二）注意事项

1. 说明来源

为了建立名言警句的可信度与避免抄袭，在演讲中必须说明名言警句的来源。发表者的姓名、国籍与一般性的职业类别。例如，明代—文人—王夫之。

2. 避免扭曲

不可曲解编造，不能断章取义。

（1）历史事件的扭曲

在讲述历史事件时，演讲者可能会为了证明某个观点，而故意忽略或改变历史事实。例如，将某个复杂的历史事件简化为单一的原因或结果，或者将历史人物的行为和动机进行歪曲，以符合自己的叙事需要。

（2）科学研究的误读

演讲者可能会引用科学研究来支持自己的观点，但往往只选取那些符合自己立场的部分，而忽略或否定与之相悖的证据。这种对科学研究的断章取义和片面解读，不仅误导听众，也损害了科学的客观性。

（3）数据的篡改或夸大

为了证明某个观点，演讲者可能会篡改或夸大统计数据。例如，通过修改数据的来源、计算方法或解读方式，使原本不支持自己观点的数据变得“有利”。这种做法不仅不道德，而且严重损害了信息的真实性。

（4）引用不实信息

演讲者有时会引用一些未经证实或明显错误的信息来支持自己的观点。这些不实信息可能来自不可靠的来源，或者完全是演讲者自己编造的。这种做法不仅误导听众，也损害了演讲者的信誉。

为了避免演讲素材的扭曲，演讲者应该保持客观公正的态度，对所使用的素材进行严格的核实和筛选。同时，听众也应该保持警惕，对演讲者的观点和所引用的素材进行独立的思考和判断。

3. 避免堆砌

避免构成卖弄学问、哗众取宠的嫌疑。

（1）精选素材

在准备演讲时，不要盲目地收集大量素材，而是要根据演讲的主题和目的，精选出最相关、最有代表性的素材。确保每一个素材都能有效地支持自己的观点，而不是仅仅为了填充时间或增加字数。

（2）组织素材

在选择好素材后，要对其进行合理的组织。可以按照时间顺序、逻辑顺序或重要性顺序来安排素材，确保演讲内容条理清晰、层次分明。同时，要注意素材之间的衔接和过渡，避免出现断裂或重复的情况。

（3）简洁明了

在呈现素材时，要力求简洁明了。避免使用冗长的句子或复杂的词汇，尽量用简洁的语言来表达。对于重要的数据或事实，可以用图表、图片或视频等形式来辅助说明，但不要让它们成为演讲的累赘。

（4）结合实例

为了使演讲更具说服力和生动性，可以适当结合实例来阐述观点。这些实例可以是具体的案例、故事或经验分享，能够帮助听众更好地理解演讲者的观点，并产生共鸣。

（5）注重互动

在演讲过程中，要注重与听众的互动。可以通过提问、讨论或引导听众思考等方式，让他们参与到演讲中来。这样不仅可以避免素材的堆砌感，还能增加演讲的吸引力和趣味性。

总之，避免在演讲中堆砌素材需要演讲者具备良好的素材筛选、组织和呈现能力。通过精选素材、合理组织、简洁明了地呈现以及注重互动等方式，可以打造出一场内容丰富、条理清晰、引人入胜的演讲。

五、收集素材

（一）发掘素材

我们可以通过书籍、期刊等平面资料、调查访问资料和网络视听资料等渠道获取素材。

平面资料，即印刷资料。主要包括：一般书籍、报纸期刊、参考书籍、政府公报等。

访问资料：在演讲主题方面可以访问拥有专业知识或丰富经验的专家，取得有用的演讲素材。当然在访问前一定要做好充足的准备工作，避免尴尬或不愉快的情况发生。例如，在一次体育赛事结束后，由于主持人没有做好充分的准备工作，对于运动员的信息了解不足，导致现场采访的尴尬场面，下面通过视频一起了解：

记者：今天在场的36名运动员，你是年龄最大的一个。很多人在赛前并不看好你，你觉得自己取胜的秘诀是什么？

运动员：没有呀，不是吧，我不是赛场上年龄最大的，取胜没有什么秘诀。

记者：你以一个老将的身份，但完全是一个“黑马”的姿态，你对今天自己是首金的冠军是什么感受？看你好像一点都不激动。

运动员：没有吧，我没有觉得自己是一个“黑马”，我觉得冠军就应该是我的。

通过这段对话我们可以看出，由于主持人没有事先对选手做充分的功课，所以现场采访几度被否定，这样的采访显然不能取得被采访对象的信任，这样就无法获取更多的信息，也就注定了采访的失败。由此可见，在采访前做好充足的准备工作是很重要的。

（二）准备素材

前期准备：通过提前预约的方式与被访者建立联系，准备访问内容时一定首先明确访问的目的，其次确定访问的方向，最后一步就是与被访者沟通被访问的可能时间。

进行访问：在访问的过程中为了详细记录被访者的讲述内容，有时可以采用现场录音的方式进行记录，但需要注意的是，录音需要征求对方同意。

网络资料：网络资料非常丰富，但是要注意通过正规渠道和网站进行资料的查找和收集。另外，网络资料类型也是非常丰富的，如论文、视频、音频等。查找的资料信息一定要通过权威渠道，并且要注明资料的出处及具体来源信息。

当素材收集上来后，需要进入筛选素材的阶段。可以通过整理抄录和去粗存精两种方式进行。

整理抄录就是将收集上来的素材做成卡片格式，并标注好标题、引文和来源，建立素材库。

去粗存精就是将来源较为权威（可靠性）、时间较为接近（新近性）和理解较为容易（听众接受度）的素材筛选出来，作为演讲的备选。

六、课堂练习

（一）你出生的那一天

你出生的那一天世界上发生了什么事，并准备一组 5 分钟演讲。说说你资料查找的来源。

训练要点：

收集素材，例证故事。

（二）你最想居住的外国城市

请你用收集材料的方式来准备一段小演讲，说说你喜欢的一个城市。

训练要点：

收集素材，例证故事，统计数字。

（三）五句好话和好朋友分享

用资料收集方法，找五句大家不熟悉的名言警句或谚语，并写出五句名言引语带来的启示。

训练要点：

收集素材，哲言警句，俗言谚语。

七、课堂小结

演讲的素材主要研究例证故事、统计数字、名言引语和收集素材四大方面内容，其中例证故事为重点内容，也是为演讲添彩的重要环节，收集素材是演讲的重要准备工作和日常积累工作，通过本节的学习让大家掌握正确的素材收集方式，并恰当地应用素材。

收集素材的过程也是沉淀内功的过程。如果缺乏文化积累和文化底蕴，是很难成为真正的演说者的。人们说“胸中有丘壑”，还说“胸有成竹”。这些险峻的“丘壑”和挺拔的“成竹”，都是靠积累得来的，积累素材就是这样的过程。素材的积累也是对知识的积累。大部分公共演讲具有一定的说服性质，所以演讲者必须要十分了解演讲涉及领域的相关知识。之所以认为一些演说家是某领域的专家，那是因为在演讲之前用了足够的时间学习，积累了专业的成熟度，做了充足的准备。每个演讲者在演讲前都应当做到有备而来，而不是即兴演讲。

八、课后作业

（一）复习内容

旨在巩固和加深对演讲素材的理解与应用能力。通过回顾素材收集的重要性、筛选与整理技巧、呈现方式、与演讲目标的关联、创新性应用等关键知识点，大家能够更加熟练地运用各种素材来支持演讲观点，提高演讲的说服力和感染力。同时，复习还包括对案例的分析与讨论，以及自我评估与反思，帮助演讲者不断完善自己的演讲技巧和素材运用能力。

（二）预习内容

主要关注构建清晰、有逻辑的演讲结构。包括明确演讲目标，确定主题和内容，分析听众需求与特点，设计引人入胜的开头，构建有说服力的主体部分，以及收尾总结。通过预习，大家可以掌握如何有效地组织演讲内容，使其条理清晰、层次分明，从而更好地传达信息、说服听众，并实现演讲目标。

（三）作业题目

结合电视剧《神雕侠侣》中的故事情节举例说明故事的叙事结构要素。

九、课外拓展

1. 断箭的启示

不相信自己的意志，永远也做不成将军。春秋战国时期，一位父亲和他的儿子出征。父亲已做了将军，儿子还只是马前卒。又一阵号角吹响，战鼓雷鸣了，父亲庄严地托起一个箭囊，其中插着一支箭。父亲郑重地对儿子说："这是家袭宝箭，佩戴身边，力量无穷，但千万不可抽出来。"那是一个极其精美的箭囊，厚牛皮打制，镶着幽幽泛光的铜边儿，再看露出的箭尾。一眼便能认定是用上等的孔雀羽毛制作。儿子喜上眉梢，贪婪地推想箭杆、箭头的模样，耳旁仿佛有嗖嗖的箭声掠过，敌方的主帅应声折马而毙。果然，佩戴宝箭的儿子英勇非凡，所向披靡。当鸣金收兵的号角吹响时，儿子再也禁不住得胜的豪气，完全背弃了父亲的叮嘱，强烈的欲望驱赶着他呼一声就拔出宝箭，试图看个究竟。骤然间他惊呆了。一支断箭，箭囊里装着一支折断的箭。我一直挎着支断箭打仗呢！儿子吓出了一身冷汗，仿佛顷刻间失去支柱的房子，轰然意志坍塌了。结果不言自明，儿子惨死于乱军之中。拂开蒙蒙的硝烟，父亲捡起那支断箭，沉重地啐一口道："不相信自己的意志，永远也做不成将军。"把胜败寄托在一支宝箭上，多么愚蠢，而当一个人把生命的核心与把柄交给别人，又多么危险！比如：把成绩的取得寄托在老师身上；把希望寄托在爸妈身上；把幸福寄托在儿女身上；把生活保障寄托在单位身上……

温馨提示：自己才是一支箭，若要它坚韧，若要它锋利，若要它百步穿杨、百发百中，磨砺它，拯救它的都只能是自己。

2. 生命的价值

不要让昨日的沮丧令明天的梦想黯然失色！在一次讨论会上，一位著名的演说家没讲一句开场白，手里却高举着一张20美元的钞票。面对会议室里的200个人，他问："谁要这20美元？"一只只手举了起来。他接着说："我打算把这20美元送给你们中的一位，但在这之前，请准许我做一件事。"他说着将钞票揉成一团，然后问："谁还要？"仍有人举起手来。他又说："那么，假如我这样做又会怎么样呢？"他把钞票扔到地上，又踏上一只脚，并且用脚碾它。尔后他拾起钞票，钞票已变得又脏又皱。"现在谁还要？"还是有人举起手来。"朋友们，你们已经上了一堂很有意义的课。无论我如何对待那张钞票，你们还是想要它，因为它并没贬值，它依旧值20美元。人生路上，我们会无数次被自己的决定或碰到的逆境击倒、欺凌甚至碾得粉身碎骨。我们觉得自己似乎一文不值。但无论发生什么，或将要发生什么，在上帝的眼中，你们永远不会丧失价值。在他看来，肮脏或洁净，衣着齐整或不齐整，你们依然是无价之宝。"

温馨提示：生命的价值不依赖我们的所作所为，也不仰仗我们结交的人物，而是取决于我们本身！我们是独特的——永远不要忘记这一点！

3. 昂起头来真美

别看它是一头黑母牛，牛奶一样是白的。珍妮是个总爱低着头的小女孩，她一直觉得自己长得不够漂亮。有一天，她到饰物店去买了只绿色蝴蝶结，店主不断赞美她戴上蝴蝶结挺漂亮，珍妮虽不信，但是挺高兴，不由昂起了头，急于让大家看看，出门与人撞了一下都没在意。珍妮走进教室，迎面碰上了她的老师，“珍妮，你昂起头来真美！”老师爱抚地拍拍她的肩说。那一天，她得到了许多人的赞美。她想一定是蝴蝶结的功劳，可往镜前一照，头上根本就没有蝴蝶结，一定是出饰物店时与人一碰弄丢了。自信原本就是一种美丽，而很多人却因为太在意外表而失去了很多快乐。

温馨提示：无论是贫穷还是富有；无论是貌若天仙，还是相貌平平，只要你昂起头来，快乐会使你变得可爱——人人都喜欢的那种可爱。

4. 为生命画一片树叶

只要心存相信，总有奇迹发生，希望虽然渺茫，但它永存人世。美国作家欧·亨利在他的小说《最后一片叶子》里讲了个故事：病房里，一个生命垂危的病人从房间里看见窗外的一棵树，树叶在秋风中一片片地掉落下来。病人望着眼前的萧萧落叶，身体也随之每况愈下，一天不如一天。她说：“当树叶全部掉光时，我也就要死了。”一位老画家得知后，用彩笔画了一片叶脉青翠的树叶挂在树枝上。最后一片叶子始终没掉下来。只因为生命中的这片绿，病人竟奇迹般地活了下来。

温馨提示：人生可以没有很多东西，却唯独不能没有希望。希望是人类生活的一项重要的价值。有希望之处，生命就生生不息！

5. 飞翔的蜘蛛

信念是一种无坚不摧的力量，当你坚信自己能成功时，你必能成功。一天，我发现，一只黑蜘蛛在后院的两檐之间结了一张很大的网。难道蜘蛛会飞？要不，从这个檐头到那个檐头，中间有一丈余宽，第一根线是怎么拉过去的？后来，我发现蜘蛛走了许多弯路——从一个檐头起，打结，顺墙而下，一步一步向前爬，小心翼翼，翘起尾部，不让丝沾到地面的沙石或别的物体上，走过空地，再爬上对面的檐头，高度差不多了，再把丝收紧，以后也是如此。

温馨提示：蜘蛛不会飞翔，但它能够把网结在半空中。它是勤奋、敏感、沉默而坚韧的昆虫，它的网织得精巧而规矩，八卦形地张开，仿佛得到神助。这样的成绩，使人不由想起那些沉默寡言的人和一些深藏不露的智者。于是，我记住了蜘蛛不会飞翔，但它照样把网结在空中。奇迹是执着者造成的。

6. 阴影是条纸龙

人生中，经常有无数来自外部的打击，但这些打击究竟会对你产生怎样的影响，最终决定权在你手中。祖父用纸给我做过一条长龙。长龙腹腔的空隙只能容纳几只蝗虫，投放进去，它们都在里面死了，无一幸免！祖父说："蝗虫性子太躁，除了挣扎，它们没想过用嘴巴去咬破长龙，也不知道一直向前可以从另一端爬出来。因而，尽管它有铁钳般的嘴壳和锯齿一般的大腿，也无济于事。"当祖父把几只同样大小的青虫从龙头放进去，然后关上龙头，奇迹出现了：仅仅几分钟，小青虫们就一个接一个地从龙尾爬了出来。

温馨提示：命运一直藏匿在我们的思想里。许多人走不出人生各个不同阶段或大或小的阴影，并非因为他们天生的个人条件比别人要差多远，而是因为他们没有思想要将阴影纸龙咬破，也没有耐心慢慢地找准一个方向，一步步地向前，直到眼前出现新的洞天。

第四节　演讲架构

在刚听完一场演讲时，很多人有这样的经验，印象中只记得演讲者运用了大量的统计数字、名言引语、新闻报道与学术研究，但作为听众的你却怎么也抓不住他的重点，你能“见树”，但却无法“见林”。

当许多听众感到见树不见林时，你的演讲非常可能是在西塞罗所谓的布局，或是今天演讲学者所称的演讲构架方面出现了问题。昆提利安在他的《演说原理》一书中是这么形容的：

缺乏构架的演讲，仿佛一艘没有了舵手漂泊在海上的船，它的航行将缺乏连贯性、陷入无止境的重复与遗漏之中，就像一个迷失在陌生国度的旅行者，他的旅程完全是随波逐流的、无目的，就连起点或目的地也没有。

具言之，演讲构架指的就是演讲者在完成构思论点后进行的四项工作：一是比重，即决定主要与次要论点的时间分配；二是排序，即决定论点的排列顺序；三是头尾，即设计开头与结尾；四是大纲，即制作演讲大纲等。这些对演讲的成败有关键性的影响。

这节课的演讲架构原则虽然是以西方理论为基础的，但是从中国传统的“三准四法”与“凤头、猪肚、豹尾”的观点中可以看出，修辞学家们在许多看法上是相当一致的，中国修辞学甚至在许多方面超越了西方同期的水准。

一、课程导入

阅读以下《超级演说家》中刘媛媛关于“寒门贵子”的演讲。

在这个演讲开始之前，我先问大家一个问题，你们当中有谁觉得自己是家境普通，甚至出身贫寒，将来想要出人头地只能靠自己？你们当中又有谁觉得自己是有钱人家的小孩儿，起码在奋斗的时候可以从父母那里得到一点助力？前些日子，有一个在银行工作了十年的 HR（人力资源管理师），他在网络上发了一篇帖子，叫作《寒门再难出贵子》，意思是说在当下，我们这个社会里面，寒门的小孩儿他想要出人头地，想要成功，比我们父辈的那一代更难了。这个帖子引起了特别广泛的讨论，你们觉得这句话有道理吗？

先拿我自己说，我们家就是出身寒门的，我们家都不算寒门，我们家有没有门，我现在想想我都不知道，当初我爸跟我妈那么普通的农村夫妇，他是怎么样把三个孩子，我跟我两个哥，从农村供出来上大学，上研究生。我一直都觉得自己特别幸运，我爸跟我妈都没怎么读过书，我妈连小学一年级都没上过，她居然觉得读书很重要，她吃再多的苦，也要让我们三个孩子上大学。

我一直也不会拿自己跟那些，比如家庭富裕的小孩儿去做比较，比如我们之间会有什么不同，或者有什么不平等，但是我们必须要承认这个世界是有一些不平等的，他们有很多优越的条件，我们都没有，他们有很多的捷径我们也没有，可是我们不能抱怨，每一个人的人生都是不尽相同的，有些人出生就含着金钥匙，有些人出生连爸妈都没有。

人生和人生是没有可比性的，我们的人生是怎么样，完全取决于自己的感受，你一辈子都在感受抱怨，那你的一生就是抱怨的一生；你一辈子都在感受感动，那你的一生就是感动的一生；你一辈子都立志于改变这个社会，那你的一生就是一个斗士的一生。英国有一部纪录片，叫作《人生七年》，片中访问了十二个来自不同阶层的七岁小孩儿，每七年再去重新访问这些小孩儿。到了影片的最后就发现，富人的孩子还是富人，穷人的孩子还是穷人，但是里面有一个叫尼克的贫穷的小孩儿，他到最后通过自己的奋斗变成了一名大学教授，可见命运的手掌里面是有漏网之鱼的。而且，现实生活中寒门子弟逆袭的例子更是数不胜数。

所以当我们遭受失败的时候，我们不能把所有的原因都归结到出生上去，更不能抱怨自己的父母为什么不如别人的父母，因为家境不好，并没有斩断一个人成功的所有可能。

当我在人生中遇到很大的困难的时候，我就会在北京的大街上走一走，看着人来人往，而那时候我就想：刘媛媛，你在这个城市里面真的是一无所依，你有的只是你自己，你什么都没有，你现在能做的就是单枪匹马地在这个社会上杀出一条路来。

这段演讲到现在已经是最后一次了，其实在刚刚我问的时候就发现了，我们大部分人都不是出身豪门的，我们都要靠自己，所以你要相信，命运给你一个比别人低的起点，是想告诉你，让你用你的一生去奋斗出一个绝地反击的故事。这个故事关于独立，关于梦想，关于勇气，关于坚忍，它不是一个水到渠成的童话，没有一点人间疾苦，这个故事是有志者事竟成，破釜沉舟，百二秦关终属楚；这个故事是苦心人天不负，卧薪尝胆，三千越甲可吞吴。谢谢大家！

论点：寒门也可以出贵子。

比重：重点为不要抱怨人生，寒门子弟可逆袭。

排序：提出观点；自己是寒门；不要抱怨人生；寒门子弟可逆袭。

头尾：以现场提问互动的方式开始演讲、结尾以名言警句排比的方式点睛收尾（这个故事是有志者事竟成，破釜沉舟，百二秦关终属楚；这个故事是苦心人天不负，卧薪尝胆，三千越甲可吞吴）。

大纲：导入——以提问方式提出观点；正文——自己如何看待，结合自身例子生动讲述；结尾——不要抱怨人生、寒门子弟可逆袭。

结尾——用排比的方式说明结论。

教学目标：

引导学生掌握构建清晰、有力演讲架构的方法，包括开头、主体和结尾的设计，以及过渡和衔接的处理，使学生能够有条理地展开演讲内容，确保演讲的逻辑性和吸引力，提升演讲的整体效果。

二、演讲正文

（一）架构模式

首先了解什么是架构模式，就是正文中的主要论点依循某种逻辑加以串联，这种决定要点排列方式的逻辑就是所谓的架构模式。架构模式分为四种类型，分别是时空次序、层递次序、因果次序和类别次序。

1. 时空次序

（1）时间次序

依据主要论点发生或进行的时间先后加以组织的架构模式。

例如，人、事、物发展沿革的——阿里巴巴集团的成功故事、斯皮尔伯格的导演生涯。

事物流程程序的——新娘妆怎样化、如何保养你的爱车。

（2）空间次序

依据主要论点的区域或位置关系来加以组织的架构模式。

例如，脸部美容保养——可以通过上、中、下这样的顺序进行演讲。

2. 层递次序

（1）攀升次序

例如，谈论鸟类（从最小体积的鸟——蜂鸟，谈论到最大体积的鸟——鸵鸟）；谈论排行榜（从第五名谈论到第一名）。

（2）下降次序

例如，谈论电脑（从最原始的巨无霸电脑——ENIAC，谈论到当今最小的掌上电脑）；谈论书（从最大的书谈论到最小的书）。

3. 因果次序

（1）由果推因

例如，日全食如何发生。

（2）由因推果

例如，兴建核能电厂会为环境带来哪些负面影响。

4. 类别次序

例如，如何改善人际关系：要坦诚；多移情；常问候；少动气。

注意事项：

（1）平等同位；相依互斥；重复类别

平等同位；相依互斥（意义不重叠——如要坦诚、要诚实）；重复类别（加深印象）。

（2）简单明了；易学好记

简单明了：主要论点及主要论点下的次要论点数量不宜过多。最好是3—5点。

易学好记：例如，《主持人即兴口语训练》一书第一章“即兴语流”中各节的标题：强化言语知觉—快速言语生成—坦率真诚表达—语料转化语流—“说新闻”训练—台本加工讲述—把握言语定势……[①] 每一节的标题对仗工整，便于记忆。

（二）演讲衔接

1. 路标

用标示明确演讲的进度与方向。

所在位置——要点或素材与整体架构的关系。例如，接下来我要说明第二项好处。

改道行驶——分享趣味信息、背景介绍需要改道行驶。例如，现在要岔开话题，先谈谈……

警告标志——提醒角色。例如，接下来这一点非常重要。

2. 过渡

过渡分为大过渡、小过渡；小预告、小摘要；表现形式三种类型。

① 应天常、王婷：《主持人即兴口语训练》，中国传媒大学出版社2009年版。

（1）大过渡、小过渡

大过渡：就是指演讲较大片段之间的衔接，如开头、正文与结尾之间的衔接。

小过渡：一种是指要点与有效支撑要点的素材之间的衔接，如“关于这点，我可以举一个例子说明”。另一种是要点与要点之间的衔接，如“刚才我们谈无相布施，接下来我们谈论无得而修”。

（2）小预告、小摘要

小预告：主要论点涵盖了哪些次要论点。

小摘要：主要论点涵盖了哪些次要论点作为回顾与节要。

例如，我们刚才已经介绍了网络媒体的四种类型，主要包括提供上网服务的接取服务供应商；制作网站内容的网站内容供应商；提供网络架设服务的网络方案供应商；从事网络行销的电子商务供应商。如果希望从事网络媒体方面的工作，这四个方向都可以选择。

（3）表现形式

叙述：在了解了垃圾污染的问题有多么严重后，让我们来看看要怎样才能改善垃圾问题。

设问：怎样才能改善人际关系呢？我要与各位分享四种方法，第一种方法……

停顿：用走位、停顿或更换视觉道具等方式提示过渡。

三、演讲开头

我们常常用“凤头、猪肚、豹尾”来形容好的演讲或好的文章。好的开头是成功的一半，如我们在生活中看电视剧或电影，如果开头不够精彩，我们可能就放弃观看或是换频道了。

开头占据演讲总时间的最佳比例为 10%—15%。例如，10 分钟演讲有 1 分钟或 1.5 分钟是开头。

开头发挥的功能主要包括：引起注意、建立关联、提升形象、提示重点。

（一）引起注意

所谓的引起注意就是要听众想听。

1. 运用问题

设问：单纯激发听众思考，并不期待听众的回答。——自问自答

演讲者先是列举了发生在孩子们身上的悲剧，接着指出父母们只会发出无可奈何的叹息："我们给了他们那么多，没想到……"在这之后，演讲者不由得提出这样一问：难道这一切的过错全都在孩子身上吗？难道我们这些为人父母者就真的给了孩子们应该需要的一切了吗？

反问：说话者是在强调某种肯定或否定的答案。——明知故问

例如，《超级演说家》——"寒门贵子"，寒门真的再难出贵子？

2. 运用名言

符合名人与名言的两项原则。

注意事项：开头运用篇幅不宜过长；表达的意义不能太难；一定要让听众听后心领神会。

> 我需要三件东西：爱情、友谊和图书。然而这三者之间何其相通！炽热的爱情可以充实图书的内容，图书又是人们最忠实的朋友。
>
> ——蒙田（法国人文主义作家、思想家）

3. 运用幽默

演讲者以一则逗笑的故事或笑话来开场。

目的：吸引注意力、博得好感。

自嘲：我姓胡，所以我接下来说的是胡言，各位不可当真；由于时间的关系，我的演讲才刚刚开始。

故事：同硬币有正反两面一样，人生也有两面。光明、幸福、愉快、希望……这是正面；黑暗、诅咒、绝望、忧郁……这是反面。如果让你选择，你会选择正面还是反面呢？一位将军，有一次面对实力比他的军队强十倍的敌人，他决定打赢这场硬仗，但是他的部下却表示怀疑。当他率领部队经过寺庙时，他停了下来，说："我们在寺庙前用硬币问卜，如果硬币正面朝上，那就表示我们能赢，否则就输，那我们马上撤退。"将军拿出硬币，当众投出。

大家睁眼一看，正面朝上。大家欢呼起来，充满勇气和信心，恨不得马上上战场投入战斗。最后，他们大获全胜。一位部下说："感谢神的帮助。"将军说："这是你们自己打赢了战斗。"他拿出硬币，大家一瞧，原来硬币两面都是正面！

4. 语出惊人

提出惊人的例证故事、统计数据等，也称为新闻式开头。

尊敬的各位听众，让我用一个震撼的数据开启今天的演讲：在过去的十年里，全球互联网用户增长了惊人的400%，而同一时期，我们的信息处理能力却只提升了微不足道的10%。这意味着，我们正被海量的数据所淹没，却缺乏有效的手段去理解和利用它们。这不是一个简单的数字游戏，而是一个关乎我们如何在这个数据洪流中生存乃至繁荣的严峻挑战。今天，我将带您深入这个数据的海洋，揭示那些隐藏在冰冷数字背后的惊人真相，展示如何通过创新和技术，将这些看似无序的数据转化为推动社会进步和变革的强大力量。准备好了吗？让我们一同揭开数据的神秘面纱，探索那些能够震惊世人、改变世界的真相！

5. 其他方式

运用道具：就是在演讲开头运用图片、视频或物品来吸引注意力。

【课堂互动】根据以下两个案例进行分析，重点讨论在演讲中运用道具的重要性。

【案例1】瓶子、石头、沙子与水的哲学

课堂上，教授拿了一个瓶子往里面依次放了大石头、卵石、沙子和水，然后什么也不做了。只问了一句："看明白了吗？"

学生们有的摇头，有的说明白了。

说明白的学生说："做事情要讲究方法。"

教授不停地点头又不停地摇头。

等所有的学生发言完毕后，他总结道："同学们每个人的答案都是正确的，其实很多事情是没有固定的模式，仁者见仁，智者见智。但是这里我想告诉你们的是一个和人生有关的排序问题。"

“这个花瓶就是你的一生，你可以用多种方式来完成你的生命里程。正像你填充这个花瓶，那些大石头就是你即将完成的大事，如婚姻、事业、家庭；那些小石头就是你生活中次等重要的事情，如读书、旅行、朋友聚会；那些沙子就是生活中的琐事，如吃饭、睡觉、刷牙洗脸；那些水就是平淡乏味的生活。”

“当填充你人生的时候，你准备怎样安排呢？先填大石头？还是先填小石头？或者沙子和水？也就是说你准备怎么填充自己的人生？”

“先填大石头的人，是有大局观的人，他们会先把自己人生框架搭建起来。但是还有卵石、沙子和水这些生活中的细节也要去填充的，忽略它们，人生将不完美；有的人没有想到用大石头搭建起大的人生框架，直接将瓶子中填满沙子和水，这意味着琐事占满了人生，他的一生将碌碌无为。那么，你的生活怎么排序？”

【案例 2】陶行知演讲

有一次，陶行知先生在武汉大学演讲。他走上讲台，不慌不忙地从箱子里拿出一只大公鸡。台下的听众全愣住了。陶先生从容不迫地又掏出一把米放在桌上，然后按住公鸡的头，强迫它吃米，可是大公鸡只叫不吃。他又掰开鸡的嘴，把米硬往鸡嘴里塞。大公鸡拼命挣扎，还是不肯吃，最后陶先生轻轻地松开手，把鸡放在桌子上，自己向后退了几步，大公鸡自己就吃起米来了。

这时陶先生则开始演讲：“我认为，教育就跟喂鸡一样。先生强迫学生去学习，把知识硬灌给他，他是不情愿学的。即使学也食而不化，过不了多久，他还是会把知识还给先生的。但是如果让他自由地学习，充分发挥他的主观能动性，那效果一定会好得多！”台下一时间欢声雷动，为陶先生形象的演讲开场白叫好。

（二）建立关联

演讲者必须在开头强调演讲主题如何与听众的重要生活层面以及深层价值有关。

如果在上台之前有其他人发表演讲，而他的演讲颇受欢迎或是主题与自己的主题相关，可以“搭顺风车”，将自己的主题与其串联，来使听众延续先前，燃起听众听讲的动机。如果前一位演讲者已经让听众感到沉闷无聊，或是演讲将改变前面演讲建立的基调，应该在开头提醒听众，接下来他们将听到一场不一样的演讲。

（三）提升形象

形象较佳的演讲者更容易达成演讲目的。虽然形象建立与演讲者的过去记录和整体表现有关联，但演讲者在开头时的表现似乎对形象有最关键的影响。一是使自己更可信，二是使自己更可爱。

建立可信形象：必须解答这个主题为什么由你来讲，也就是证明在演讲主题方面，你是最专业可靠的，避免自吹自擂。

建立善意联系：让听众对你产生好感。套近乎式（如我与大家是同一所学校或同一个专业毕业的）和赞扬式（××× 专业学生是这所学校气质形象最好的）等。

（四）提示重点

开头的最后一项功能是提示重点。说明主要内容或主要论点，演讲主轴的预告，并做简单说明。

今天我要介绍演讲构架，它包括演讲正文、演讲开头、演讲结尾、演讲大纲四个部分。本节课的学习有助于明确演讲的整体结构及演讲大纲的设计，是完成演讲的重要一环。

（五）开头四忌

1. 闲扯过远

谈论与演讲无关的实例。

2. 耗时过长

开头的时间超过了总时长 15%，时间过长。

3. 分贝过高

内容不吸引人，靠提高音量吸引注意力。

4. 客套过度

拼命致歉。

四、演讲结尾

结尾通常占总时长 5% 的时间。10 分钟演讲，结尾大约是 30 秒。

（一）显示告终

提示即将结束。提示方式：较长停顿、移动位置等非语言方式和语言提示。

（二）摘要重点

以简单扼要的话语使人抓住重点。

传播学者的一项研究表明，人们听过一项信息，大多数人只能记得其中 1/4 的内容，由此可见重复摘要的重要性。

（三）留下余韵

使听众有意犹未尽、余音绕梁之感。

方式：运用名言、激发行动、展望未来、前后呼应、其他方法。

运用名言：美国心理学家威廉 · 詹姆斯说过，一个人在一生中所发挥的潜力，约是本身具有的 1/10 而已。换言之，如果我们努力，则潜力将无所限制，除非你限制你自己。

激发行动：人类必须重新进行价值体系的定位，抛弃过去人定胜天的扩张主义，学习与大自然和平相处。让地球村的每一位公民，携手合作共同捍卫这块受伤的大地，谢谢各位。

展望未来：美国总统克林顿 2000 年元旦前的重要演讲："亲爱的美国同胞们，这是我们的时刻。让我们共同睁亮双眼，从这个美国世纪的山顶上，向前眺望另一个美国世纪，向上帝祈求祝福，为了我们和我们所爱的国家。”

前后呼应：何江在哈佛大学毕业典礼上的演讲，以自己被蜘蛛咬伤的故事开头，又以蜘蛛结尾。

其他方法：运用幽默等。

（四）结尾四忌

所谓的结尾四忌，就是在演讲结尾不要出现以下四种情况：

没完没了：顾名思义就是说个不停，语言啰唆；

哈腰道歉：过于谦卑，不符合演讲者的身份；

草草结束：演讲内容不够完整就草草收场；

逃之夭夭：自我感觉演讲不够精彩，赶紧逃离观众的视线。

出现以上情况时，往往说明演讲者准备不够充分，或者演讲不够自信，这都需要做好充足的准备和演练工作，才能有效克服。

五、演讲大纲

演讲大纲：演讲者通过书写辅助口语的常用方式，是利用文字精确严谨与易于留存的特长，将演讲的架构记录下来，一般称为演讲大纲。

演讲大纲分为三类：初步大纲（演讲者构思要点时随笔在草纸或笔记上写下的草稿）、准备大纲（完成素材收集与架构设计后制作出来的架构蓝图）、发表大纲（演讲者登台发言时携带的提示笔记或是卡片）。本节课所学内容为准备大纲。

（一）组成要件

基本资料：主要包括演讲日期、演讲题目、演讲目的、演讲长度等。

内容框架：演讲者架构的视觉呈现。必须涵盖开头、正文与结尾三部分。

还包括主要与次要论点，以及论点的佐证素材、演讲衔接等。

补充资料：扩增素材、删减素材。增减的既可以是素材也可以是题点。

扩增素材：演讲时间未到补充的内容；删减素材：时间紧张时做的素材删减调整。

（二）格式要求

1. 句子格式

（1）完整语句：例如，平面媒体主要是以印刷方式定期发行的报纸与杂志；报纸在21世纪仍将是意见领袖与特定分众权威多元的咨询来源；杂志在21世纪仍将是专业读者与特定分众深入趣味的咨询来源。

（2）一句一点：例如，上例中“报纸……”和“杂志……”要分段。

（3）句型相似：将内容均匀调整为相似的语句结构。

2. 段落格式

符号编排：可以是数字也可以是符号。注意同级符号统一。注意数字大小顺序。例如，一、（一）、1、（1）、①。

空间编排：层次较低的论点必须缩排。

例如，下面的排版就采用了低层次缩进的格式：

1、平面媒体——主要是以印刷方式定期发行的报纸与杂志

　　（1）报纸在二十一世纪仍将是意见领袖与特定分众权威多元的咨询来源

　　　　»《人民日报》《参考消息》等大报仍然是意见领袖政治咨询的权威来源。

　　　　»《南方周末》《中国电视报》等专业报纸提供了影视等专业消息。

　　（2）杂志在二十一世纪仍将是专业读者与特定分众深入趣味的咨询来源

（三）两个检验

1. 从属检验

在演讲大纲高层次论点之后加上“例如”或“因为”字眼，看看能否合理通顺地与次要论点联系起来。例如，上例可以用“例如”相连。

2. 平行检验

在每一个逻辑层次相同的论点后加上“而且”或“以及”字眼，看看能

否有平行的逻辑关系。

六、课堂练习

（一）新闻导语设计

全班分成四组，准备一份当日的报纸，每组选出五则新闻，并以新闻主播出镜播出导语的形式设计导语，并出镜主持。

训练要点：

演讲开头，引起注意。

（二）介绍中国的一个城市

全班分成四组，每组准备一个 5 分钟演讲，主题方向是向观光客介绍你所熟知的这个城市，演讲结束后说明自己的演讲构架以及开头结尾方式。

相关概念：

架构模式、演讲开头、演讲结尾。

七、课堂小结

演讲的架构主要包含演讲正文、演讲开头、演讲结尾和演讲大纲四个部分，其中演讲的开头是难点，应重点掌握演讲开头的技巧和方法，另外通过本节课的学习，大家应该更系统地了解演讲大纲的设计，为演讲开展做好充分的准备。

本课程为学生提供了构建有效演讲构架的理论知识和实践技巧，为学生未来的演讲和表达提供了有力的支持。未来，学生可以继续深入学习和实践演讲构架技巧，不断提高自己的演讲能力和表达能力。同时，也可以将演讲构架技巧应用于其他领域，如写作、报告等，以提高自己的综合素质和竞争力。

八、课后作业

（一）复习内容

对已学演讲结构知识的回顾与巩固，强化学生对于如何构建清晰、有逻辑演讲架构的理解与掌握。复习中，学生会再次审视如何设定明确的演讲目标，选择恰当的主题和内容，分析听众的需求与特点，设计吸引人的开场，构建有说服力的主体部分，并完善结尾总结。通过复习，大家能够进一步提升演讲架构的能力，使演讲更加条理清晰、层次分明，从而更好地传达信息、影响听众，实现演讲目标。

（二）预习内容

预习涵盖常见的修辞手法，如比喻、拟人、排比、反问等，以及它们在演讲中的应用方法和技巧。通过学习和实践这些修辞手法，学生能够更加丰富演讲的语言表达，增强语言的生动性和形象性，使演讲更具吸引力和感染力，从而更有效地传递思想和影响听众。

（三）作业题目

观看浙江卫视 2019 年综艺节目《思想跨年演讲》，说一说各位演讲家们运用了什么样的演讲开头方式，并说出这样开头方式的优点。

提交方式：以 Word 文档的形式上交。

九、课外拓展

任何形式的演讲，开头总是关键。在演讲开始后的几分钟或者几秒钟内，听众通常会决定是否接受演讲，是否听下去。准备演讲从来不是从开头入手，而是应当先确立演讲的目的，然后围绕目的收集材料，并将材料加以整理，最后要做的才是着手准备开头。唯有此，才能更好地选择正确而恰当的开头方式。那么，应当怎样做好演讲的开头呢？

（一）开头要能吸引听众的注意

演讲开头成败的关键在于能否吸引并集中听众的注意力。演讲时，获取听众注意力的方式随题材、听众和场景的不同而改变，一般可以运用事例、轶闻、经历、反诘、引言、幽默等手段达此目的。例如，某公司副总裁迈克斯在一次演讲的开头中便运用了引言和反诘的方法来吸引听众：

我们都知道，演讲是件很难的事。但是请听听丹尼尔·韦伯斯特是怎么说的吧："如果有人要拿走我所有的财富而只剩下一样，那么我会选择口才，因为有了它我不久便可以拥有其他一切财富。"那么，为什么许多有才华的人偏偏害怕演讲呢？

（二）开头要为听众解释关键术语

如果演讲的成功与否取决于听众能否理解演讲中的某些术语或概念，那么在演讲开头时对关键术语加以解释就显得格外重要。例如，一位公司副总裁在就记者招待会的作用发表演讲时，就很好地运用了这一技巧：

公共关系，简单地说，就是指"与公众的关系"，即任何涉及公司或个人的关系。它的主要目的就是有效地利用……最常见的是书面形式……为公司谋取最佳印象或形象。

（三）开头要为听众提供背景知识

演讲时，演讲者被认为是专家或权威。因此，如果听众对演讲的主题不熟悉或是知之甚少，那么很有必要在开头部分对听众讲述与主题有关的背景知识，它们不仅是听众理解演讲所必需的，而且还可以体现出主题的重要性。美国空军少将鲁弗斯·L. 比拉普斯在夏努特空军基地的一次宴会上做演讲时，就对"黑人遗产周"的有关背景知识及其对美国空军的重要性做了介绍：

我很高兴来到此地，同时我也很感谢应邀和在座各位讨论有关美国黑人问题。为保持和增进民族间的理解，美国各大州又开始纪念"黑人遗产周"。

在这夏努特空军基地，我们庆祝它则可以对美国空军进行完整无缺的教育。

我们民族的主旋律是："黑人历史，未来的火炬。"

这个已成为美国人民生活一部分的纪念活动，是弗吉尼亚州纽坎顿市卡特·G. 伍德森最先提出并计划的，他现在被誉为美国"黑人历史之父"。伍德森先生于1915年成立了"美国黑人生活和历史协会"。后来，他又于1926年发起了"黑人遗产周"纪念活动……

（四）开头要为听众阐述演讲结构

演讲时，应当利用开头部分对演讲内容加以概述，让听众了解演讲的中心思想和结构。特别是当演讲的主题很复杂，或是专业性较强，抑或需要论证几个观点时，这样做就能使演讲显得清楚而易于理解。例如，汉诺威信托制造公司的主席及总裁约翰·F. 麦克基里卡迪在一次演讲的开头中就很明了地陈述了他演讲的结构及范围：

女士们，先生们，晚上好！我很荣幸应科里曼主任的邀请来参加这个在我国很有权威的商业论坛——在见解上它可以与底特律和纽约的经济俱乐部相提并论。

首先，我将对最近的国内经济形势加以展望。我认为它并非人们有时所想象的那样严峻。

第二，谈谈近期欧佩克的经济增长对国际经济增长的影响——对包括我们自己在内的许多国家来说是件痛苦的事，但又是完全有办法应付的。

第三，对总统的能源建议作几点评论，我认为它既令人鼓舞，又令人失望。

最后，我将就演讲逐渐成为一种时尚和必要的现象以及美国的现状谈一点个人看法。

（五）开头要为听众说明演讲目的

在大多数情况下，演讲的开头应揭示演讲的目的。如果做不到这一点，那么听众要么会对演讲失去兴趣，要么会误解演讲的目的，或者甚至会怀疑演讲者的动机。美国快递公司主席詹姆斯·鲁滨孙三世在短短的15秒钟内便把他的演讲目的陈述给听众：

女士们，先生们，早上好！谢谢大家给予我这个露面机会。美国广告联盟是美国传播工业的一个重要组成部分。当前，美国传播工业还面临许多问题，而重担则落在大家的肩上。我今天演讲的目的便是就这些问题及它们呈现出的挑战谈谈我的看法。

（六）开头要能激发听众的兴趣

从本质上说，听众是很自私的，他们只是在感到能从演讲中有所收获时才专心去听演讲。演讲的开头应当回答听众心中的“我为什么要听？”这一问题。在对美国会计协会罗切斯特分会的一次演讲中，演讲顾问唐纳德·罗杰斯（Donald Rogers）通过表达他对听众需要的关心而激发起了他们的兴趣：

我今晚要演讲的题目是“信息的透露”。确定这个题目之前，我先是查阅了本地的会计年鉴分册和全国会计协会的学术专刊，然后又询问了我的同事亚历克斯·莱文斯顿和戴夫·汉森：“今晚来听演讲的人都有哪些？他们希望我讲什么？”他们告诉我在座的各位都是些很热心的人，希望我的演讲有趣而富有启发性。因此，我将告诉大家一些有用的知识，我也同时希望我的演讲简明扼要，并留给大家一定的提问时间。

（七）开头要能争取到听众的信任

有时候，听众可能会对演讲者的动机发出疑问，或是与演讲者持相反的观点。在诸如此类的场合——特别是想改变听众的观点或行为时——要使演讲成功就需要建立或者提高听众对演讲者的信任感。杰弗里（Geoffrey）和彼得森（Peterson）两位专家针对这个问题提出了以下几条建议：

一是承认分歧的存在，但是着重强调共同的观点和目标。

二是对那些连演讲还没有听就对演讲者的名声和所作所为进行攻击的行为加以驳斥。

三是否认演讲的动机是自私和个人的。

四是唤起听众的公道意识，让他们仔细地去听演讲。

第五节　演讲语言

修辞学始祖克拉克斯（Corax）教导提西阿斯（Tisias）修辞，并说明教不好免学费。提西阿斯学完认为克拉克斯教得太差，不愿意付学费。克拉克斯一气之下将徒弟告上法院，师徒两人对簿公堂前来了一段关于学费该不该交的精彩争论，两人诙谐中点明了修辞的核心概念，不仅是追求说服，更在于创造最佳的说服可能性。

克拉克斯：如果你打赢官司，你一定就要付钱，因为证明我的教学有价值。假如你输了，你也要付钱，因为法院会强迫你付钱，不管如何你都要付钱。

提西阿斯：我绝对不会付你半毛钱的，因为假如我打输了，就证明你的教学一文不值。然而，假如我打赢了，法院就会赦免我，届时我一个子儿也不用付，不管如何，我都不会付钱。

在这个小故事中，大家有没有感受到语言的艺术和魅力呢？语言的艺术就是我们本节主要研究的内容，也叫作修辞。

中国著名教育家陈望道先生将通过两个字区分为消极修辞与积极修辞两类。消极修辞，是使当时想要表达的表达得极明白，没有丝毫的模糊，也没有丝毫的歧义。积极修辞，则是要它有力、动人。

在本节中，将探讨演讲中消极修辞的三大原则，即准确、明白、适当；还有积极修辞的两大原则，即有力与生动。

一、课程导入

（一）修辞的定义

“修辞”一词源自希腊文“rhetorica”，原意为演讲的技术。修辞从古典时期一直到当代，有许多代表性的定义。

克拉克斯与提西阿斯——修辞是实际的论辩艺术。

柏拉图——修辞是以语言文字使灵魂愉悦的艺术。

亚里士多德——修辞是在任何既定的情况下发觉所有可运用的说服方法的艺术。

西塞罗——修辞是有效的说服艺术。

昆提利安——修辞是善于言说的好人的行为。

圣·奥古斯丁（St. Augustine）——修辞是传递语言诠释权威的艺术。

I.A. 理查德（I. A. Richard）——修辞是为达到特定目的的论述艺术。

肯尼斯·伯克（Kenneth Duva Burke）——修辞是指人使用语言文字来塑造他人的态度或引导他人的行为。

桑佳·福斯（Sonja Fooce）——修辞是人类表现的行动、人类采取的观点。

理查德·韦弗（Rlchard Weaver）——修辞是真理加上艺术的呈现。①

关于修辞的概念百家争鸣，在汉语词典中，其本义就是修饰言论，指在使用语言的过程中，利用多种语言手段以收到尽可能好的表达效果的一种语言活动。修辞学则是研究修辞的学问，主要研究辞格（通常所说的修辞方法）、言语修辞活动（主要与语境、语体有关）、言语风格等，指导人们如何依据题旨情境，运用各种语文材料和表现手法来恰当地表达思想和感情。修辞可以分为多种类型，如信息修辞、语用修辞、心理修辞、社会心理修辞、模糊修辞、接受修辞和对比修辞等。

修辞在人类语言中占据重要地位，自语言出现，人类就有修辞的需要，

---

① 游梓翔：《演讲学原理》，台北，五南图书出版股份有限公司2000年版，第215—216页。

修饰自己的文章、语言，以吸引别人的注意力、加深别人的印象和抒情效果。

（二）修辞的分类

在完成构思与布局之后，演讲者要考量的下一个修辞项目是风格或选择用语的问题。这就要从演讲的修辞说起。

中国著名教育家陈望道先生将修辞的经过区分为消极修辞与积极修辞两类。消极修辞，是使当时想要表达的表达得极明白，没有丝毫的模糊，也没有丝毫的歧义。积极修辞，则是要它有力、动人。

消极修辞：使当时想要表达的表达得极明白，没有丝毫的模糊，也没有丝毫的歧解。原则：准确、明白、适当。

积极修辞：要它有力，要它动人。原则：有力、生动。

修辞学的发展源远流长，修辞学者繁如星，修辞论著多如毛，本节是认识演讲语言（修辞）的起点。

教学目标：

演讲语言即演讲修辞，通过课程教学培养学生综合运用修辞手法，如对比、排比、夸张等，来增强演讲的感染力，使听众更加投入和喜欢演讲内容。学生将学会如何更有效地传递信息、表达观点，并在演讲中展现自己的独特魅力。

二、消极修辞

（一）用语准确

是指演讲者选择的语言必须准确地传达他希望向听众传达的意思。

1. 外延意义准确

演讲者使用的语言是否精准地反映他希望听众联想的事物。

“这个苹果是红色的。”在这个句子中，“红色”是一个精确的颜色描述，外延意义明确，指代了苹果的颜色属性，没有歧义。

“这本书的作者是鲁迅。”这句话中，“鲁迅”是一个具体的名词，外延意义精确，指代了这本书的创作者，没有产生混淆。

“这个城市的面积是1000平方公里。”这里的“1000平方公里”是一个精确的数值描述，外延意义明确，指代了城市的面积大小，没有模糊性。

这些例子中的词语或表达都直接、准确地指代了它们所描述的事物或概念，没有使用过于复杂或含糊的修辞，从而确保了外延意义的准确性。这种准确性有助于读者或听众准确地理解所传达的信息。

2. 内涵意义准确

说话者对事物或概念的态度，即语言是否能够忠实地反映演讲者的情绪感受。

“这个项目未能按时完成，原因是团队成员之间的沟通存在障碍。”这个句子直接指出了项目延误的原因，没有使用复杂的修辞，但意思表达得非常清楚。

“这份报告的数据存在错误，需要重新核对。”这句话直接指出了报告的问题所在，没有多余的修饰，但准确传达了需要修改的意思。

“这家餐厅的服务质量有待提高，顾客反映上菜速度较慢。”这句话直接指出了餐厅服务的问题，没有使用过多的修辞，但准确传达了需要改进的意思。

这些例子都体现了消极修辞的特点，即直接、明确地表达意思，避免使用过多修饰或隐喻，以确保信息的准确性和清晰度。

（二）用语明白

准确性是从语言是否符合演讲者的意图来评估语言使用。明白性则是从听众的角度，评估演讲者的语言选择是否易懂。

1. 用语平易

在演讲中，运用平易近人的修辞和用语是吸引听众、传达思想的重要技巧。平易的修辞能够拉近演讲者与听众之间的距离，使演讲内容更容易被理解和接受。

许多人嘲讽卖弄学问的大学教授（用大家都听不懂的话来说大家都知道

的事），指的就是这种语言比思想内容还难的现象。

马丁·路德·金（Martin Luther King）在演讲中使用了大量平易近人的语言，例如："我梦想有一天，这个国家会站立起来，真正实现其信条的真谛：'我们认为这些真理是不言而喻的，所有人生而平等。'"这样的表述没有复杂的修辞，但却能够深入人心，触动人们的情感。他通过简单直接的语言，传达了平等和自由的理想，激发了听众的共鸣。

史蒂夫·乔布斯（Steve Jobs）在演讲中经常使用平易近人的语言来与听众建立联系。例如，他说："我们的目标就是做出一款大家都想用的产品。"这样的语言简单明了，没有过多的修饰，但却能够清晰传达乔布斯的愿景和产品的核心价值。他善于用简单的词汇和短句来表达复杂的概念，使听众能够轻松理解并产生共鸣。

2. 用语亲切

演讲者选用的语言要能使听众产生心理上的亲切感。

要做到用语亲切，演讲者可以多用"我""我们""你们"等表达亲切的人身代名词。例如，"我很关心你们"，少用"本人""老师""在座各位"，如"本人很关心在座的各位"，这样听起来就很不舒服，给听众以距离感。

要了解口语风格可以产生的力量，我们可以通过清末革命志士秋瑾在近一百年前（1904 年 10 月）发表的《敬告中国二万万女同胞》演讲来说明。她在演讲中说道：

唉！世界上最不平的事，就是我们二万万女同胞了。从小生下来，遇着好老子，还说得过；遇着脾气炸毛、不讲情理的，满嘴连说："晦气，又是一个没用的。"恨不得拿起来摔死。总抱着"将来是别人家的人"这句话，冷一眼、白一眼地看待；没到几岁，也不问好歹，就把一双雪白粉嫩的天足脚，用白布缠着，连睡觉的时候，也不许放松一点，到了后来肉也烂尽了，骨也折断了，不过讨亲戚、朋友、邻居们一声"某人家姑娘脚小"罢了。

即使以今天的标准来看，秋瑾的这段谈话不仅语词简单、语句简短，而且其中含有感叹、模拟谈话、反复等口语要素，是理想口语风格的典范，可以产生强大的亲和力。

（三）用语得体

所谓的用语得体就是指适当性：是从演讲场合与参与者角色的角度，来评估演讲者的语言选择是否得体。

1. 适合角色

（1）适合身份

言辞适当，避免粗俗不雅。

孔子在《论语·泰伯》中提到君子的三方面修养，其中之一是“出辞气，斯远鄙倍矣”，意思是说话要考虑言辞与口气，以避免粗俗不雅。

（2）尊重听众

语言适度，避免伤害听众。

如果演讲的听众来自不同的文化背景，演讲者应该避免使用可能引起误解或冒犯的特定文化术语或比喻。相反，他们应该使用更普遍、更中性的语言来确保信息的准确传达。

尽管演讲可能涉及复杂的概念或观点，但演讲者应该努力使用平易近人的语气和词汇来解释，以确保所有听众都能理解。避免使用过于专业或晦涩难懂的术语，而是用简单、直接的语言来表达。

在演讲过程中，演讲者可以通过提问、邀请听众分享经验或观点等方式，给予听众参与和互动的机会。这不仅能够展示对听众的尊重，还能增强演讲的吸引力和互动性。

通过这些得体的用语和尊重听众的行为，演讲者能够建立起与听众之间的良好关系，使演讲更加有效和令人难忘。同时，这也能够提升演讲者的形象和信誉，为其在听众中留下积极的印象。

2. 适合场合

（1）适合正式性

演讲场地会因为行为规范的严谨程度而形成不同的“正式性”，一般而言，越正式的场合需要遵守的礼仪规范越多，要避免违规就越需要接受严谨的教育与训练。许多小说与电影都是以乡下人在该正式的场合过于轻松自然，或是受过教育的人在该轻松的场合过于正式，作为其幽默素材。莎士比亚在《皆大欢喜》中说得好："在宫廷里算作讲礼貌的，在乡村里就会变成可笑，正像乡下人的行为一到了宫廷里就显得捉襟见肘一样。"

（2）适合仪式性

部分演讲场合具有语言"仪式"与"禁忌"。最常见的是在庆典中必须说的吉祥话，以及不能说的忌讳话，该说吉祥话而未说，不该说忌讳话而说，都将违反语言的适当性。例如，在婚礼致辞中，讲话的人总要说一些祝福新人婚姻幸福快乐、早生贵子的话，或是以长辈身份提醒夫妻相处之道，如果在婚礼上发表个人对高离婚率或婚姻暴力的看法，或是提及犯忌讳的话语，都是不得体的表现。

三、积极修辞

积极修辞的基本条件是要有创意。一要用语有力，二要用语生动。

（一）用语有力

用语有力，指的主要是通过修辞手段，使听众能感受到演讲用语的语气肯定、语势澎湃与情绪激烈。

1. 语气肯定

决定语言力量的第一项标准是语气的肯定程度。有力的语言对自己讲述的内容具有较高的确定性。

例如，中国共产党建党百年，已团结带领中国人民创造历史辉煌，比任何时期都更接近实现中华民族伟大复兴的目标。

2. 语势澎湃

决定语言力量的第二标准是语势的澎湃程度。在消极方面，演讲者要避免用语啰唆，在话语中放入过多的赘字赘语；在积极方面，演讲者强化语势的两种常用方法是利用重要信息的反复制造韵律，或是利用并列对比语言的映衬手法制造转折。

（1）避免啰唆

语言经济性：能以少量语言传达的意思就不用过多的话来说（语言很多，意义很少）。

例如：歌曲在《开水与白面包》中所描述的"他们说得太多，却没有说过什么"，说的就是语言缺少经济性，语言很多，意义很少。

还有一个影响语言经济性的原因是出现口头禅，口头禅包括然后、那个、这个、嗯等。

（2）运用反复

字音反复——指的是押韵，如："有梦最美，希望相随。"

字词反复——同一个词语反复出现，例如："今年，中国共产党就迎来了它 100 岁的生日。回首 100 年的风雨历程，可以这样说，过去的 100 年是我们党披荆斩棘、开拓进取的 100 年，是风雨兼程、成就辉煌的 100 年。"

句子反复——同一个句子反复出现，例如："这个故事是有志者事竟成，破釜沉舟，百二秦关终属楚；这个故事是苦心人天不负，卧薪尝胆，三千越甲可吞吴。"

（3）运用排比

在修辞学中，排比指的是用一连串结构相似的语句来表达相关内容的修辞手法。在演讲中善用排比，可以产生强大的韵律感，因此营造强而有力的气势。

例如："你无法改变容貌，但你可以展示笑容；你无法左右天气，但你可以改变心情；你无法预知明天，但你可以把握今天；你无法样样顺利，但你可以事事尽力。"

（4）运用映衬

最后一种产生气势的修辞手法是映衬。映衬又称相形，是一种语言对比，是以语言表述两种或更多相异事物，并利用其中部分事物来衬托出自己所要强调事物的特点。特别是当我们对比两种极端，如幸与不幸、喜与悲、老与少、大与小时，更能产生强大的力量。

例如：在城市的喧嚣与乡村的宁静之间，我感受到了生活的两种截然不同的节奏。城市的街头，车水马龙，人流如织，高楼林立，霓虹闪烁，仿佛是一首快节奏的摇滚乐，充满了活力和激情。而乡村的田野，绿草如茵，鸟语花香，小桥流水，静谧安详，更像是一首悠扬的田园诗，弥漫着宁静与和谐。城市的繁华与乡村的宁静，形成了鲜明的对比，让我更加珍惜生活的多样性和美好。

这个例子通过对比城市的喧嚣与乡村的宁静，展示了两种截然不同的生活环境和生活节奏。通过映衬，不仅突出了它们之间的差异，还使表达更加生动有力，让听众能够更深刻地感受到作者的感受和思考。

3. 情绪强烈

（1）运用感叹

感叹是以呼声来表露情感的修辞，也就是在演讲中发出呼喊或叹息的声音。例如下面这段校园演讲大赛选手的演讲选段。

亲爱的同学们：

我站在这里，心中涌动着无尽的热情与激动！啊，这是一个多么美好的时代啊！我们每一个人，都是这个时代的见证者和参与者！

看看我们周围，这个世界充满了无限的可能！科技在飞速发展，社会在不断进步，我们的生活也在日益改善。啊，这是多么令人振奋的景象啊！

然而，我们也要清醒地看到，前行的路上仍然充满了挑战和困难。但是，我坚信，只要我们齐心协力，就没有什么能够阻挡我们前进的步伐！啊，我们的力量是多么伟大啊！

同学们，让我们一起挺起胸膛，勇敢地面对每一个挑战！让我们用信念和勇气，去创造属于我们自己的辉煌！啊，我们的未来是多么光明啊！

在这个充满希望的时代里，我相信，只要我们心怀梦想，勇往直前，就一定能够实现我们的目标！啊，梦想的力量是多么强大啊！

让我们携手并进，共同创造属于我们的美好未来！让我们用青春的热情和不懈的努力，去书写属于我们的传奇！啊，我们的人生是多么精彩啊！

在这个演讲中，多次运用了感叹词和感叹句，以此来表达强烈的情感和情绪。通过这种方式，希望能够更好地感染听众，激发他们的共鸣和热情，使他们更加积极地投入追求梦想和创造未来的行动中。

（2）运用呼告

呼告是由于感情的激动而直接称呼在眼前或不在眼前的人或物，于是明明不在演讲者与听众面前的人或物，便如同在眼前一样。例如：

亲爱的朋友们：

我站在这里，心中充满了激情与期待，我要向你们呼喊：让我们一起，共同创造属于我们的辉煌！

啊，你们看到了吗？那片蔚蓝的天空下，是我们共同的梦想在翱翔。每一颗心，都跳动着对美好未来的渴望；每一双手，都紧握着改变命运的勇气。

朋友们，你们感受到了吗？这股强大的力量，正在我们心中汇聚，它如同熊熊燃烧的火焰，照亮了我们前行的道路。

我知道，有时候，困难会让我们感到迷茫和无助。但我要告诉你们，没有什么能够阻挡我们前进的步伐！只要我们团结一心，肩并肩、手挽手，就没有什么能够击败我们！

因此，我要向你们发出最真挚的呼唤：站起来吧，我的朋友们！让我们的梦想成为指引我们前行的灯塔，让我们的信念成为支撑我们前行的力量。

让我们共同迎接每一个挑战，共同创造属于我们的辉煌！让我们的青春在奋斗中闪耀，让我们的人生在拼搏中升华！

请你们相信，只要我们心中有梦，脚下有路，就没有什么能够阻挡我们实现梦想的脚步！

在这个充满希望的时代里，让我们一起携手并进，共同书写属于我们的传奇！

在这个演讲中，运用了呼告的修辞手法，直接向听众发出呼唤和感召。通过“让我们一起”“你们看到了吗”“你们感受到了吗”“我要向你们发出最真挚的呼唤”等语句，直接与听众建立情感联系，激发他们的共鸣和参与感。这种呼告的方式能够更好地拉近演讲者与听众之间的距离，使演讲更具感染力和号召力。

（3）运用问题

我们在前面曾经提到演讲者可以运用问题式的开头来吸引听众注意，其中设问与反问也可以作为一种修辞手法，用来提升语言的力量。例如。

什么是诚信？顾名思义就是诚实、守信！参天大树挺拔耸立，靠的是深扎大地的根的默默支撑；凌云高楼气势撼人，来自厚重坚硬的基石无语的支撑；那么，人，又是靠什么来支撑起无比睿智的人生呢？那就是——诚信！

（二）用语生动

用语生动，主要是指通过修辞手段，使语言能在听众心中呈现活灵活现的鲜明形象。

1. 运用比喻

在使用生动的修辞手段中，最常见的就是比喻了。因为能展现形象，比喻不仅能打动人心，也有助于听众理解信息。例如：

很多人可以说是在没有受过爱情的训练即投入爱情战场上，所以不免当了炮灰，我本着前人种树，后人乘凉的理念，把那些炮灰当作肥料，灌溉出一些美丽的爱情树，供后人乘凉，使大家在爱情的路上走得更好、更稳。

2. 运用比拟

使演讲语言生动的另一种方式是比拟。修辞学文献通常将比拟分为两种，一是以物拟人，二是以人拟物。以物拟人简称拟人，是将原本属于人的特质或行为赋予非人的生物、非生物或抽象事物。例如，太阳对我们微笑、春风对我们歌唱，就是将人的行为赋予阳光与春风这两个非生物。以人拟物简称拟物，是将非人的特质赋予人，借由物的具体形象，来强调人的特质。例如，出淤泥而不染，就是将莲花的属性赋予人。

3. 运用借代

借代是演讲者在谈到某种事物时，不直接加以称呼，而借用此事物的部分特征来取代修辞手法。和比喻、比拟一样，借代的目的也是希望提高语言的生动性。例如，红领巾们正在教室里认真学习，他们的眼神中充满了对知识的渴望（这里的“红领巾”借代小学生，因为小学生通常佩戴红领巾）；手中的笔犹如战士的剑，是我追求梦想、书写人生的利器（这里的“笔”借代书写工具或创作能力，强调其对于实现梦想和书写人生的重要性）；他在绿茵场上奔跑，展现出非凡的速度和力量（这里的“绿茵场”借代足球场，因为足球场通常是绿色的，且是足球比赛的主要场所）；他是一个文坛巨匠，每一部作品都闪耀着智慧的光芒（这里的“文坛巨匠”借代著名的文学家或作家，强调其在文学领域的卓越成就）。

这些例句都巧妙地运用了借代修辞手法，通过用一个具体的事物或形象来代表另一个相关的事物或概念，使表达更加生动、形象且富有诗意。

4. 运用示现

在演讲中，把不见不闻的事说得如见如闻就是运用示现。示现修辞手法可以通过生动形象的描绘，使听众能够更加直观地理解和感受演讲者所要传达的内容。以下是几个运用示现修辞手法的例句：

当我闭上眼睛，我仿佛能看到那片辽阔的田野，金黄的麦穗在阳光下摇曳生姿，那是我们共同耕耘的希望，也是我们心中不灭的梦想。

想象一下，当夜幕降临，万家灯火亮起，那是我们共同创造的温暖与光明，也是我们携手前行的力量与信念。

让我们一同跨越那座高山，攀登到顶峰，俯瞰那壮丽的景色。那一刻，我们将感受到成功的喜悦，也将更加坚定前行的决心。

回首过去，那些艰难困苦的日子仿佛历历在目，但正是那些磨砺与挑战，塑造了我们坚韧不拔的意志和勇往直前的精神。

这些例句通过生动的描绘和形象的比喻，将抽象的概念或情感具象化，使听众能够更加直观地感受到演讲者所要传达的信息和情感。这种示现的修辞手法有助于增强演讲的感染力，激发听众的共鸣和参与感。

四、课堂练习

（一）流行歌曲分析

全班分成四组，每组收集流行歌曲五首，分析流行歌曲歌词的语言修辞手法。分析时请学生特别注意歌词中积极修辞要素的运用。

训练要点：

积极修辞。

（二）孙中山演讲分析

请以本节介绍的概念与原则，分析本章第八节中《“同志”，孙中山心中一个神圣的称谓》的演讲。这位演讲者在讲稿中成功地运用了哪些修辞策略，他的语言选择是否有可以改进的地方？

相关概念：

消极修辞、积极修辞、好记原则。

五、课堂小结

演讲的语言主要包含消极修辞、积极修辞和撰写讲稿三个部分，其中消极修辞用语要求准确、明白、得体，积极修辞中要注意情感表现力和修辞技巧方法的运用，本节课难点部分是讲稿的撰写，在掌握撰稿技巧的基础上，应该注意在实践中的训练。

自古以来修辞与演讲就有着密不可分的关系，演讲离不开修辞，修辞也借着演讲越发完善。演讲作为一种口头上的文体，包含了比喻、设问、夸张、拟人等多种修辞方式。没有修辞的演讲是空洞的、乏味的、让听者昏昏欲睡的。有了修辞的修饰，不仅会给听众留下深刻的印象，也给听众一种美的享受。

六、课后作业

（一）复习内容

推荐参考《演讲修辞实战指南》等书籍，或参加在线课程如“演讲修辞进阶课程”。这些资料会涵盖各种修辞手法的深入解析、实际演讲案例的点评以及大量的练习题，帮助学生巩固并提升修辞技巧，使演讲更加精彩、有力，更有效地传递信息并影响听众。

（二）预习内容

预习演讲技巧、语言表达和修辞手法的运用等。具体预习资料包括《演讲的艺术》等经典书籍，或在线课程如“公众演讲入门与技巧”。这些资料将帮助学生建立演讲的基本框架，提升语言组织能力，学习如何运用修辞手法增强演讲的感染力，为后续的演讲实践奠定坚实基础。

（三）作业题目

以我出生的那一天为讲题，撰写一篇讲稿。

要求：撰写演讲大纲及讲稿；讲稿环节不可缺失；注意撰稿技巧运用；脱稿，并完成 3—5 分钟的演讲。

七、课外拓展

演讲中的修辞学是一门深奥而又极具实践价值的学科，它不仅仅是关乎语言的艺术，更是影响听众情感、引导听众思考的重要手段。在演讲中，巧妙地运用修辞学知识，能够极大地增强演讲的说服力、感染力和吸引力。以下是对演讲中修辞学的一些课外拓展知识的探讨。

1. 修辞学的定义与重要性

修辞学，顾名思义，是研究修辞技巧与方法的学科，它关注于如何运用语言来有效地表达思想、情感和意图。在演讲中，修辞学的重要性不言而喻。演讲者通过恰当的修辞手法，能够使复杂的概念变得简单易懂，平淡的叙述变得生动有趣，进而更好地吸引听众的注意力，引发听众的共鸣。

2. 常见的修辞手法及其在演讲中的应用

（1）比喻

比喻是演讲中最为常见的修辞手法之一。它通过将抽象的概念或复杂的情感与具体、形象的事物进行类比，从而帮助听众更好地理解和接受演讲者的观点。例如，将人生比作一场马拉松，既形象又生动，能够激励听众在面对困难和挑战时坚持不懈。

（2）排比

排比是通过连续列举结构相似、语气一致的句子或短语来增强语势、突出强调的一种修辞方式。在演讲中，排比能够赋予语言以强烈的节奏感和韵律美，使演讲更加磅礴有力。例如，可以通过排比来列举一系列成就或展望未来，能够激发听众的自豪感和期待感。

（3）夸张

夸张是故意超出事物或行为等在范围、程度等方面的惯常情形的一种修辞方式。在演讲中，适度夸张能够引起听众的注意，加深听众的印象。但需要注意的是，夸张必须基于事实基础，不可过分夸大其词，以免给听众留下不诚实的印象。

（4）反问

反问是无疑而问、明知故问的一种修辞方式。在演讲中，通过反问来引起听众的思考和共鸣，能够增强演讲的说服力。例如，在强调某个观点时，可以用反问句来引导听众进行反思和认同。

（5）对偶

对偶是用字数相等、结构相同、意义对称的一对短语或句子来表达两个相对应或相近或意思相同的修辞方式。在演讲中，对偶句的使用能够使语言更加整齐美观，读起来朗朗上口，同时也能够增强演讲的节奏感和韵律美。

3. 修辞学的综合运用与注意事项

在演讲中，修辞学并不是孤立存在的，而是需要与其他演讲技巧相结合才能发挥出最大的效果。演讲者需要注意语速、语调、停顿等语音技巧的运用，以及表情、手势等肢体语言的配合，以形成整体的演讲风格。同时，修辞手法的运用也需要适度，不可过分堆砌或滥用，以免给听众造成审美疲劳或误解。

此外，演讲者还需要注意修辞手法的针对性和适应性。不同的听众群体、不同的演讲场合以及不同的演讲主题都需要采用不同的修辞手法来达到最佳的效果。因此，在准备演讲时，演讲者需要深入了解听众的需求和兴趣点及演讲场合的特点和要求，从而有针对性地选择合适的修辞手法来增强演讲的说服力和感染力。

总之，演讲中的修辞学是一门既有趣又实用的学科。通过学习和掌握修辞学的知识和技巧，演讲者能够使自己的演讲更加生动有趣、引人入胜，从而更好地传达自己的观点和情感，赢得听众的信任和支持。

第六节　告知演讲

师者，所以传道受业解惑也。人非生而知之者，孰能无惑？惑而不从师，其为惑也，终不解矣。

——韩愈，唐代文学家

知识不过是事实的积累，要能简化它才算真智慧。

——费契（Fitch），美国科学家

许多思想家相信今天的世界正处于信息时代，拥有信息、了解信息与记忆信息是现代人不可或缺的能力。诚如比尔·盖茨（Bill Gates）所言，收集、管理和使用信息的方式决定了你的输赢。

为什么比尔·盖茨不说拥有信息的数量，而要说收集、管理和使用信息的方式呢？这是因为信息时代的人们面临信息超载的问题。在我们周遭实在是有太多信息可以接收了，远超过我们的能力负荷，因此决定赢家的不是信息量，而是如何运用信息。

以分享信息为主要目的的告知演讲，就是帮助听众运用信息的一种方式。与其他信息来源相比，由一位比我们更了解、更熟悉信息的人来替我们选择、说明信息与解答疑惑往往更亲切，更易于帮助我们吸收信息。这也就是"惑而不从师，其为惑也，终不解矣"的道理。由此可见，在可预见的将来，告知演讲仍将扮演信息社会中重要信息来源的角色。

一、课程导入

经典案例一：马丁·路德·金的《我有一个梦想》

演讲内容概述：

马丁·路德·金在1963年的华盛顿大游行中发表了著名的《我有一个梦想》演讲。他呼吁美国黑人获得平等的权利，消除种族歧视，实现种族和谐。演讲中，他运用了丰富的修辞手法，如排比、反复、比喻等，使演讲充满激情和感染力。

分析：

马丁·路德·金通过描述黑人遭受的不公平待遇，唤起了听众的同情和共鸣。他利用个人经历和普遍情感的结合，使演讲更具说服力。

演讲中大量使用排比句，如“我们不能停滞不前，我们不能满足于现状”，这种重复的句式强调了演讲者的坚定立场。同时，比喻的运用也使演讲更加生动形象。

马丁·路德·金提出了一个充满希望的梦想——黑人和白人能够像兄弟一样和睦共处。这个梦想激发了听众的想象力和追求美好的愿望，使演讲具有强大的号召力。

经典案例二：乔布斯的斯坦福大学演讲

演讲内容概述：

乔布斯在2005年斯坦福大学的毕业典礼上发表了演讲。他分享了自己的人生经历，包括被苹果公司开除、创办NeXT软件公司和皮克斯动画工作室（Pixar Animation Studios）等。他强调了“把每一天都当作生命的最后一天来过”的生活态度，以及追求梦想和热爱的重要性。

分析：

乔布斯通过讲述自己的故事，使演讲更具真实性和感染力。他的人生经历充满了起伏和转折，这些经历成了激励听众的宝贵财富。

乔布斯提出的“把每一天都当作生命的最后一天来过”的生活态度，鼓励人们珍惜当下，勇敢追求自己的梦想。这种积极的生活态度具有很强的启发性。

乔布斯强调了热爱和激情对于成功的重要性。他认为只有对自己所做的事情充满热爱和激情，才能取得真正的成就。这种观念对于激励听众追求自己的理想具有很大的价值。

这两个经典案例展示了不同风格和主题的演讲，但都通过情感共鸣、修辞技巧、故事叙述等方式成功地吸引了听众的注意并传递了丰富的信息。它们不仅具有深刻的历史意义，也为后来的演讲者提供了宝贵的启示和借鉴。

教学目标：

培养学生重点掌握演讲的“三因”理论，并能够应用理论使学生具备清晰、准确传递信息的能力，通过有效的演讲技巧和组织结构，使学生能够向听众传达重要的知识点、事实或数据，并确保听众能够准确理解和记住所传达的信息。

二、认识告知

教师都是专业的告知演讲者。包括在教育以外的其他专业领域，如科学家汇报研究成果、业务代表向顾客介绍产品、律师向当事人报告诉讼状况、工作团队向主管汇报工作进度等。

（一）告知过程

告知是分享信息、增进听众对信息的了解与吸收的一种沟通目的与意图。演讲者扮演的是讲授者的角色。担任讲授者的基本资格是要对自己即将讲授的主题有充分的认识与了解。

如何做到“以己之昭昭而使人昭昭”呢？——从“三因”理论开始。

1.“三因”理论

我国台湾地区游梓翔教授总结构成各种演讲目的的基础——融入（involving）、传授（informing）与影响（influencing），这三个英文单词都是以“IN”为首字母，因此称为“三因”理论①（见表 6–1）。

① 参见游梓翔：《演讲学原理》，台北，五南图书出版股份有限公司 2000 年版，第 394—395 页。

表 1-6-1 “三因”理论

过程	演讲者输入	听众输入	输出（效果）
融入 involving	吸引策略 动机策略 参与策略	倾听能力 倾听动机	听众注意
传授 informing	适量策略 熟悉策略 理路策略	背景知识 思维能力	听众了解
影响 influencing	理的策略 情的策略 德的策略	原始态度 认同程度	听众改变

（1）融入过程

在演讲开始前，演讲者与听众是分离的个体，公众沟通要顺利进行，必须先开启某种对焦过程，为分离的心灵建立桥梁。就像情侣必须先当面或通过某种媒介相遇，才可能开始恋爱一样。这个心灵相遇的过程就是所谓的融入。

融入过程的输出或互动结果是注意，也就是听众将心智焦点专注在演讲信息上的程度。对于听众而言，周遭随时随地都存在许多的信息，要让他们保持对演讲信息的注意，不仅演讲信息本身具有吸引力，听众本身的意愿也很重要。

为了增进融入效果，演讲者常见的输入（有目的的信息策略运用）有三方面：一是信息更具吸引力；二是建立听众的聆听动机；三是鼓励听众主动参与。

（2）传授过程

如果能在融入阶段达到不错的成果，演讲者与听众间可能会出现另一种过程，这个过程就是传授。

传授过程的输出是听众了解程度的高低。也就是听众是否懂得与记得演讲者传授的信息。

为增进传授效果，演讲者通常会努力将演讲信息设计为方便听众理解与记忆的形式，成为传授策略。不过，无论演讲者运用的策略多么出色，传授的成败同样不是演讲者可以单方面决定的，而要取决于听众的背景知识与思维能力。

（3）影响过程

影响过程的输出结果是听众改变，也就是态度改变的程度。为了增进影响效果，演讲者通常采用亚里士多德在《修辞学》中揭示的三种方式：一是让听众相信自己，即言之成理——“理的策略”；二是激发听众情绪的策略——“情的策略”；三是让听众相信自己是可信之人——“德的策略”。

2. 告知与说服

告知演讲主要牵涉“融入 + 传授”。说服演讲主要牵涉“融入 + 传授 + 影响”。

目标不同：告知演讲中，演讲者希望传授信息，却不希望影响听众的态度。例如：新闻报道中记者客观陈述事实，最后的评判是观众来做的。说服演讲中，演讲者则不以单纯陈述说明为满足，还会为特定立场辩护。

动机不同：告知演讲的基本沟通动机是“利人”；说服演讲的基本沟通动机是“利己”。

（二）告知类型

为了说明与理解方便，我们可以依据演讲者传授的信息类型，将常见的告知演讲分为三类：一是使学习者对于某种具体事物获得明确印象的描述演讲；二是使学习者对制作与操作某种事物的具体过程获得明确认识的示范演讲；三是使学习者对某种抽象概念或理论意义获得清楚了解的说明演讲。

1. 描述演讲

讲述与具体事物有关的信息。使学习者对某种具体事务获得明确印象。

描述细节——好的描述演讲要能掌握描述对象的细节。演讲前在内心重现事物的完整形象，引导描述过程。如果设备允许，可以运用照片、图片、实物等演讲道具。

描述背景——好的描述演讲要掌握描述对象的背景，不只叙述其现在的状态，还纳入跨越时间的要素，描述其过去与未来。

例如：在描述人物时，可以讲述其经历与志向；描述事件时，可以讲述前因与可能后果；描述地点时，可以描述其历史沿革与未来规划；描述物品时，可以描述其起源与发展的可能。时间的回溯与前瞻可以使描述演讲更具有故事性。

描述感想——好的描述者还应该加入自己对描述对象的感想。一个是人、事、物带给自己的感受（如看见辽阔的大海让我的心情开朗起来）；另一个是人、事、物带给自己的想法或认知反应（大海的辽阔让我体会到人类的渺小）。

2. 示范演讲

使学习者对制作与操作某种事物的具体过程获得明确认识。

示范输入——明确告知听众在展开操作或制作过程前，必须准备的器材原料或具备的知识技能。

例如：以“如何弹奏电子琴”的演讲为例，输入要素便可能包括拥有电子琴设备以及具有基本的乐理知识。

示范步骤——操作或制作的实际示范。

在示范步骤时，首先要做好设计步骤的工作，其中以“简化步骤”的原则为最重点。应该先将操作或制作过程的所有步骤罗列出来，如果超过五项，就要重新编组，将主要步骤的总数限制在五点以内，以增进听众的学习效果。另一项原则是要掌握时间，当实际的操作和制作过程所需时间远超过演讲时间时，就应该在事前做好浓缩或跳过某些步骤的规划。例如，烹饪示范时往往会跳过烹煮时间，将已预备的半成品直接跳至下一步骤。

其次是“说明步骤”的部分，在解说步骤时，要注意的是控制速度、解释原因、提供诀窍、预防问题这四点原则。第一，控制速度是指在讲解个别步骤时，说话速度应该放慢一些，以免因为自己对内容的高度熟悉而快速带过。如果听众是边听边做，留给他们的操作时间也应该比你自行操作所需时间更长。第二，解释原因是指在说明如何时，也应说明为何，特别是当某个步骤涉及特殊的器材或技巧时。第三，提供诀窍是说在理解步骤时，除一般做法外，你最好能建议几项特殊诀窍，不仅能使操作与制作过程更为顺畅，也能提高信息的价值。第四，预防问题是指你应该在讲解相关步骤前，先提醒听众初学者可能出现的错误，以及一旦发生，要如何补救，这种就是防患于未然的示范方式。

示范输出——听众能够学会你所示范的操作或制作方法。

3. 说明演讲

使学习者对某种抽象概念或理论意义获得清楚了解。以心理学的术语来说，你是希望听众将你传授的程序知识储存在记忆中，并能在需要时自行提取使用。

说明概念——延展法、归类法、举例法、排除法、比较法。

一是延展法，是用更多语言来描述概念属性，以缩小概念涵盖的范围，使它更为具体。举例来说，汽车的定义是装有四轮、在消耗能源下行进、搭载乘客，这其中每一个属性都具有使概念更明确、更具体的功能。

二是归类法，是将解说对象划归至范围更大的概念类别中，再说明它与同一类别中其他概念的差异。因此，这等于是通过将抽象阶梯具体化来达成说明效果。例如，口语沟通是人类沟通的一种归属，但又因为它使用的媒介是口语，因此与以书面语为媒介的文字沟通不同，这就是典型的归类法运用。

三是利用举例法来说明概念，也就是从抽象概念涵盖的具体事物中，挑选部分来深入说明，以使概念更为具体。例如，在解说后 PC 时代时，你便可以举出消费者使用装有微晶片的咖啡壶，并设定煮咖啡时间的例子来说明电脑科技在消费商品上的应用。

四是运用排除法，也就是不说概念具备哪些属性，或包含哪些事例，而说它不包含哪些属性或哪些事例。

五是一种常见的说明概念方式即比较法。这是以听众比较熟悉的、与解说对象在某种层面相似的另一种概念，来使概念更为具体。举例来说，当你将网站的搜索引擎解释为，就像是书籍的目录与百货公司的楼层指引时，就是在运用比较法了。

说明原理——也称理论演讲。

理论又可以进一步区分为两大类：一类是单纯描述现象，不涉及价值判断的描述性理论；另一类则是以对现象的研究为基础，并进而推导出特定行为建议的规范性理论。两者都是常见的说明演讲主题。

理论的解说涉及两项重点：一是理论或原理的“如何”，包括理论的输入要素、运行过程与输出结果；二是理论或原理的“为何”，包括造成如何的自然力量或行为动机。例如涉及情商和智商这两个概念时，说明什么为“是”，即为概念；再说为什么我们要有高的情商和智商，就是行为动机。

说明议题——争议的焦点，由赞成或反对的立场及理由所环绕。主要话题有：议题的本质（分析问题的起因、沿革与发展）、议题的影响（分析问题的重要性）、议题的争议（分析支持与反对立场与各自所持的理由）、议题的未来（分析未来正反意见的可能消长与解决之道）。目的在于理解而不是鼓吹。

三、融入策略

融入是演讲者与听众的心灵对焦，其成效经常是以听众是否注意演讲信息作为标准。由于听众的注意力具有一定的“瓶颈”，只能从周遭的众多咨询中挑选一小部分来给予关心，其他信息则遭到舍弃。融入听众对演讲者而言，将始终是一项具有高度挑战性的工作。

听众只能注意环境中少数信息的现象，就是一般所谓的选择性注意。著名的心理学家詹姆斯将它界定为：“心灵以鲜明的方式，由多个同时进行的事物或思绪中挑选部分的过程。它代表放弃部分事务，你能更有效地处理其他事务。”

以下介绍的三组融入策略：吸引策略、动机策略与参与策略，即可以增进听众选择性注意的信息手段。

（一）吸引策略

根据认知心理学者的研究，引发听众选择性注意的来源主要有二：一是信息本身具有某种从其他信息中突出的特质（音量较大、色彩较鲜明），因此，吸引了听众的注意，称为非自愿注意。二是听众本身对特定信息抱有聆听动机，因此从信息中主动发掘，称为自愿注意。

唯有增进信息的吸引力，才能赢得听众注意力的“票房”。在这里，笔者将介绍两种增进信息魅力的途径：热情与价值。

1. 热情

热情是从你自己内心对信息的高度热爱开始，并在讲授过程中向听众展示。展示的方式可以诉诸语言，例如：“这实在是太迷人了。”

在教学中热情洋溢的教师较能引起学生的注意，因此间接有助于学习；古德与布洛菲则发现学生对热情洋溢的教师会有较为正面的反应，并且会对教师感兴趣的事情发生兴趣。他们得出的结论是，无论面对的学生何种年龄，热情都是教师必备的技巧。

2. 价值

以苹果公司的产品为例，尤其是每当新款苹果手机发布时，常常会出现供不应求的情况，这在一定程度上推高了其市场价值。比如，当苹果 iPhone X 首次亮相时，其独特的全面屏设计、面部识别技术以及强大的性能吸引了全球消费者的热烈追捧。由于初期生产量有限，加之部分地区的市场需求远超预期，导致 iPhone X 在短时间内迅速缺货。在这种情况下，原本官方定价的手机，在二手市场或某些电商平台上，价格被抬高，甚至出现“黄牛”加价转售的现象。一些消费者为了尽早体验到新款苹果手机，愿意支付高于原价的费用购买。这一现象不仅体现了苹果品牌的强大号召力，也再次印证了商品稀缺性对提升其市场价值的重要作用。

根据美国俄亥俄州立大学心理学教授布洛克（Block）提出的信息商品理论，类似抢购苹果手机的现象，不仅会发生在一般商品上，也会发生在信息上。可以试着回答下面的问题。看看是①还是②对你更具有吸引力。

①属于一般常识的信息；②别人不知道的内幕消息。

①你的朋友拜托你听的事儿；②你请求你的朋友告诉你的事儿。

①政府对某项丑闻的公开说明；②政府对某项丑闻禁止记者报道的消息。

如果你和多数人一样，那么这几道题你选的应该都是②。就像其他商品一样，信息的数量越稀有，取得越困难，其价值也就越高。因此比其他信息更具有吸引力。而由于有关信息价值的判断经常是主观的，因此，可以通过强调信息的稀有罕见来提升其价值，至少也包括强调信息的稀少、付出与受限。

稀少（物以稀为贵）。

付出（获取信息投入的人力、财力、物力）。在制作商品或取得信息的过程中，需要投入大量的人力、财力与物力，也就是需要很大的付出时，商品或信息的价值通常也就越高。

受限（不易获得）。在电视新闻报道中，不少摄影记者会利用隐藏式的摄影机偷拍，以吸引观众的目光。偷拍画面有价值的理由也是如果当事人事先知道，通常不会允许去拍摄，因此也是一种限制。

（二）动机策略

前文所说的吸引策略主要是在提升听众的非自愿注意，不过心理学家告诉我们，即使类似策略运用成功，听众的注意力也将难以持久。若想获得稳定而持久的听众注意，必须设法激发听众内心的聆听动机或者学习动机，使听众产生自愿注意。

讲授者激发学习者聆听动机的信息策略就是所谓的动机策略。运用动机策略的具体途径有二：一是强调信息与听众相关；二是建立个人在听众心中的威望。

1. 相关

增进聆听动机最直接的做法是指出信息相关，即强调信息对听众而言是有用的。学了对其有好处，或是不学会对其有坏处。缺乏此种条件，听众是难以产生学习兴趣的。

建立相关性的常见方式有三种：首先，你可以强调信息与听众的兴趣有关。例如，对运动迷讲授美国职业棒球的演讲者可以说："对棒球有兴趣，就不能不了解美国职棒。"由于某种事物能够成为听众的既有兴趣，往往显示他能带给听众好处或使其获得满足。

其次，你也可以强调，信息将影响听众的切身利益，任何教师曾经在讲授过程中说过"接下来，这一段期末考试很可能出现"的时候，教师们都不难发现，这句神奇话语对学生而言有多大的吸引力。

最后，赋予听众聆听的责任。例如，规定他们必须在口头报告中展现对课程内容的了解，这是常见的做法。

2. 威望

除了信息的相关性，有时讲授者的个人威望也会影响听众的聆听动机。

三个层面有威望可能影响听众的聆听动机：具有“专业威望”的讲授者可能因为值得信赖而使人想听；具有“敬业威望”的讲授者可能因为负责尽职而使人想听；具有“乐业威望”的讲授者可能因为令人喜爱而使人想听。当讲授者有意地在演讲中设法提升自己专业、敬业与乐业的威望时，他所运用的就是所谓的威望策略。

（三）参与策略

所谓参与策略，是指讲授者通过提高学习者的参与度，来引发其注意与动机的融入策略。如果台上的演讲者与台下的听众间有一面墙，让听众参与就可以打破这面墙。参与带来的挑战性与趣味性可以让听众产生更大的学习兴趣，并达成更好的学习效果。

我们可以将告知演讲中常见的参与策略分为两类：一是让学习者提供看法与交换意见的“意见参与”；二是让学习者参加练习与游戏的“活动参与”。

意见参与——在演讲中为学习者提供参与沟通与提出意见的机会。方式：提问、讨论。

活动参与——在讲授过程中为学习者提供参与练习与趣味游戏的机会。方式：肢体活动（演练操作）、趣味活动（角色扮演、训练游戏）。

四、传授策略

将听众融入告知过程虽然很重要，但仅靠融入是不足以达成告知目标的。心理学家告诉我们，即使引起听众注意，如果不能使他们进一步消化吸收，你所讲授的信息仍将在15—30秒内被听众遗忘。因此，所谓消化吸收，主要是指能够对信息的意义产生理解。简单地说，就是懂得信息的意义。通常来说，理解程度越高，听众对信息的记忆程度就越好，能够将信息储存起来，并于适当时机加以运用。

为了增进学习者的理解与记忆，一般在讲授过程中采取三种常见的传授策略，分别是适量策略、熟悉策略与理路策略。

（一）适量策略

讲授者常用的第一类传授策略是适量策略，适量策略的基本原理是学习者在特定时间内拥有最佳信息承载量。如果你提供的信息数量超过此范围，将形成超载。学习者将因为难以负荷而出现迟缓或放弃的反应。如果你传授的信息量低于此数，则造成的低载会使学习者因为感到枯燥乏味而心不在焉或一心二用。

1. 调焦

可以通过对信息调焦来使信息适量。就是通过掌握重点与强调重点的方法，凸显部分信息的重要性，使听众能将有限的理解与吸收能力集中在关键信息上。首先，讲授者要掌握重点；其次，讲授者要强调重点。

2. 重复

通过反复传达部分信息做到信息减量。表示强调，但不可滥用。

（二）熟悉策略

作为讲授者，必须注意对你而言简单平常、亲切熟悉的主题，对听众来说可能是不着边际、毫无头绪的沙漠森林。因此，应该运用熟悉策略，以听众的已知来帮助说明新知，使信息更亲近使用者。

1. 具体

降低信息的抽象程度，做到具体。

运用例证。想象一下，当我们试图向非专业人士解释复杂的科学概念，比如“量子纠缠”。这个概念本身极为抽象，充满了高深莫测的数学和物理术语。为了让它变得易于理解，可以采用一个日常生活中的比喻：将两个量子粒子想象成一对魔术手环，无论你将它们分隔多远，只要对其中一个施加力量，另一个立刻就能感应到，仿佛它们之间存在着一种超自然的联系。

通过这样的比喻，原本晦涩难懂的量子纠缠现象，瞬间变得生动有趣，即便是科学门外汉也能轻松抓住其核心——即远距离下粒子间的即时相互影响。这个例子告诉我们，通过将抽象信息转化为具体、生活化的语言或图像，不仅能极大地提高信息的可理解性，还能激发听众的兴趣，促进知识的有效传播。

因此，在信息传递的过程中，不妨多思考如何“翻译”那些高高在上的概念，让它们更加贴近人心，让知识的光芒照亮每一个角落。

运用图像。在小学数学教学中，学生经常会遇到一些抽象难懂的数学概念，如分数的加减法。对于小学生来说，单纯的语言讲解可能难以让他们深刻理解分数的运算规则。为了降低这一信息的抽象程度，教师通常会采用直观教学的方法。比如，使用图形或实物来辅助说明。教师可以让学生用纸张裁剪出代表不同分数的图形，如圆形或长方形，然后通过拼接或切割这些图形来模拟分数的加减法过程。这样，原本抽象的分数运算就被转化为直观的图形操作，学生可以更容易地理解和掌握分数的加减法原理。

此外，在现代信息技术的发展下，多媒体和互动软件也被广泛应用于降低信息抽象程度。教师可以通过制作动画或互动课件，将复杂的数学概念以动态、直观的方式展现出来，使学生们在视觉和听觉上得到双重刺激，从而更好地理解和掌握知识。

这些案例都充分说明，在教育和其他领域中，通过转化信息的表述方式，使之更加直观、具体，可以有效地降低信息的抽象程度，从而帮助学生和受众更好地理解和掌握知识或信息。

2. 联结

将听众未知的新信息与已知的旧信息联系起来，可以运用比喻、比较的方式。

（三）理路策略

有助于听众理解吸收信息。

1. 脉络

将信息的脉络交代清楚，主要包括该信息设计的主题以及该主题与其他主题的关联。

认知心理学中有一个著名的实验，对说明脉络的重要性很有帮助。在实验中，研究人员让受试者阅读下面这段文字：

过程实在相当容易，首先需要分类，当然一堆或许已经足够，要看多少而定。假如因为缺乏器具，你必须到别的地方，那是下一步，否则你已经准备好了。一次不要过多是很重要的，也就是宁愿太少，也不要太多。短期而言，这可能看起来不重要。但麻烦很容易产生，一个错误可能很昂贵。起初，整个过程好像很复杂。然而不久，它就会成为人生的另一面，很难预知即刻的将来不需要做这工作。但是人永远无法知道，整个过程结束后再分类，它们可以被放进恰当的地方，它们总会被占用一次，然后整个过程又重复一次，无论如何，那是生活的一部分。

如果从未参与此项活动，相信你会与绝大多数受试者的反应一样，会觉得这段话不知所云，但当你知道这段文字的主题是洗衣服时，请再读一遍，是否一切都变得比较合理了呢？由此可见，了解脉络对厘清思路有重大帮助。

2. 逻辑

信息的组织模式或抽象原则要交代清楚。例如：用“饿的话每日熬一鹰”来记忆八国联军“俄、德、法、美、日、奥、意、英”。

五、课堂练习

每组准备一段五分钟的告知演讲，根据材料，让学生准备 15 分钟，然后每组派代表演讲。演讲结束后让听众点评，说说这位学生的讲授策略。

相关概念：

告知演讲、讲授策略。

六、课堂小结

本课程主要讲授告知演讲，其中在认识告知中，学生对于“三因”理论的理解不是那么透彻，需要具体详细说明，因为“三因”理论也是帮助区分说服演讲和告知演讲的重要方式。融入策略和传授策略也是本节课的重点内容，需要大家深入理解并在实践中多多训练。

演讲是一门语言的艺术，它旨在调动听众情绪，并引起听众的共鸣，从而传达出演讲者所要传达的思想、观点和感悟。标准的普通话是必需的条件，当然一些大的演讲家不一定都用标准的普通话，但与人沟通中让人听懂是一个十分重要的内容。注意语句的顿挫，当演讲开始如一首昂扬的乐曲时不想成功都难。

互动、反问、诘问都是演讲中引起观众思考，提高演讲质量的方法。

七、课后作业

（一）复习内容

复习“三因”理论、传授策略、融入策略等重要知识点。建议复习教学中的课堂笔记、网上相关课程视频等，重点复习如何构建有逻辑的演讲结构、受众的特点、内容组织和传递方式，以及如何在演讲中吸引和保持观众的注意力。

（二）预习内容

做好团队专题演讲小组汇报的准备工作。

（三）作业题目

观看 2015 年《超级演说家》总决赛演讲，说一说告知演讲的类型有哪些。一定要展开说明，描述、示范、说明这三种类型的意义及差别，这样才能更好地区分。

八、课外拓展

“东方魔力”与民族之魂

——在哈佛大学对华人留学生、部分留学生家属及华语媒体记者的演讲稿

佛山市演讲与口才学会会长张　亚芬

尊敬的各位老师，哈佛大学的同学们：

大家好！

我叫张亚芬，来自广东佛山，每个人来到这个世界上都是有使命的，我的名字里就蕴含着我的使命，彰显人格魅力，让中国的演讲口才之花，亚洲飘香，芬芳世界！此时此刻，站在哈佛大学的演讲台上，我的心情非常激动，因为我一生中最大的愿望和梦想之一，就是能在哈佛大学演讲。今天，我想和大家交流的题目是：“东方魔力”与民族之魂。首先，我们大家共同回顾这样一个历史镜头：1939年的秋天，美国作家斯诺到革命根据地延安采访，当他走进伟人们住着的那低矮的窑洞时，第一眼看到的是毛主席穿着一条打补丁的裤子，周总理睡的土炕没有席子，而彭德怀穿的那件背心是用缴获的敌人的降落伞改制成的，他激动不已，感慨万分。他当时就断言：这种朴素清贫的作风，这种专注革命的奉献精神是一种伟大的力量，是一种“东方魔力”，这种“东方魔力”是兴国之兆，是胜利之本！

是的，“东方魔力”体现出我们中国共产党人崇高的精神境界，是老一辈革命家与人民群众同甘共苦作风的真实写照，是一代伟人热爱人民，全心全意为中国人民的革命事业无私奉献的一个缩影，这种“东方魔力”是使中国革命和建设事业取得伟大成功的动力源泉！

改革开放的40多年，“东方魔力”依然发生神奇的力量，她凝聚着中国人的精气神打造着中华民族的魂灵根！成为我们的强国之路！富民之宝！

1998年中国遭遇了百年未遇的特大洪灾，我们的解放军誓死保守大坝的精神，以疲惫的身躯战胜洪灾那感人肺腑的军魂；2008年全国同胞、海外侨胞齐心协力共同抗震救灾，奥运会上无与伦比的艺术空前地震惊与精彩；2012年的“神十”飞天，充分体现出我们中华民族的自信心和自豪感。“东方魔力”让中国成为全世界所瞩目的第二大经济强国！东方的巨人已经醒来，她的崛起将震撼整个世界！

而今天，我发现，这种“东方魔力”正穿越时空，漂洋过海来到美国，进入了哈佛大学的校园。亲爱的朋友，您知道吗？虽然华裔仅占美国人口的0.2%，但美国各名牌大学系主任的1/3，美国机械工程学院院士的1/3，美国一流科学家中的1/3，“阿波罗登月计划”及12万驻美国工程师中的1/3，硅谷高科技人才中的1/3，都是我们黑头发黄皮肤的中国人。没有中国教授的大学不能称其为世界一流大学，没有中国医生的医院也无法成为世界级医院，这已经是美国人的惊叹！

由此，我们完全可以得出这样的结论：无论美国创造了多少个世界第一，无论美国的成就多么辉煌灿烂，但是在美国经济社会发展的历史上，将永远镌刻着我们华夏儿女不可磨灭的卓越贡献！

那么，作为一个中国人，您是否为自己有如此优秀民族的DNA而感到无比骄傲和自豪呢？（大家异口同声地回答：是！）

“衣带渐宽终不悔，为伊消得人憔悴”，哈佛大学的中国留学生孜孜以求、心无旁骛、专注科学、献身事业，就是要以世界一流的科研成果报效祖国，贡献人类文明。亲爱的朋友，这种专注科学的献身精神，不就是我们当今时代新的“东方魔力”吗？我敢断言：这种新时代的“东方魔力”是中国梦的深刻内涵，是我们中华民族新的崛起之兆、复兴之本！实现中国梦想，凝聚中国精神，尽显“东方魔力”，铸就民族之魂！

九、阶段测试

表 6–2　阶段测试 1

<table>
<tr><td>测试次数</td><td colspan="3">阶段测试 1</td></tr>
<tr><td>测试目的</td><td colspan="3">通过演讲知识的阶段测试，目标是评估学生在演讲技巧、语言表达、逻辑思维和主题把握等方面的能力，以提高学生的公众演讲能力，增强学生的自信心和表达能力，为将来的学习和职业生涯打下坚实的基础。同时，测试还能促进教师对学生演讲技巧的指导与培训，进一步完善教学方法和手段</td></tr>
<tr><td rowspan="4">测试要求</td><td>测试方式</td><td colspan="2">闭卷</td></tr>
<tr><td>测试平台</td><td colspan="2">超星学习通</td></tr>
<tr><td>测试时间</td><td colspan="2">45 分钟</td></tr>
<tr><td>纪律要求</td><td colspan="2">提示学生注意测试纪律，独立自主完成题目；
请学生在规定时间内完成试卷</td></tr>
<tr><td rowspan="4">测试内容</td><td rowspan="3">题型与分值
（总分 100 分）</td><td>多选题</td><td>每小题 5 分，共 14 小题，共 70 分</td></tr>
<tr><td>填空题</td><td>每空 2 分，共 10 空，共 20 分</td></tr>
<tr><td>简答题</td><td>每题 10 分，共 1 题，共 10 分</td></tr>
<tr><td>考核知识点</td><td colspan="2">主要考查知识点为演讲概念、演讲动机、演讲准备步骤、叙事结构、演讲主题、听众接触、叙事类型、演讲大纲及发表等内容，包含了演讲部分的理论内容，并通过理论联系实际，熟悉演讲全过程，对演讲单元内容的一个复习和考查</td></tr>
<tr><td>测试要求</td><td colspan="3">1. 测试内容需涵盖演讲理论的基本概念、原则和方法，以及演讲的实际应用。
2. 测试题型应包括多选题、填空题、简答题等，以全面考查学生对演讲理论的理解和掌握程度。
3. 测试难度应适中，既不能过于简单，也不能过于复杂，以符合学生的实际水平。
4. 测试时间应控制在规定的时间内，要求学生快速准确地完成测试。
5. 测试结束后，应由专业教师进行评分，并给出详细的评分标准和反馈，以帮助学生了解自己的不足之处并加以改进</td></tr>
</table>

第七节　小组汇报

一、任务目标

本节通过团队专题演讲小组任务，对学生演讲发表进行测评，使学生掌握演讲选题、策划、提纲、发表等综合能力。为了真实反映学生学习情况，围绕告知型演讲进行团队讲解，锻炼和培养学生的团队合作及创意思维能力。

通过学习任务的实践，可以提升学生的逻辑思维、方案设计、讲稿撰写等专业能力，同时培养信息收集及书面表达、口头交流及团队合作、现场演讲驾驭、临场应变等可转移能力。

二、选题要求

本次小组任务共有 8 个选题方向，具体名称和要求如表 7–1，各小组需选择其中一个方向完成团队专题演讲任务，教学班内小组之间选题不得重复。

表 7–1　选题名称及研究方向

序号	选题名称	研究方向
1	未来城市可持续发展性和宜居性	未来城市的可持续发展性和宜居性关键在于整合创新科技、环境保护与社会包容，共同打造资源高效、生态友好、人文关怀的城市生态系统

续表

序号	选题名称	研究方向
2	社交媒体的影响　如何在数字世界中建立良好的自我形象	演讲将探讨社交媒体对个人自我形象的塑造影响，以及如何在数字世界中通过积极的自我表达和行为建立健康、积极的自我形象
3	未来的教育：在线学习和自我导向学习的趋势	演讲将聚焦于探讨未来教育的发展趋势，包括在线学习和自我导向学习在教育领域的不断增长及其对学习方式、教学模式和教育体系的影响
4	毕业和就业，如何制订和实现职业规划	演讲将探讨毕业生如何有效地制订并实现个人职业规划，包括目标设定、资源整合、实践经验积累以及持续学习的重要性
5	财务自由：理财和投资的策略	演讲将重点探讨实现财务自由的路径，包括理财原则、投资策略以及财务规划的重要性
6	美食与健康：如何平衡饮食与生活方式	演讲将深入研究如何在追求美食的同时实现饮食与生活方式的平衡，涉及营养均衡、健康选择以及持续的身体活动等方面
7	大学生与心理健康：如何管理压力和促进心理健康	演讲将关注大学生面临的压力问题，探讨有效的压力管理策略，并提出促进心理健康的方法，旨在帮助大学生建立积极的心理健康习惯
8	健康的生活要素和实践	演讲将探讨构建健康生活的关键要素，以及如何将这些要素转化为实践行动，包括营养、运动、睡眠、心理健康等方面的综合策略

三、分组要求

学生自由组合，4—6 人为一组，根据学习任务要求，分工协作，共同讨论，完成学习，如表 7–2 所示。

表 7–2　分组形式及任务安排

任务	主要工作	人员安排
资料收集	包括市场调研、视频案例、方案样例等内容	1—2 人
主题观点	包括主题立意、观点分析和案例选取等内容	1—2 人
语言表达	包括语言效果、语音基础、临场应变等内容	1—2 人
项目总结	小组成果的汇总	1 人

四、内容要求

（一）任务环节要求

1. 主题确定

团队需要确定一个明确的演讲主题，可以从以上选题进行选择。主题应该是能够引起听众兴趣并且具有一定深度的内容。

2. 研究与准备

团队成员进行深入的研究，收集相关资料和信息来支持演讲内容。包括文献阅读、调查、采访等方式获取信息，并整理和分析所获取的信息。

3. 内容设计

设计演讲内容，包括演讲大纲、重点论述、案例分析等。内容应该清晰明了、有条理，并能够吸引听众的注意力，让听众能够理解和接受演讲的观点。

4. 分工合作

团队成员之间需要合作分工，确定每个人的角色和任务，确保演讲准备工作的顺利进行。涉及内容撰写、PPT 制作、演讲练习等方面的任务分配。

5. 技巧训练

团队成员通过演讲技巧训练或者自主练习来提升演讲能力，包括语言表达、肢体语言、声音控制等方面的技巧。

6. 实践演练

团队需要进行多次实践演练，以确保演讲的流畅性和效果。包括在小组内部进行演讲展示和互动，收集反馈并进行改进。

7. 反馈与改进

团队在演练过程中需要接受来自同伴和指导教师的反馈意见，及时调整和改进演讲内容和表达方式。

8. 演讲展示

在教室进行演讲展示，向观众传达团队的观点和想法，并与观众进行交流和互动。

（二）报告内容要求

1. 任务梗概

此部分为各自小组任务的阐述（对于报告内容进行描述，写清任务的选题依据、主题背景、演讲创意等内容，不少于400字）。

2. 项目截图

汇报PPT课件截图（PPT截图不少于3张）。

3. 项目情况及分工阐述

由小组各成员从不同分工角度拟写（对于报告内容、具体实施情况以及各分工情况进行描述，如何操作和展示，不少于200字）。

4. 项目总结

由小组各成员从不同分工角度拟写（完成以上内容后，总结本次小组报告的得失及感受，简述自己所承担的任务，每名成员不少于200字）。

（三）演讲PPT

1. 简洁明了

PPT内容要简洁明了，不要过于拥挤或复杂。

2. 结构清晰

PPT按照逻辑顺序展示主要观点、演讲结构及支撑内容。

3. 图片资料

尽量使用清晰、高质量的图片来支持演讲主题的展示和讨论。

4. 文字内容

文字内容应简明扼要，使听众能够轻松阅读。

5. 成果和展望

在总结成果时，明确表达演讲主题思想及演讲思路。同时，提供进一步的展望。

五、过程要求

一是各小组应经过充分讨论推选出组长，确定研究内容，组长拆分研究内容并分工给组员；

二是根据所选题目进行主题分析，凝练演讲观点，收集经典案例和素材资料，利用多种修辞方法设计演讲大纲；

三是团队协作沟通，所涉及知识可查阅书籍、网络资料或者询问教师；

四是组长需要根据实际情况向教师汇报研究进度；

五是小组成员整合研究内容，并撰写小组任务报告；

六是制作汇报 PPT，现场进行演讲，并对演讲内容进行答辩。

六、成果要求

根据研究内容，小组成员共同参与团队专题演讲，撰写小组任务报告和答辩 PPT。

（一）演讲作品

将完整的演讲汇报视频交由教师保存，教师将挑选质量较高的演讲作品进行展示或参加赛事。

（二）小组报告

研究结束后，学生要提交小组任务报告（纸质版和电子版各一份）。

（三）答辩 PPT

研究结束后，学生要根据研究内容，结合小组任务报告制作答辩 PPT。答辩 PPT 要与小组任务报告中内容一致。文件命名为：× × 级 × × 班—第 × 小组—研究题目。

七、时间要求

一是小组任务及题目将在第 1 次课进行布置，布置任务后 2 天之内确定小组成员及研究题目；

二是本次小组任务第 7、8 次课集中答辩，每组在答辩前一周完成小组报告和 PPT；

三是组长至少每周向教师汇报研究进度；

四是答辩结束后，小组成员需要按照教师的指导和点评，完善小组研究内容，修改小组报告，一周内上交所有相关材料。

八、考核标准

小组任务的完成情况主要考核小组报告的撰写质量、小组汇报的实际效果、现场回答准确程度等方面。其中，小组整体得分占小组任务总成绩的 70%，个人得分占小组任务总成绩的 30%，两次小组任务共占本门课程总成绩的 25%。

表 7–3　演讲与辩论课程小组任务 1 评分标准

小组评分（满分 70 分）	
评分项目	考核点及标准
演讲呈现（30 分）	演讲思想内容能紧紧围绕主题，观点正确、鲜明，见解独到。材料真实、典型、新颖，事迹感人、事例生动，反映客观事实、具有普遍意义，给予 7-10 分；基本符合主题要求，演讲内容设计较为普通、创新性较弱，给予 4-6 分；没有达到预期演讲效果，演讲内容设计有较大漏洞，给予 0-3 分

续表

小组评分（满分 70 分）	
评分项目	考核点及标准
演讲发表（30 分）	演讲具有吸引力、感染力和号召力，能较好地与听众感情融合在一起，营造良好的演讲效果，给予 7—10 分；演讲修辞及技巧运用较少，现场表达语言生动性欠佳，给予 4—6 分；演讲内容及观点缺乏说服力，演讲效果一般，给予 0—3 分
	汇报组织秩序井然，各环节衔接自然，能够有效处理现场各种情况，随机应变能力强，给予 7—10 分；汇报组织不够流畅，对现场控制组织效果一般，给予 4—6 分；汇报活动混乱或停滞，活动组织效果较差，给予 0—3 分
小组报告（30 分）	小组报告能够对本次小组任务进行全面、客观的描述，给予 7—10 分；报告内容较为详尽，思路清晰，给予 4—6 分；报告语言不够精练，对汇报展示过程或语言表达不够清晰，给予 0—3 分
	小组报告包含必要的选题分析、观点立论、案例选取，演讲结构，内容饱满、语言通畅，给予 7—10 分；报告内容缺少 1—2 项，演讲内容较为丰富，给予 4—6 分；报告缺项较多，演讲结构设计不够完整，给予 0—3 分
	小组报告整洁美观，封皮、目录等齐全，满分 10 分。有字体、排版等错误的，每处扣 1—2 分
PPT 制作（10 分）	对设计过程的介绍完整翔实，思路清晰，酌情给予 0—5 分
	PPT 设计美观，图文搭配合理，页数在 10 页以上，酌情给予 0—5 分
个人汇报评分（满分 30 分）	
个人工作量（10 分）	个人工作量饱满，承担重要工作，给予 7—10 分；工作量较为饱满，承担辅助工作，给予 4—6 分；工作量不足，给予 1—3 分；无工作量得 0 分
团队协作（10 分）	沟通能力强，在团队中能提出建设性的意见和观点，给予 7—10 分；能与成员保持沟通，善于倾听并提出意见，给予 4—6 分；不能有效与组员协作，给予 0 分
答辩表现（10 分）	仪表整洁，衣着得体，态度认真、端正，语言流畅，表达清晰，给予 7—10 分；语言不够流畅，给予 4—6 分；照本宣科、不能脱稿，给予 1—3 分；不参加答辩得 0 分；回答问题，每出现一次错误，扣 1—3 分

九、课后作业

1. 分析演讲文稿，改进小组报告。

2. 修改完善演讲作品，为参赛做准备。

第八节　演讲词赏析

本节共分为三个部分，第一部分主要是世界经典演讲词，第二部分是国内参赛演讲词，第三部分是主持人大赛精彩讲词，各有特色，在演讲与辩论网课中给大家做了部分演讲词的分析，大家可以参考学习。

一、世界经典演讲

演讲是自由的歌唱，演讲是和平的号角，演讲是不用铁枪铜炮的武器，那些给你心灵震撼的声音，我们现在难以亲身聆听，但是却依然可以通过文字和历史背景来感受。下面是世界九大经典演讲稿：

我们将战斗到底

史上最著名的十大演讲 NO.1：丘吉尔演讲稿。

演讲时间：1940 年 6 月 4 日。

1940 年 6 月 4 日，丘吉尔在下院通报了敦刻尔克大撤退成功，但是也提醒“战争不是靠撤退打赢的”。随后丘吉尔旋即发表了他在“第二次世界大战”中最鼓舞人心的一段演说：

这次战役尽管我们失利，但我们绝不投降，绝不屈服，我们将战斗到底。

我们必须非常慎重，不要把这次援救说成胜利。战争不是靠撤退赢得的。但是，在这次援救中却蕴藏着胜利，这一点应当注意到。这个胜利是空军获得的。归来的许许多多士兵未曾见到过我们空军的行动，他们看到的只是逃脱我们空军掩护性攻击的敌人轰炸机。他们低估了我们空军的成就。关于这件事，其理由就在这里。我一定要把这件事告诉你们。

这是对英国和德国空军实力的一次重大考验。德国空军的目的是要使我们从海滩撤退成为不可能，并且要击沉所有密集在那里数以千计的船只。除此之外，你们能想象出他们还有更大的目的吗？除此之外，从整个战争的目的来说，还有什么更大的军事重要性和军事意义呢？他们曾全力以赴，但他们终于被击退了；他们在执行他们的任务中遭到挫败。我们把陆军撤退了，他们付出的代价，四倍于他们给我们造成的损失……已经证明，我们所有的各种类型的飞机和我们所有的飞行人员比他们现在面临的敌人都要更好。

当我们说在英伦三岛上空抵御来自海外的袭击将对我们更有好处时，我应当指出，我从这些事实里找到了一个可靠的论据，我们实际可行而又万无一失的办法就是根据这个论据想出来的。我对这些青年飞行员表示敬意。强大的法国陆军当时在几千辆装甲车的冲击下大部分溃退了。难道不可以说，文明事业本身将由数千飞行员的本领和忠诚来保护吗？

有人对我说，希特勒先生有一个入侵英伦三岛的计划，过去也时常有人这么盘算过。当拿破仑带着他的平底船和他的大军在罗涅驻扎一年之后，有人对他说："英国那边有厉害的杂草。"自从英国远征军归来后，这种杂草当然就更多了。

我们目前在英国本土拥有的兵力比我们在这次大战中或上次大战中任何时候的兵力不知道要强大多少倍，这一事实当然对抵抗入侵本土防御问题起有利作用。但不能这样继续下去。我们不能满足于打防御战，我们对我们的盟国负有义务，我们必须再重新组织在英勇的总司令戈特勋爵指挥下发动英国远征军。这一切都在进行中，但是在这期间，我们必须使我们本土上的防御达到这样一种高度的组织水平，即只需要极少数人便可以有效地保障安全，同时又可发挥攻势活动最大的潜力。我们现在正进行这方面的部署。

这次战役尽管我们失利，但我们绝不投降，绝不屈服，我们将战斗到底，我们将在法国战斗，我们将在海洋上战斗，我们将充满信心在空中战斗！我们将不惜任何代价保卫本土，我们将在海滩上战斗！在敌人登陆地点作战！在田野和街头作战！在山区作战！我们任何时候都不会投降。

这次战役我军死伤战士达三万人，损失大炮近千门，海峡两岸的港口也都落入希特勒手中，德国将向我国或法国发动新的攻势，已成为既定的事实。法兰西和比利时境内的战争，已成为千古憾事。法军的势力被削弱，比利时的军队被歼灭，相较而言，我军的实力较为强大。现在已经是检验英德空军实力的时候了！撤退回国的士兵都认为，我们的空军未能发挥应有的作用，但是，要知道我们已经出动了所有的飞机，用尽了所有的飞行员，以寡敌众，绝非这一次！在今后的时间内，我们可能还会遭受更严重的损失，曾经让我们深信不疑的防线，大部分被突破，很多有价值的工矿都已经被敌人占领。从今以后，我们要做好充分准备，准备承受更严重的困难。对于防御性战争，绝不能认为已经成定局！我们必须重建远征军，我们必须加强国防，必须减少国内的防卫兵力，增加海外的打击力量。在这次大战中，法兰西和不列颠将联合一起，绝不屈服，绝不投降！

葛底斯堡演说

史上最著名的十大演讲 NO.2：亚伯拉罕·林肯演讲稿。

演讲时间：1863 年 11 月 19 日。

葛底斯堡演说是林肯总统演说中最著名的一篇，也是在美国历史中最常被引用的演说。这篇演说时值美国南北战争，距北方军击败南方叛军的葛底斯堡决定性战役仅四个半月；而演说的场所是在宾夕法尼亚州葛底斯堡国家公墓的致辞典礼。

87 年前，我们的先辈在这个大陆上创建了一个新的国家。她孕育于自由之中，奉行人人生而平等的信条。

现在我们正进行一场伟大的内战，以考验这个国家，或者任何一个孕育于自由和奉行人人生而平等信条的国家能否长久坚持下去。我们相聚在这场战争的一个伟大战场上，我们来到这里把这战场的一部分奉献给那些为国家生存而捐躯的人，作为他们最后的安息之所。我们这样做是完全适合的、恰当的。但是，从更高的意义上说，我们是不能奉献，不能圣化，也不能神化这片土地的，因为那些曾经在这里战斗过的人，活着的和死去的人，已经圣化了这片土地，他们所做的远非我们的微薄之力所能扬抑。这个世界不大会注意也不会长久记得我们今天在这里所说的话，但是，它永远不会忘记勇士们在这里所做的事。

毋宁说，我们活着的人，应该献身于留在我们面前的伟大任务：从这些光荣的死者身上汲取更多的献身精神，以完成他们精诚所至的事业；我们在此下定最大的决心，以不让死者白白牺牲；让这个国家在上帝的保佑下获得自由的新生；让这个民有、民治、民享的政府与世长存！

我有一个梦想

史上最著名的十大演讲 NO.3：马丁・路德・金演讲稿。

演讲时间：1963 年。

今天，我高兴地同大家一起，参加这次将成为我国历史上为了争取自由而举行的最伟大的示威集会。

100 年前，一位伟大的美国人——今天我们就站在他象征性的身影下——签署了《解放宣言》。这项重要法令的颁布，对于千百万灼烤于非正义残焰中的黑奴，犹如带来希望之光的硕大灯塔，恰似结束漫漫长夜禁锢的欢畅黎明。

然而，100 年后，黑人依然没有获得自由。100 年后，黑人依然悲惨地蹒跚于种族隔离和种族歧视的枷锁之下。100 年后，黑人依然生活在物质繁荣的贫困孤岛上。100 年后，黑人依然在美国社会中间向隅而泣，依然感到自己在国土家园中流离漂泊。所以，我们今天来到这里，要把这骇人听闻的情况公之于众。

从某种意义上说，我们来到国家的首都是为了兑现一张支票。我们共和国的缔造者在拟写宪法和独立宣言的辉煌篇章时，就签署了一张每一个美国人都能继承的期票。这张期票向所有人承诺——无论白人还是黑人——都享有不可让渡的生存权、自由权和追求幸福权。

然而，今天美国显然对她的有色公民拖欠着这张期票。美国没有承兑这笔神圣的债务，而是开始给黑人一张空头支票——一张盖着“资金不足”的印戳被退回的支票。但是，我们绝不相信正义的银行会破产。我们绝不相信这个国家巨大的机会宝库会资金不足。因此，我们来兑现这张支票。这张支票将给我们以宝贵的自由和正义的保障。

我们来到这块圣地还为了提醒美国：现在正是万分紧急的时刻。现在不是从容不迫悠然行事或服用渐进主义镇静剂的时候。现在是实现民主诺言的时候。现在是走出幽暗荒凉的种族隔离深谷，踏上种族平等的阳关大道的时候。现在是使我们国家走出种族不平等的流沙，踏上充满手足之情的磐石的时候。现在是使上帝所有孩子真正享有公正的时候。

忽视这一时刻的紧迫性，对于国家将会是致命的。自由平等的朗朗秋日不到来，黑人顺情合理哀怨的酷暑就不会过去。1963年不是一个结束，而是一个开端。

如果国家依然我行我素，那些希望黑人只需出出气就会心满意足的人将大失所望。在黑人得到公民权之前，美国既不会安宁，也不会平静。反抗的旋风将继续震撼我们国家的基石，直至光辉灿烂的正义之日来临。

但是，对于站在通向正义之宫艰险门槛上的人们，有一些话我必须说。在我们争取合法地位的过程中，切不要错误行事导致犯罪。我们切不要吞饮仇恨辛酸的苦酒，来解除对于自由的饥渴。

我们应该永远得体地、纪律严明地进行斗争。我们不能容许我们富有创造性的抗议沦为暴力行动。我们应该不断升华到用灵魂力量对付肉体力量的崇高境界。席卷黑人社会的新的奇迹般的战斗精神，不应导致我们对所有白人的不信任——因为许多白人兄弟已经认识到：他们的命运同我们的命运紧密相连，他们的自由同我们的自由休戚相关。他们今天来到这里参加集会就是明证。

我们不能单独行动。当我们行动时，我们必须保证勇往直前。我们不能后退。有人问热心民权运动的人：“你们什么时候会感到满意？”只要黑人依然是不堪形容的警察暴行恐怖的牺牲品，我们就绝不会满意。只要我们在旅途劳顿后，却被公路旁汽车游客旅社和城市旅馆拒之门外，我们就绝不会满意。只要黑人的基本活动范围只限于从狭小的黑人居住区到较大的黑人居住区，我们就绝不会满意。只要我们的孩子被“仅供白人”的牌子剥夺个性，损毁尊严，我们就绝不会满意。只要密西西比州的黑人不能参加选举，纽约州的黑人认为他们与选举毫不相干，我们就绝不会满意。不，不，我们不会满意，直至公正似水奔流，正义如泉喷涌。

我并非没有注意到你们有些人历尽艰难困苦来到这里。你们有些人刚刚走出狭小的牢房。有些人来自因追求自由而遭受迫害风暴袭击和警察暴虐狂飙摧残的地区。你们饱经风霜，历尽苦难。继续努力吧，要相信：无辜受苦终得拯救。回到密西西比去吧；回到亚拉巴马去吧；回到南卡罗来纳去吧；回到佐治亚去吧；回到路易斯安那去吧；回到我们北方城市中的贫民窟和黑人居住区去吧。要知道，这种情况能够而且将会改变。我们切不要在绝望的深渊里沉沦。

朋友们，今天我要对你们说，尽管眼下困难重重，但我依然怀有一个梦。这个梦深深植根于美国梦之中。

我梦想有一天，这个国家将会奋起，实现其立国信条的真谛：“我们认为这些真理不言而喻：人人生而平等。”

我梦想有一天，在佐治亚州的红色山岗上，昔日奴隶的儿子能够同昔日奴隶主的儿子同席而坐，亲如手足。我梦想有一天，甚至连密西西比州——一个非正义和压迫的热浪逼人的荒漠之州，也会改造成为自由和公正的青青绿洲。

我梦想有一天，我的四个女儿将生活在一个不是以皮肤的颜色，而是以品格的优劣作为评判标准的国家里。

我今天怀有一个梦。

我梦想有一天，亚拉巴马州会有所改变——尽管该州州长现在仍滔滔不绝地说什么要对联邦法令提出异议和拒绝执行——在那里，黑人儿童能够和白人儿童兄弟姐妹般地携手并行。

我今天怀有一个梦。

我梦想有一天，深谷弥合，高山夷平，歧路化坦途，曲径成通衢，上帝的光华再现，普天下生灵共谒。这是我们的希望。这是我将带回南方去的信念。有了这个信念，我们就能从绝望之山开采出希望之石。有了这个信念，我们就能把这个国家的嘈杂刺耳的争吵声，变为充满手足之情的悦耳交响曲。有了这个信念，我们就能一同工作，一同祈祷，一同斗争，一同入狱，一同维护自由，因为我们知道，我们终有一天会获得自由。

到了这一天，上帝的所有孩子都能以新的含义高唱这首歌：

我的祖国，可爱的自由之邦，我为您歌唱。这是我祖先终老的地方，这是早期移民自豪的地方，让自由之声，响彻每一座山岗。如果美国要成为伟大的国家，这一点必须实现。因此，让自由之声响彻新罕布什尔州的巍峨高峰！

让自由之声响彻纽约州的崇山峻岭！

让自由之声响彻宾夕法尼亚州的阿勒格尼高峰！

让自由之声响彻科罗拉多州冰雪皑皑的洛基山！

让自由之声响彻加利福尼亚州的婀娜群峰！

不，不仅如此；让自由之声响彻佐治亚州的石山！

让自由之声响彻田纳西州的望山！

让自由之声响彻密西西比州的一座座山峰，一个个土丘！

让自由之声响彻每一个山岗！

当我们让自由之声轰响，当我们让自由之声响彻每一个大村小庄，每一个州府城镇，我们就能加速这一天的到来。那时，上帝的所有孩子，黑人和白人，犹太教徒和非犹太教徒，耶稣教徒和天主教徒，将能携手同唱那首古老的黑人灵歌："终于自由了！终于自由了！感谢全能的上帝，我们终于自由了！"

我是第一个被指控的人

史上最著名的十大演讲 NO.4：纳尔逊·曼德拉演讲稿。

演讲时间：1964 年。

由于别人的告密，曼德拉在 1962 年因政治煽动和非法越境罪被逮捕，当时他被判了五年监禁。1964 年，当时的政府对其追加控罪如阴谋破坏罪、叛国罪和阴谋推翻政府罪。本次演讲即是在监禁开始时发表的，演讲内容很短，但是对南非来说，意义非凡。

我已经把我的一生奉献给了非洲人民的斗争，我为反对白人种族统治而斗争，我也为反对黑人专制而斗争。我怀有一个建立民主和自由社会的美好理想，在这样的社会里，所有人都和睦相处，有着平等的机会。我希望为这一理想活着，并去实现它。但如果需要的话，我也准备为它付出生命。

难道我不是个女人?

史上最著名的十大演讲 NO.5：索琼娜·特鲁斯（Sojonah Trut）演讲稿。

演讲时间：1851 年。

索琼娜·特鲁斯是一位女奴隶，后来在纽约州奴隶制废除后被解放。从此，她成为一位知名的废奴主义者，并周游全美国。这篇演讲发表于俄亥俄州妇女权利大会上。在 1872 年当她试图参加总统大选投票时，却在投票场地被驱逐。索琼娜·特鲁斯于 1883 年逝世。

大会上的一些贵妇看到她走向讲台，都担心她会把女权运动和黑人自由运动扯在一起，急忙低声告诉盖奇夫人：“千万别让她说话！”然而，特鲁斯走了多少的坎坷路才来到这里，她又怎会轻易放弃呢?

特鲁斯身高超过 180 厘米，嗓子低沉而响亮，像一个男人。她脱下帽子，清了清喉咙，放声说道：“孩子们，这里那么吵闹，一定是有什么不对劲的地方。南方的黑奴和北方妇女，没有一个不在谈论权利。再这样下去，男性的白种人可要有难了。但是，我们这样喋喋不休，到底争论些什么？”全场竖起耳朵，专注地聆听。

特鲁斯指向其中一个反对女权的教士说：“这位男士刚才说，女人上马车、过沟渠，都要男人扶，处处都要求最好的座位，但从来没人扶过我。难道我不是女人？”她提高声量继续说：“看看我，瞧瞧我的手臂！”说着，她卷起衣袖，露出结实的双臂。

“我耕种、收割，没有一个男人能胜过我。难道我不是女人？”

“我和男人吃的一样多，也和他们一样卖力干活，还挨过鞭呢！难道我不是女人？”

“我生过孩子，眼巴巴看着他们一个个被卖作奴隶。当我为此痛不欲生的时候，除了耶稣，没有人听到我的哭泣。难道我不是女人？”

那位男士说，男女不能拥有一样的权利，因为基督不是女人。

特鲁斯张开双手问道：“你的基督从何而来？”她再次质问：“你的基督从何而来？是从上帝和女人而来，男人没有份！”教堂顿时响起妇女们如雷般的掌声。

特鲁斯总结说：“如果上帝创造的第一个女人能独自把世界搞得天翻地覆，那么，在座这么多的女人也应该能把它转过来。现在，女人既然要求这么做，男人最好成全她们！”

在震耳欲聋的鼓掌中，不少妇女拿出手帕，擦去眼角的热泪。那几名抨击女权的教士，被驳得无地自容。特鲁斯既是黑人又是女人，她的社会地位再卑微不过了。

然而，正因如此，她被迫背负超于常人所能忍受的重担，亲身印证了女性的能力和毅力。她的论点是，她既然能和男性一起竞争，那为何不能拥有同样的权利？她一一列出自己的惨痛经历，推翻了女性处处受到优待的说法。对她来说，黑人和女性的权利问题是紧紧相连的。要做到美国《独立宣言》的第一句话——“人人生而平等”，这两者缺一不可。原想阻止她发言的白人妇女，最终反而得感谢她为刚起步的女权运动打赢漂亮的一仗。

乌尔班二世的演说词

史上最著名的十大演讲 NO.6：罗马教皇乌尔班二世（Pope Urban Ⅱ）演讲稿。

演讲时间：1095 年。

教皇乌尔班二世（出生于法国，原名 Otho deLagery）作为第一次十字军东征的发起者而为世人所熟知。当他在法国克莱芒举行的宗教会议上宣布十字军东征开始时，发表了这篇演讲稿。

正为大家所知，一个来自波斯的民族，塞尔柱土耳其人已经入侵我们东方兄弟的国家，他们一路攻到地中海，直到布拉格圣乔治，在罗马尼亚，突厥人七次攻打基督教徒，七次获胜，又侵占了我们的圣地——耶路撒冷，他们在大肆蹂躏上帝的国度，毁坏基督教堂，掳杀虔诚的上帝子民，污辱贞洁的妇女，贪婪地饮着受洗儿童的鲜血。

如果让那些魔鬼的奴隶统治主所信任的子民，那将是件多么令人羞耻的事。

如果你们仍然无动于衷，上帝的信徒就会在这次入侵中牺牲更多，所以我要勉励你们，也恳求你们——不是我，是主亲自勉励你们，基督的使者们，督促一切有封爵等级之人，乃至所有骑士、士兵、富人与穷人，都必须迅速给予东方基督教徒援助。

把凶恶的民族赶出我们的领土，我告诉在座的各位，也通知不在场的人：这是主的旨意。

让我们投入一场神圣的战争——一场为主而重获圣地的伟大战争吧！让一切争辩和倾轧休止，登上赴圣地的征途吧！从那个邪恶的种族手中夺回圣地吧！

那个地方（耶路撒冷），如同《圣经》所言，是上帝赐予以色列后嗣的，遍地流着奶和蜜，黄金宝石随手可拾。耶路撒冷是大地的中心，其肥沃和丰富超过世界上的一切土地，是另一个充满欢愉快乐的天堂。

我们这里到处都是贫困、饥饿和忧愁，连续七年的荒年，到处都是凄惨的景象，老人几乎死光了，木匠们不停地钉着棺材，母亲们悲痛欲绝地抱着孩子的尸体。东方是那么的富有，金子、香料、胡椒俯拾即是，我们为什么还要在这里坐以待毙呢?

一个遭人蔑视，受撒旦支配的堕落民族，若是战胜了一心崇拜上帝，以身为基督教徒而自豪的民族，会是多大的耻辱啊！如果你们找不到配得上基督教徒这个身份的士兵，主该怎样责备你们啊！

让那些从前十分凶狠地因私事和别人争夺的人，现在为了上帝去同异教徒战斗吧！——这是一场值得参加的，终将胜利的战斗。

不要因为爱家庭而拒绝前往，因为你们应爱上帝胜于爱家庭；不要因为恋故乡而拒绝前往，因为全世界都是基督徒的故土；不要因为有财产而拒绝前往，因为更大的财富在等待着你们。

让那些过去做强盗的人，现在去为基督而战，成为基督的骑士吧！

让那些过去与自己的亲朋兄弟争战不休的人，现在理直气壮地同那些亵渎圣地的野蛮人战斗吧！

让那些为了微薄薪水而拼命劳动的人，在东方的征途中去取得永恒的报酬吧！

身心交瘁的人，将会为双倍的荣誉而劳动，他们在这里悲惨穷困，在那里将富裕快乐。

现在他们是主的敌人，在那里将成为主的朋友！

毫不迟疑地到东方去吧！凡是要去的人都不要再等待，赶紧回去料理好事务，筹备足经费，置办好行装，于冬末春初之际，奋勇地踏上向东的征途！

本着主赐予我的权柄，我郑重宣布：凡参加东征的人，他们死后的灵魂将直接升入天堂，不必在炼狱中经受煎熬；无力偿还债务的农民和城市的贫民，可免付欠债利息，出征超过一年的可免纳赋税。

凡动身前往的人，假如在途中，无论在陆地还是海上，抑或在反异教徒的战争中失去生命的，他们的罪行将在那一瞬间获得赦免，并得到天国永不朽灭的荣耀。

向着东方出发吧！不要犹豫，不要彷徨，为荣耀我主，去吧！把十字架染红，作为你们的徽号，你们就是“十字军”，主会保佑你们战无不胜！

你们总是时刻进行着不公的战争；你们总是因为贪欲和傲慢而挥舞着武器自相残杀，对此你们将遭受永恒的死亡与诅咒。而我们现在将引领你走向带来永不朽灭的荣耀的战争。

自由或死亡

史上最著名的十大演讲NO.7：埃米琳·潘克赫斯特（Emmeline Pankhurst）演讲稿。

演讲时间：1913年。

潘克赫斯特是第一次世界大战前英国妇女参政运动的领袖之一，且她的名字经常与该组织联系在一起。她曾多次被逮捕并监禁，这篇演讲则发表于其出游美国期间。直到1928年，英国妇女才被赋予与男子一样的投票权利。

今天我到这里来，不是为了宣传，因为无论争取妇女参政权的运动在美国居于何等地位，这个运动在英国已经超出了宣传的范围而进入了实际政治活动的阶段。它已成为革命和内战的主题，所以我今晚不是来宣传妇女参政权的。在美国争取妇女参政权的人能很好地开展她们自己的工作。我是作为一个为了解释妇女所发动的内战是什么样子——对这一点还得进行解释，这看来似乎很奇怪——而暂时离开战场的士兵来到这里的。

我不仅是作为一名暂时离开战场的士兵来到这里，而且——我认为这是我此行的最奇怪的方面——是作为一个被自己国家的法庭判定为对社会毫无价值的人而来参加这个集会的；由于我的活动，我被认定为危险人物，被判处在已决犯监狱中服苦役刑。所以，你们看，听这样一个不寻常的人向你们讲话是有一种特殊兴味的。我敢说，在你们许多人心目中——你们或许会原谅我这种个人的风格——看起来，我既不很像士兵，又不很像已决犯，可是事实上我是集这二者于一身的。

探究妇女采取战斗性方法的经过需要用很长的时间，因为第一次用“战斗”一词来说明我们的活动是在八年以前，妇女第一次采取战斗行动已经八年了。其实，这种活动，除了激起那些反对它的人的战斗性外，根本不是好斗的。

妇女在政治集会上提出的问题没有得到答复，可她们没有采取任何激烈行动。人们公认，在政治集会上提出问题是所有参加公共集会的人的权利；在我自己的国家里，男人们是经常那样做的，我希望他们在美国也那样做，因为，在我看来，如果你们让某些人进入立法机构而不问他们在那里将做些什么，你们就没有行使和履行公民应有的权利和应尽的义务。

无论怎么说，在大不列颠，向议员候选人和政府成员提出问题是一种习惯，一种由来已久的习惯。在妇女选举权问题出现于政治领域之前，没有人因为提出问题而被排除于公众集会之外。由于提出问题而被排除于政治集会之外的第一批人是妇女；她们受到残酷的折磨；她们发现在24小时的期限终止以前自己已被关进监狱。听命于政治家的一些报纸、期刊不是把好斗的罪名和对好斗的责备放在那些攻击妇女的人身上，而是声称好斗者全属妇女，妇女应该受到严厉的谴责。

被打得浑身青紫、伤痕累累的，不是那些不愿回答问题、确应加以谴责的在讲台上讲话的人，也不是会议上的招待员，而是妇女，她们仅仅因为在街上举行了抗议集会，会后即被捕，投入监狱了。然而，我们竟因那种活动而被称为好斗。我们很愿意接受这种名声，因为对我们来说战斗性是历史悠久、值得尊重的，你们不是有“战斗教会”吗？就精神上的战斗性而言，我们的确是十分好斗的。我们决心促使给予妇女选择权的问题得到解决，以便使我们不再像以往50年中为政治家所忽视，50年来妇女们耐心地使用了一切可用的方法以赢得政治选择权。

经验将向你们表明，如果你真想做成一件事，那么你是否得到别人的同情这无关紧要。如果不是实际的支持，仅有同情未必就能令人满意。对于注重实效的争取妇女参政权的人来说，她并不在乎是否得到那从未起过作用的来自别人的同情。她所需要的是使某件实事得以做成，至于那事之做成是出于同情还是恐惧，抑或由于人们企盼重享安宁而不愿再受打扰，只要那事已经做成，就都没有什么特别意义了。50年间我们得到过足够多的同情，却从未因此而得益；与其看到一位绅士年复一年地走上我们的讲台讲述他对妇女参政权的热忱，还不如看到一个愤怒的男人去对政府说，我的生意受到了阻碍，我不能容忍由于你们不给妇女以选举权而使我的事业继续受到干扰。

有人说：“把她们关进监狱，就能阻止她们的活动。”但是她们没有停止活动。他们把妇女投入监狱，处以长期徒刑，理由是她们招人厌恶——这是他们手持请求书走向下议院大门时说的原话；他们以为把她们送进监狱，哪怕只关一天，就足以使她们安静下来，就不会再有麻烦了。可是事态的发展完全不同：妇女们没有屈服，而是继续战斗，并且有越来越多的妇女参加进来，甚至一次达到300人之多。她们没有触犯任何一条法律，而只是如政治家们所说的“招人厌恶”。

对争取妇女参政权持反对态度的人或持批评意见的人的全部论点只是：你

可以统治别人而不必得到他们的同意。这些人对我们说:“政府建立在力量的基础上,妇女没有力量,她们必须屈服。”那么,我们却向他们表明:政府根本不是建立在力量的基础之上,而是建立在意见一致的基础上。只要妇女同意接受不公正的统治,她们就会受到不公正的统治;但是妇女们直截了当地宣称:“我们保留我们的同意,只要政府是不公正的,我们就不会接受它的统治。”你们不能依仗打内战的武力去统治异常软弱无力的妇女。你可以杀掉一个妇女,她倒因此可以摆脱你,但你仍不能统治她。我认为,这就是我们一直在向世界表明的最重要的一点。

现在,我要对那些认为妇女不会成功的人说,我们已迫使英国政府面对这样的选择:或者是妇女们被杀掉,或者是妇女们得到选举权。我要问这个集会上的美国男人:如果在你们国家里,你们面对着或者把妇女杀掉或者给她们以公民权的选择,你将怎么说?妇女中的许多人是你们所敬重的,你们知道她们中许多人的生平事迹是值得称颂的,你们知道——即使不是你们个人所认识的——妇女中有许多人为崇高的动机所激励,追求自由,力求获得为公众提供有益服务的力量。那么,对这个选择只有一个答案;如果你无意于使文明倒退两三代,那就只有一条出路:你必须给妇女以选举权。这就是我们的内战的结局。

你们在独立战争中,通过流血和牺牲生命,在美洲赢得了自由。在你们决心解放黑奴时,你们通过牺牲生命打赢了内战。你们把妇女自救的工作留给了你们国家的妇女,一切文明国家的男人都把这件工作留给了妇女。这也就是我们英国妇女正在做的工作。生命对我们是神圣的,但我们说如果将有什么人牺牲生命,那将是我们;我们自己不愿那么做,但我们将使敌人处于这样的境地:他们必须在给我们以自由或给我们以死亡这二者中做出抉择。

伯里克利葬礼演说

史上最著名的十大演讲 NO.8:伯里克利(Pericles)演讲稿。

演讲时间:公元前 5 世纪。

过去许多在此地说过话的人,总是赞美我们在葬礼将完时发表演说的这种制度。在他们看来，对于阵亡将士发表演说似乎是对阵亡战士一种光荣的表示。这一点，我不同意。我认为，这些在行动中表现自己勇敢的人，他们的行动就充分宣布了他们的光荣，正如你们刚才从这次国葬典礼中所看见的一样。我们相信，这许多人的勇敢和英雄气概毫不因为一个人对他们说好或说歹而有所变更。

首先我要说到我们的祖先们。因为在这样的典礼上，回忆他们的作为，以表示对他们的敬意，这是适当的。在我们这块土地上，同一个民族的人世世代代住在这里，直到现在；因为他们的勇敢和美德，他们把这块土地当作一个自由国家传给了我们。他们无疑是值得我们歌颂的。尤其是我们的父辈，更加值得我们歌颂，因为除了他们所继承的土地之外，他们还扩展了国家的领土；他们把这个国家传给我们这一代，不是没有经过流血和辛勤劳动的。今天我们在这里集合的人，绝大多数正当盛年，我们已经在各方面扩充了我们国家的势力，我们无论在平时还是在战时，都完全能够照顾自己。

我不想作一篇冗长的演说来评述一些你们都很熟悉的问题，所以我不谈我们用以取得我们的势力的一些军事行动，也不谈我们的父辈英勇地抵抗我们希腊内部和外部敌人的战役。我所要说的，首先是讨论我们曾经受到考验的精神，我们的宪法和使我们伟大的生活方式。说了这些之后，我想歌颂阵亡战士。我认为这种演说，在目前情况下，不会是不适当的；同时，在这里集会的全体人员，包括公民和外国人在内，听了这篇演说，也会感到有意义。

我要说，我们的政治制度不是从我们邻人的制度中模仿得来的。我们的制度是别人的模范，而不是我们模仿任何其他人。我们的制度之所以被称为民主政治，是因为政权在全体公民手中，而不是在少数人手中。解决私人争执的时候，每个人在法律上都是平等的；让一个人担任公职优先于他人的时候，所考虑的不是某一个特殊阶级的成员，而是他具有真正的才能。任何人，只要他能够对国家有所贡献，就绝对不会因为贫穷而在政治上默默无闻。正因为我们的政治生活是自由而公开的，我们彼此间的日常生活也是这样。当我们隔壁邻人为所欲为的时候我们不至于因此而生气；我们也不会因此而给他以难看的颜色伤害他的情感，尽管这种颜色对他没有实际的损害。在我们私人生活中，我们是自由而宽容的；但是在公家的事务中，我们遵守法律。这是因为这种法律使我们心悦诚服。

另外还有一点。当我们工作完毕的时候，我们可以享受各种娱乐，以提高我们的情趣。整个一年之中，有各种定期的赛会和祭祀；在我们的家庭中，有华丽而风雅的设备，每天悦目娱心，使我们忘记了我们的忧虑。我们的城邦这样伟大，它充分地给予我们世界各地一切美好的东西，使我们享受外国的东西，就好像是我们本地出产的一样。

我们是自愿地以轻松的情绪来应对危险的，而不是用那种艰苦的训练。我们的勇敢是从我们的生活方式中自然产生的，而不是因为国家法律的强迫；我认为这些是我们的优点。我们不花费时间来训练自己忍受那些尚未到来的痛苦，但是当我们真的遇到痛苦的时候，我们表现出自己正和那些经常受到严格训练的人一样勇敢。我认为这是我们的城邦值得崇拜之处。当然还有其他的优点。

我们爱好美丽，但是没有因此而变得奢侈；我们爱好智慧，但是没有因此而变得柔弱。我们把财富当作可以适当利用的东西，而没有把它当作可以夸耀自己的本钱。至于贫穷，谁也不必以承认自己的贫穷为耻，真正的耻辱是为避免贫穷而不择手段。在我们这里，每一个人所关心的，不仅是他自己的事务，而且也关心国家的事务；就是那些最忙于他们自己的事务的人，对于一般政治也很熟悉——这是我们的特点：一个不关心政治的人，我们不说他是一个只注重自己事务的人，而说他根本没有事务。我们公民们决定自己的政策，我们的政策也将得到广泛的讨论。我们认为言论和行动之间是没有矛盾的，最坏的事情就是没有经过恰当的讨论，就贸然开始行动；这一点又是我们和其他地方的人民不同的地方。我们敢于冒险，同时又能够在进行这一冒险之前深思熟虑。他人的勇敢，是由于无知；当他们停下来思考的时候，他们就开始疑惑了。但是真正算得上勇敢的人是那个最了解人生的幸福和灾患，然后勇往直前，担当起将来会发生的事变之结果的人。

再者，在关于友谊的问题上，我们和其他大多数人也形成一个明显的对比。我们结交朋友的方法是给他人以好处，而不是从他们那里得到好处。这就使我们的友谊更为可靠，因为我们要继续对他们表示好意，使受惠于我们的人永远感激我们。但是，一些受了我们恩惠的人，在感情上缺少同样的热忱；因为他们觉得，在他们报答我们的时候，就好像是在偿还一笔债务，而不是在自觉地给予恩惠。在这方面，我们是独特的。当我们真正给予他人恩惠时，我们不是因为考虑我们的得失才这样做的，而是由于我们的慷慨，我们不会因为这样做而后悔。因此，如果把一切都联系起来考虑的话，我可以断言，我们的城邦是全希腊的学校；我可以断言，我们每个公民，在生活的各个方面，都能够独立自主；并且在表现独立自主的时候，能够特别地表现温文尔雅和多才多艺。为了说明这并不是在这个典礼上的空洞地自我吹嘘，而是真正的具体事实，你们只要考虑一下：正因为我在上面所说的优良品质，我们的城邦才获得了它现在的势力。我们所知道的国家中，只有雅典在遇到战争的时候，可以证明它比一般人所想象的更为伟大。在雅典，也只有在雅典，入侵的敌人不以战败为耻辱；受它统治的属民也不因统治者不够格而抱怨。真的，我们祖先所遗留下来的国家标志和纪念物是巨大的，不但现在，而且后世也会对我们表示赞叹。我们不需要荷马的歌颂，因为他们的歌颂只能使我们娱乐一时，而他们对于事实的估计也不足以代表真实的情况。因为我们的冒险精神充溢着每个海洋和每块陆地；我们到处对我们的朋友施以恩德，对我们的敌人给予回击；关于这些事情，我们将遗留永久的纪念于后世。

这就是这些烈士为它慷慨而战、慷慨而死的一个城邦，因为他们只要想到丧失了这个城邦，就会不寒而栗。十分自然，我们生于他们之后的人，每个人都应当忍受一切痛苦为它服务。因为这个缘故，我说了这么多话来讨论我们的城邦，因为我要很清楚地说明，我们所争取的目标比起其他那些没有我们优点的人所争取的目标要远大。因此，我想用实证来更清楚地表达我对阵亡将士们的歌颂。现在对于他们的歌颂的最重要的部分，我已经说完了。我已经歌颂了我们的城邦，但是，使我们的城邦光明灿烂的是这些人和类似他们的人的勇敢和英雄气概。同时，你们也会发现，言辞是不能够公允地表达他们的行为的。在所有的希腊人中，有他们这种勇气的人也不会很多。

在我看来，他们的那种壮烈献身，向我们表现了非凡的英雄气概，不管他是初次表现的也好，或者是最后证实的也好。他们中有些人无疑是有缺点的，但是我们所应当记着的，首先是他们抵抗敌人、捍卫祖国的英勇行为。他们的优点抵消了他们的缺点，他们对国家的贡献多于他们在私人生活中所作的祸害。他们这些人中，没有人因为想继续享受他们的财富而变为懦夫，也没有人逃避这个危难的日子，以图偷生脱离穷困而获得富裕。他们所需要的不是这些东西，而是要挫败敌人的骄气。在他们看来，这是最光荣的冒险。他们担当了这个冒险，愿意击溃敌人，而放弃了其他一切。至于成败，他们让它留在不可预测的希望女神手中。当他们真正面临战斗的时候，他们信赖自己。在战斗中，他们认为保持自己的岗位而战死比屈服而逃生更为光荣。他们没有受到别人的责难，而是以自己的血肉之躯抵挡了敌人的冲锋。顷刻间，在他们生命的顶点，也是光荣的顶点，而又是恐惧的顶点，他们就离开我们而长逝了。

他们的行为是这样的勇敢，这些人无愧于他们的城邦。我们这些尚还生存的人们可以希望不会遭遇和他们同样的命运，但是在对抗敌人的时候，我们一定要有同样的勇敢精神。这不是单纯从理论上估计优点的问题。关于击败敌人的好处，我可以说得很多（这些，你们和我一样都是知道的）。我宁愿你们每天把眼光集中到雅典的伟大上。它是真正伟大的，你们应当热爱它。当你们认识到它的伟大时，再回忆一下，使它伟大的是有冒险精神的人们，知道他们的责任的人们，深以不达到某种目标为耻辱的人们。如果他们在一项事业上失败了，他们也会下定决心，不让他们的城邦发现他们缺乏勇敢，他们尽可能把最好的东西贡献给了国家。他们贡献了他们的生命给国家和我们全体，至于他们自己，则获得了永远常青的赞美，最光辉灿烂的坟墓——不是他们遗体所安葬的坟墓，而是他们的光荣永远留在人们的心中，每到适当的时机，总会激励着他人的言论或行动。整个地球其实都是他们的纪念物；他们的纪念物不仅是在自己的祖国，而且也在外国；他们的英名已经生根在人们的心中，而不是凿刻在有形的石碑上。你们应该努力学习并以他们为榜样。你们要下定决心：要自由，才能有幸福；要勇敢，才能有自由。

现在依照法律上的要求，我已经说了我所应当说的话。刚才我们已对死者做了祭献。将来他们的儿女们将由公费抚养，直到他们达到成年为止。这是国家给予死者和他们的儿女们的花冠和奖品，作为他们经得住考验的酬谢。凡是对于勇敢有最大奖赏的地方，就可以找到人民中最优秀和最勇敢的精神。现在你们对于阵亡的亲属已致哀悼，你们可以散开了。

（其中部分是对其行为的赞扬，因为往生者确实值得我们的赞扬，而往生者的后代理应受到大众的照顾直到长大成人；就像花冠一般，这实质的奖赏是雅典为她的子孙所戴上的，当他们像其他人一样付出努力之后，无论他们在世还是往生都会戴上这种花冠）

伯里克利是雅典全盛时期的政治家和演说家。他对当时社会具有深厚影响，以至于与他同时期的历史学家称呼他为“雅典第一公民”。这篇演讲发表的场合，是在为伯罗奔尼撒战争第一年中死去的战士们举行的公葬中。根据维基百科的注解，公元前五世纪晚期，为纪念战争中牺牲的战士而举行公葬已成为雅典的惯例。

肯尼迪演讲稿

史上最著名的十大演讲NO.9：约翰·F.肯尼迪（John F. Kennedy）演讲稿。

演讲时间：1961年。

今天我们庆祝的不是政党的胜利，而是自由的胜利。这象征着一个结束，也象征着一个开端；意味着延续也意味着变革。因为我已在你们和全能的上帝面前，宣读了我们的先辈在170多年前拟定的庄严誓言。

现在的世界已大不相同了。人类的巨手掌握着既能消灭人间的各种贫困，又能毁灭人间的各种生活的力量。但我们的先辈为之奋斗的那些革命信念，在世界各地仍然有着争论。这个信念就是：人的权利并非来自国家的慷慨，而是来自上帝恩赐。

今天，我们不敢忘记我们是第一次革命的继承者。让我们的朋友和敌人同样听见我此时此地的讲话：火炬已经传给新一代美国人。这一代人在20世纪诞生，在战争中受过锻炼，在艰难困苦的和平时期受过陶冶，他们为我国悠久的传统感到自豪——他们不愿目睹或听任我国一向保证的、今天仍在国内外做出保证的人权渐趋毁灭。

让每个国家都知道——无论它希望我们繁荣还是希望我们衰落——为确保自由的存在和自由的胜利，我们将付出任何代价，承受任何负担，应付任何艰难，支持任何朋友，反抗任何敌人。

这些就是我们的保证——而且还有更多的保证。

对那些和我们有着共同文化和精神渊源的老盟友，我们保证待以诚实朋友那样的忠诚。如果我们团结一致，就能在许多合作事业中无往不胜；如果我们分歧对立，就会一事无成——因为我们不敢在争吵不休、四分五裂时迎接强大的挑战。

对那些我们欢迎其加入自由行列中来的新国家，我们恪守我们的誓言：绝不让一种更为残酷的霸权来取代一种消失的殖民统治。我们并不总是指望他们会支持我们的观点。但我们始终希望看到他们坚强地维护自己的自由——而且要记住，在历史上，凡愚蠢地狐假虎威者，终必葬身虎口。

对世界各地身居茅舍和乡村、为摆脱普遍贫困而斗争的人们，我们保证尽最大努力帮助他们自立，不管需要花多长时间——之所以这样做，并不是因为共产党可能正在这样做，也不是因为我们需要他们的选票，而是因为这样做是正确的。如果自由社会不能帮助众多的穷人，也就无法挽救少数富人。

对我国南面的姐妹共和国，我们提出一项特殊的保证——在争取进步的新同盟中，把我们善意的话变为善意的行动，帮助自由的人们和自由的政府摆脱贫困的枷锁。但是，这种充满希望的和平革命绝不可以成为敌对国家的牺牲品。我们要让所有邻国都知道，我们将和他们在一起，反对在美洲任何地区进行侵略和颠覆活动。让所有其他国家都知道，北半球的人仍然想做自己家园的主人。

对联合国，这个主权国家的世界性议事机构，在战争手段大大超过和平手段的时代里我们最后的、最美好的希望所在，我们重申予以支持：防止它仅仅成为谩骂的场所；加强它对新生国家和弱小国家的保护；扩大它的行使法令的管束范围。

最后，对那些与我们作对的国家，我们提出一个要求而不是一项保证：在科学释放出可怕的破坏力量，把全人类卷入预谋的或意外的自我毁灭的深渊之前，让我们双方重新开始寻求和平。

我们不敢以怯弱来引诱他们。因为只有当我们毫无疑问地拥有足够的军备，我们才能毫无疑问地确信永远不会使用这些军备。

但是，这两个强大的国家集团都无法从目前所走的道路中得到安慰——发展现代武器所需的费用使双方负担过重，致命的原子武器的不断扩散理所当然使双方忧心忡忡，但是，双方却争着改变那制止人类发动最后战争的不稳定的恐怖局势。

因此，让我们双方重新开始——双方都要牢记，礼貌并不意味着怯弱，诚意永远有待于验证。让我们绝不要由于畏惧而谈判。但我们绝不能畏惧谈判。

让双方都来探讨使我们团结起来的问题，而不要操劳那些使我们分裂的问题。

让双方首次为军备检查和军备控制制订认真而又明确的提案，把毁灭他国的绝对力量置于所有国家的绝对控制之下。

让双方寻求利用科学的奇迹，而不是祈求于科学造成的恐怖。让我们一起探索星球，征服沙漠，根除疾患，开发深海，并鼓励艺术和商业的发展。

让双方团结起来，在全世界各个角落倾听以赛亚的训令——“解下轭上的索，使被欺压的得自由。”（《圣经·旧约全书·以塞亚书》第 58 章第 6 节）

如果合作的滩头阵地能逼退猜忌的丛林，那么就让双方共同作一次新的努力；不是建立一种新的均势，而是创造一个新的法治世界，在这个世界中，强者公正，弱者安全，和平将得到维护。

所有这一切不可能在今后一百天内完成，也不可能在今后一千天或者在本届政府任期内完成，甚至也许不可能在我们居住的这个星球上的有生之年内完成。但是，让我们开始吧。

公民们，我们方针的最终成败与其说掌握在我手中，不如说掌握在你们手中。自从合众国建立以来，每一代美国人都曾受到召唤去证明他们对国家的忠诚。响应召唤而献身的美国青年的坟墓遍及全球。

现在，号角已再次吹响——不是召唤我们拿起武器，虽然我们需要武器；不是召唤我们去作战，虽然我们严阵以待。它召唤我们为迎接黎明而肩负起漫长斗争的重任，年复一年，从希望中得到欢乐，在磨难中保持耐性，对付人类共同的敌人——专制、社团、疾病和战争本身。

为反对这些敌人，确保人类更为丰裕的生活，我们能够组成一个包括东西南北各方的全球大联盟吗？你们愿意参加这一历史性的努力吗？

在漫长的世界历史中，只有少数几代人在自由处于最危急的时刻被赋予保卫自由的责任。我不会推卸这一责任，我欢迎这一责任。我不相信我们中有人想同其他人或其他时代的人交换位置。我们为这一努力所奉献的精力、信念和忠诚，将照亮我们的国家和所有为国效劳的人，而这火焰发出的光芒定能照亮全世界。

因此，美国同胞们，不要问国家能为你们做些什么，而要问你们能为国家做些什么。

全世界的公民们，不要问美国将为你们做些什么，而要问我们共同能为人类的自由做些什么。

最后，无论你们是美国公民还是其他国家的公民，你们应要求我们献出我们同样要求于你们的高度力量和牺牲。问心无愧是我们唯一可靠的奖赏，历史是我们行动的最终裁判，让我们走向前去，引导我们所热爱的国家。我们祈求上帝的福佑和帮助，但我们知道，确切地说，上帝在尘世的工作必定是我们自己的工作。

二、国内参赛演讲

“同志”，孙中山心中一个神圣的称谓

“同志”一词，曾是中国近代史上出现频率极高的名词。其词源在古代典籍中现身很早。《礼记》有云：“同窗为朋，同志为友。”左丘明《国语·晋语四》中对“同志”一词含义做了阐释：“同德则同心，同心则同志。”

清朝末年，中国同盟会在日本成立，受日本人影响，会员之间规定以“同

志”互称。保路运动时有“保路同志军”，中华革命党和国民党内部也会互称“同志”，孙中山在 1918 年曾发表《告海内外同志书》。

我们看革命历史题材的电影、电视，经常看到孙中山标准像的两边有一副对联：“革命尚未成功，同志仍需努力。”这两句其实并非孙中山先生的原话，而是其他人从他的政治遗嘱中提炼出来的。这副对联在楹联学上称为“集句联”。

在孙中山先生的心目中，“同志”是一个非常神圣的称谓。孙中山认为，志同道合的人才能称为“同志”。

例如，我国近年来出版的《爱国英魂》一书中有一位陆皓东，他是孙中山志同道合的亲密朋友和战友。1895 年，28 岁的陆皓东不幸牺牲在敌人的屠刀之下，在反对腐败的清朝政府的革命浪潮中，陆皓东最先把自己的一腔热血挥洒在祖国的土地上，孙中山称赞他是为共和国革命而牺牲的第一人。

1911 年 4 月的广州起义，可以说是辛亥革命的前奏，不少志同道合的同志遇难。辛亥革命以后，孙中山先生曾为《黄花岗七十二烈士事略》作序文，沉痛悼念这些为革命英勇牺牲的同志，序文中有这样的语言：“碧血横飞，浩气四塞，草木为之含悲，风云因而变色，全国久蛰之人心，乃大兴奋。怨愤所积，如怒涛排壑，不可遏抑，不半载而武昌之大革命以成！则斯役之价值，直可惊天地，泣鬼神，与武昌革命之役并寿。”他认为，广州起义的功勋可与辛亥革命并论，光照日月与天地同寿！

辛亥革命期间的另一个重要历史人物——陶成章，和孙中山也是同志加兄弟的关系。1912 年 1 月 14 日，陶成章被人暗杀于上海广慈医院。其后，孙中山亲赴绍兴祭陶，亲手题写匾额颂陶，并且要浙江总督每年追加其子女抚养费 200 元。

在共产党内，“同志”也是一个非常神圣的称呼。年纪大一点的朋友都知道，关于地下斗争的影片中，多次出现过这样的镜头，亮明身份的革命同志紧紧握着对方的手，激动地说：“同志，我可找到你了！”

中华人民共和国成立以来，陌生人彼此相互的称谓也多采用此称呼，相互熟悉的同时，也经常在其姓名后面加上“同志”一词。“同志”，志同道合者也。“同志”是最崇高、最令人感到亲和的称谓。

但是，后来的情况发生了不少变化，对领导干部喊官衔的固然已十分普遍。在机关学校内，喊“老板”的也不在少数，令人奇怪的是，机关学校又不是私营企业，怎么也对一把手间接或直接地喊起“老板”来了呢？至于喊女性为“小姐”的则比比皆是，甚至有人喊50多岁的女性为“小姐”。

最荒谬的是大概从20世纪90年代以来，“同志”这一圣洁而亲切的称呼，进一步发生了异化，不仅生活中有人把“同志”作为同性恋者的代号，而且不少报刊、媒体上都把同性恋者称为“同志”，把同性恋者的聚会称为“同志”聚会，把同性恋者聚会的地方称为“同志吧”。一时间，“同志影片”“同志文学”等名目风靡世界很多地方。许多人觉得在今天相互之间称呼“同志”不仅“背时”，而且滑稽，甚至带有暧昧的色彩。孙中山先生在天之灵，如果知道现在国内不少人把同性恋者称为“同志”，岂不要连声说：“遗憾！遗憾！非文之所料也！”

亲爱的朋友，让我们冷静地想想，孙中山先生为什么当年对那些志同道合的人亲切地称为“同志”。这不仅是现代称谓的一个典型范例，也包含着深刻的革命意义和历史意义。让我们洗刷掉沾落在“同志”这一神圣称谓上的灰尘吧，让真正意义上的“同志”称谓得以回归。

谢谢各位朋友，谢谢各位“同志”。

从无数个“老来青”所想到的

有人把少年时期比作美丽的童话，把青年时期比作热烈的诗歌，把中年时期比作厚实的长篇小说，把老年时期比作恬淡的散文。

然而，在改革开放后的中国，在银发社会已经来临的神州大地，你看看那些活跃在公园里，活跃在城市里、乡村里的老年表演艺术队、体育锻炼人群，看看那些民俗表演中的老年朋友，你不能不觉得，那老年时期恬淡的散文中，已增添了热烈的气氛，注入了诗歌的元素。

无论你走到哪个城市，或者已经富裕起来的乡村，每当朝霞初露、和风拂煦，就有无数的“老来青”，在以各种方式锻炼着身体，或者跳着各式各样的舞蹈。有些动作似乎显得有些滑稽，但行人很少去笑话，而且有些羡慕。每当夜幕降临、华灯初上，无数城市或乡村集镇的广场或者超市前的空地都有大量的“老来青”在那里跳舞。伴奏音乐是那样的欢乐或者抒情，而且人群日渐增多、密密麻麻。当然，广场舞也不能扰民，要选择适当的场地和音量。有的地方广场舞蹈者都配备耳机听音乐节奏，这值得提倡。

他们的活动不禁使我联想到一件事，2009 年 3 月下旬到 4 月下旬，不少网站上都在征集幸福感言：“幸福是什么？”来稿色彩纷呈：有人认为，“幸福是一种感悟，是一种能力，是一种内心感动，是心灵的一个家园”。也有人认为，“幸福就是拥有一颗永远向善的心灵，助人为乐给身边的人带来更多的幸福”。还有人认为，“幸福就是享受自己经过努力后得到成功的一种喜悦”。是的，幸福的定义可以千差万别，每个人的幸福都是特别的，用幸福的眼光去看幸福的事儿，用幸福的心去体谅幸福的人，我们就会是最幸福的。

尽管人们对幸福的理解各种各样，但有一点必然是共通的：幸福总包含着和谐、体现着和谐、闪耀着和谐。幸福需要用积极乐观的态度对待生活。我们看看那些活跃在朝霞和月光下的“老来青”，通过他们欢笑的面孔，通过他们轻松的舞步，你难道没有做出这样的推测：他们的家庭是和谐的，他们夫妻之间是和谐的，他们和子女的关系是和谐的，他们和邻里的关系也是和谐的。

我们不妨聚焦中国在 2006 年唯一获得联合国人居奖的城市扬州。在北京奥运圣火传递到扬州的时候，心情最不平静，感受最为深刻，敲锣鼓、打腰鼓、扭秧歌、舞龙灯最投入的就是那些“老来青”。是的，他们对自己祖国的感情不仅愈久弥深，而且有时候比年轻人还热烈，因为他们比我们年轻人看到国旗升起的次数，听到国歌奏响的次数，感受祖国生日的次数多得多！

扬州有个社区老年表演艺术队，甚至到联合国总部的文艺晚会上演出过。扬州老年艺术表演团中，有一位年过 60 岁的女同志，本来是地区京剧团的专业演员，“文化大革命”中曾演过样板戏《龙江颂》中的江水英，“文化大革命”后到地方戏剧学校任教。现在，她的老伴儿，一位从我国台湾地区退休后回大陆定居的教师，也时时陪伴她去参加老年艺术团的活动。著名作家琼瑶接受我国台湾地区记者采访时说过，有一天，你看见一对白发苍苍的老夫妻，手携手走在微风夕阳中，你问他们在一起欢乐吗？彼此还有说不完的话吗？如果他们向你微微点头，那就是了，那就是我心目中的完美的爱情啦。这对海峡两岸联姻的夫妻不也是这样吗？从这位退休教师响亮娴熟的京剧唱腔中，从她弹奏钢琴时脸上的笑容中，从她站在桌子边挥毫山水画的神态中，你无论如何不会相信，她却是个癌症患者。

扬州郊区有个老年腰鼓队，道具、服装都是自发出钱买的。由于扬州是历史文化名城，接待外宾节日欢庆的任务又多，这个老年腰鼓队随喊随到，而且不计报酬。当外宾来临的时候，你听的那腰鼓和铜镲子的声音都仿佛像"中国人民棒！中国人民棒！中国人民棒！棒！棒！"

一叶知春，一滴水可见太阳的光辉。从神州大地、城市乡村，无数的"老来青"身上，你难道没有对"和谐幸福在中国"做出生动形象的诠释吗？

谢谢大家。

红色门牌铸金辉

大家好，今天我演讲的题目是"红色门牌铸金辉"。首先我想给您报几个门牌号码，看看您是否知道。

青岛澳门路9号，上海兴业路76号，南昌中山路380号，长安街1号，天辰东路11号，国家体育馆南路1号。

这些门牌有的也许您知道，有的也许您还不清楚，那就让我带您走近这些红色的门牌，去解读这些门牌背后不平凡的金辉岁月。

我早就想弄明白"五四"和青年到底有什么关系。当我查阅了很多资料以后，一个地址映入了我的眼帘，青岛澳门路9号，美丽的五四广场，90年前，在这里五四运动席卷中国大地，在这里掀起了学生爱国运动的高潮，在这里成就了新民主主义革命的新篇章。五四运动因青岛的主权问题而起，"还我青岛""拒绝在和约上签字""宁为救国死，不做亡国奴"……振聋发聩的口号响彻神州大地。纪念五四运动，重温历史，青岛的每一寸土地都炽热的深沉。五四广场的存在，让我们铭记着曾经为了一片土地的权益流淌鲜血的人们。

当我陪着老党员的父亲一起去上海看世博会，父亲在看完了很多来自世界的都市繁华后，带我去了一个地方——上海兴业路76号。这座普通的上海石库门式建筑背后，却有着一个响亮而惊人的背景——中国共产党一大的会址。在这里，李汉俊、李达、刘仁静、毛泽东、王尽美等革命先驱第一次集结。在这里，铁锤和镰刀碰撞出理想的火花。在这里，一个光荣而伟大的组织成立了——中国共产党。党的成立使中国人民有了坚强的领导核心，党的成立使中国的革命有了舵手，党的成立使受尽了凌辱压迫和剥削的中国人民真正走上了彻底解放的光辉大道。我想父亲之所以会带我于此，要告诉我的无非一句简单而又凝重的话语，那便是作为一个中国人，在享受无限繁华的同时，一定不可以忘本。

我的大学把我带到了革命的红土地南昌。在第一次班级活动中，我们组织去了南昌中山路380号。“南昌八一起义纪念馆”九个镏金大字熠熠生辉。“南昌起义赣新军，喜庆工农始有兵。”在这里，我党打响了反对国民党反动派的第一枪。在这里，我党开始了中国人民土地革命战争的历史进程。在这里，我党开始独立掌握军队领导战争。站在这座并不高大但却庄严的建筑面前，我突生一种敬畏之情，想起了电影中的一段台词：敌人不会了解为何一个人在受尽严刑拷打后，还会咬紧双唇，因为从入党开始，支撑我的便是一种精神，一种信仰。民族已到存亡之际，我辈只能奋不顾身。我低头沉默，叩问，这是怎样的一种心境和情怀！

当我如愿站在长安街1号的天安门广场，我的手仔细地抚摸那火红的墙根。1949年10月1日，毛泽东在天安门城楼上庄严地向全世界宣布，新中国成立了。中国人民从此成了国家的主人。中国历史进入了一个新纪元。你听，方正踏步声、鼓点声、礼炮声、歌声、笑声，每一声都是那样沁人心脾。

再让我们来看看如今新挂的一个个门牌，世纪大道1号的东方明珠塔、东三环中路32号央视大楼向世界展示着新中国的形象。国家体育馆南路1号的鸟巢到天辰东路11号的水立方自主敞开国门迎接八方来客。深圳南湖路3007号的国贸大厦、香港德辅道2号中国银行高楼林立与世界贸易接轨。

每一块红色的门牌都是一面旗帜、一段历史。这些门牌印证了只有坚持党的领导才能取得中国革命的胜利，只有党的领导才能使中国特色社会主义事业兴旺发展，才能保证中国人民的幸福生活。

诗人艾青曾说过，为什么我眼中常含泪水？因为我对这土地爱得深沉。今天我想说，太阳光里花朵消融了，有种子掉到大地里。我们有信心有决心让先人们誓死捍卫的土地变得强大，更加富强。一块块新的门牌将揭开新一轮的辉煌，谢谢。

奇迹就在你们手中

来贵州参加比赛已经好几天了，这几天选手说得最多的一句话是压力好大，如果说这个压力来自比赛，那么下面这句话的压力将来自生命，“五分钟后将会有一个中国人死于车祸”不是诅咒，而是事实。一个不争的事实，到现在为止，中国每年有10万多人死于车祸，也就是说平均五分钟就有一个人因车祸而失去生命，作为一个交通人，面对这些血淋淋的事实，我想说的是，要想打造平安中国，就必须先有平安交通，可是在我们的日常生活中，当我们真正面对交通法规和运输条例时，又有多少人去重视它呢？相反，更多的是轻视、漠视，甚至是无视，从而导致悲剧不断发生。

下面我就给大家讲一个真实的故事，一个阳光明媚的上午，天空中飘着朵朵白云，有对夫妻都是我们交通系统的同事，他们带着孩子踏上开心之旅，一路上一家人说说笑笑是何等开心快乐啊，然而随着一声震耳的巨响，他们的轿车如同一片被秋风撕碎了的落叶，瘫在路边，这个快乐的家庭，在一瞬间就被全部摧毁了。是什么造成了这种不幸的发生？没有避免的可能吗？不，这一切本是可以避免的，如果不是那位卡车司机睡着了，如果他在劳累时肯将车停在路边休息一下，如果他知道超过400公里的运输需要配备两个司机，如果他不漠视这一条运输条例，如果——已经没有如果，所有的“如果”是那样的苍白无力，当人们从车中抱出孩子时，他最后那痛苦的眼神似乎在说，叔叔、阿姨救救我，救救我……安全，安全，只有这个时候，人们才会想到安全，才会想到要安全，人们才会大声疾呼安全大于天啊！

如果我们把一次纸的对折比作一次对交通安全的漠视，那么对生命就像这半张纸一样悄然陨落。如果一次对折就是对安全的一次重视，那么生命就多了一层厚度和保障。那么，再假如我现在把纸的面积比喻成悲剧，把纸的厚度比喻成平安交通，再把所有人的努力比喻成我这双手，我现在把这张纸对折再对折，大家发现什么？是的，我们很容易发现它的面积变小了，厚度增加了，那么这意味着什么？这意味着只要我们同心协力，那么悲剧将会无限减少，平安健康会与我们永远相伴，平安中国的梦想才会真正地实现。

讲到这里，我问大家一个问题，假如我把手中的纸对折52次以后，它的面积和厚度又是多少呢？我可以告诉大家，这个答案将超出所有人的想象，它的面积将无限接近于零，而它的高度将是1厘米乘以2的52次方，相当于地球到太阳的距离。是的，这是一个奇迹，一个在平凡中创造的奇迹，回想平安交通和平安中国，难道我们需要的不正是这样的奇迹吗？朋友们再问一句，奇迹在哪里？我想要大声地说："奇迹就在你们手中。"谢谢大家。

三、主持人演讲

说出你的故事点亮文化人生

大家好，我是菜紫，这里是紫苑。今天我们的故事就从中国文化遗产的标识——太阳神鸟金饰开始说起吧。很多年前，一位母亲带着她当时还在上学的女儿走进博物馆，这是那个女孩子人生中第一次走进博物馆。她看到的就是这样一件闪耀着金光的太阳神鸟，从此她的光芒也照进了这个女孩的心里，让她爱上了博物馆。这个女孩儿就是我，而今年我的孩子已经6岁了，我开始尝试着带她走进博物馆。在国家博物馆，我给她讲阳陵虎符，我说这个虎符超级厉害，它是皇帝调发军队的信物，一只虎符一分为二，皇帝需要用兵的时候，会派使臣拿着自己的右半幅来到军队和将领手中的左半幅相合，确认是真的命令才可以出兵。有一次我因为在外有事儿，没有能够按时去幼儿园接她，过了几天她突然拿出这个，她说，妈妈你看我做了个虎符，一半给你，一半我带着，你可以请人拿着你的那半来幼儿园接我，我一合就知道，这个是妈妈派来的，我可以跟他走。看着孩子脸上认真的小表情，我感叹，孩子对可以听得懂的历史的吸收率如此之强，同时我真的也仿佛看到一粒关于文化的种子开始悄悄地、慢慢地在她心中萌芽，这也许是我可以送给她一生最好的礼物。

受此启发，我开始和朋友们制作了一个博物馆的公众号，我用孩子们能听得懂的语言为他们录制国内外博物馆的公益导览，给他们讲述文物的故事。人类历史长河里的文化精华依然在那里默默流动，在那里轻轻呼吸，那粒种子曾经播撒在我的心田。而今天，我真的希望它能够传递到更多孩子的生命中，让我们大家一起，亲近它、传承它、激活它，伴着新月辉映，让它成为我们人类的永恒。

我会是一个优秀的主持人

我在这个舞台上站到了这个环节，这是当初买这张门票上车时从没有想过的。当我真正站在这儿时，我很想问自己怎样才是一个优秀的主持人，我是吗？我今年 25 岁，虽然只有三年的工作经历，但我追着五点的日出播过早新闻，守着深夜的繁星播过晚新闻，当时我觉得自己除了是一个新闻人，还是一个守夜人。我去过祖国南端的岛屿——三沙永兴岛，去感受岛民们爱家守国，也走近过做隐姓埋名人干惊天动地事的国防科学家，但我发现不是报道得多就算优秀了，我们更是传播者，就要走得远、贴得近、仿得深、评得准，让这份传播更有价值。

三年的经历让我对主持人这个职业有了更多的理解和敬畏，但我知道我离优秀还远着呢。我很幸运，我遇到了主持人大赛，我有了一个机会，可以丈量一下此刻的自己与梦想之间的距离。在比赛当中，三分钟的稿子，我改了十几遍还没说明白。明明采访了很多人物，故事可以把它塑造得更饱满、更鲜活，但我却编排得稀碎，很遗憾，未能呈现完美的经典。那场我抽到的节目是《环球瞭望》，这个国际新闻节目大大超出了我平时做民生新闻的涉猎范围，焦虑、脱发、做笔记，多听、多看、大格局，我回头才猛然发现，备赛逼着迈出的一步步推着我，离梦想更近了。而在这个过程中，我看到了一个更加有能量的自己。说实话，走到这一步，我们两个和后面无数的参赛选手们，谁不难啊？但哪怕在最焦头烂额的关头，也从未想过放弃，即使压力爆表的时刻也决不犹疑，这才是真正的热爱和对梦想最大的尊重。不知此刻的我是否符合一个优秀主持人的标准，我比从前更笃定、更努力，经历的比赛让我更加有信心了。我可以讲好身边的故事，真正讲好中国故事，用话筒传递老百姓的心声，向世界展示一个真实、立体、全面的中国，我是王嘉宁，我是一个主持人，我会是一个优秀的主持人，谢谢大家。

《文化生活》节目主持片段

食人间烟火，品文化生活。大家好，欢迎收看《文化生活》。“桃之夭夭，灼灼其华，之子于归，宜其室家。”这是《诗经》中描绘女子出嫁的诗句，我们本期节目的主题就是婚礼。《说文解字》中说“婚，妇家也，礼，娶妇以昏时”。早在商周时期，婚礼要在黄昏举行，婚服也不是现在的大红一片，而是玄色——黑中扬红。按照五行思想，代表了天地间最神圣的色彩，一直到了明代，凤冠霞帔、大红喜服才正式成为中式婚礼的标配。

那时候没有四通八达的道路，想要把新娘子娶回家也不是一件容易的事。《诗经·大雅·大明》记载，“亲迎于渭，造舟为梁”，讲的是周文王成婚的时候，把船钉起来做桥，迎新娘子过河，这也是目前历史上有关浮桥最早的记载。我们常说，婚姻就像一座桥，连接两颗心，原来这是有历史典故的。

说到连接两颗心，除了有桥梁以外，还有一种非常重要的民俗仪式——结发。“侬既剪云鬟，郎亦分丝发。觅向无人处，绾作同心结……”这是唐代女诗人晁采的《子夜歌》。我自己刚刚成为新娘，也剪下一段头发送给我的爱人，也希望来自异国他乡的他能够更多地了解中国的传统文化。没想到他告诉我，在他的家乡，意大利也有结发的风俗，他的父母就曾经剪下一缕头发放在一起保留至今。原来啊，同一个世界可以共享同一种风俗，包含同一份深情。其实通过婚礼的演变，我们就不难看出，文化在历史的纵向维度和地理的横向维度上不断地流变融合，发展共通，这也是华夏文明5000年璀璨繁华的兼收并蓄、博采众长，没有一个国家、一个民族、一种文化能够孤立地发展，正所谓一花独放不是春，百花齐放春满园，感谢大家今天收看《文化生活》，我们下期再见。

我是主持人

我已经记不清楚，我说过多少次“大家好，我是主持人尹颂”这句话，从小我就立志成为一名主持人，长大后，我通过比赛成为一名真正意义上的节目主持人。那个时候初入行业的我，凭借着一股年轻人的冲劲儿、闯劲儿、拼劲儿和对梦想的执着追求，满怀激情地投入紧张的工作当中，为了做好一期节目，我会查阅大量的资料。为了采访好一位嘉宾，我的功课常常会做到凌晨。每一次拿起话筒，我都觉得那是无穷的力量所在。不同的节目类型也给了我很多的学习和历练，那也就是日复一日连轴转的工作，让我开始问自己，我是一位称职的主持人吗？一位优秀的节目主持人还应该具备些什么呢？我记得很清楚，那是一天上午，我在录健康节目，临近中午散场，一位老奶奶从观众席走过来，拉着我的手，非常开心地说：“小尹，刚才讲得不错，对我特别有用，中午吃什么呀？”我说：“谢谢奶奶，还得继续录节目呢，吃不成了。”但是我没有想到的是，傍晚时分，这位老奶奶抱着一个冰冷的不锈钢饭盒出现在我的面前，那天刚好是冬至，饭盒外面是老奶奶冰冷的手，饭盒里面是热气腾腾的饺子，我至今都还记得那个饺子的味道和老奶奶看着我的眼神，我知道那是一种肯定和期盼。作为一个主持人，我们时刻要保有态度，保有温度，它存在于向真、向善、向美的过程当中，我们所说的每一句话都是具有传播力和影响力的，用自己的一言一行去坚守初心、回归本心、保持信心、守护真心，以此来回应观众的关心。站在了更大的舞台上，我也将会继续秉持自己的这份初心和用心，用最为真挚朴实的情感，讲好中国故事，传递好时代最强音。大家好，我是主持人尹颂。

我是主持人

今年是我做记者的第九个年头，在我做过的很多报道结尾，我都会报尾，比如说央视记者美国华盛顿报道，抑或邹韵 CGTN（中国国际电视台）北京。在过去的九年里，我的名字和工作单位都没有变，但是最后一个地点却一直在变，从中国的主场外交活动到精准扶贫政策落地的一个小村庄，从美联储货币政策的发布，再到飓风“桑迪”的重灾区，我从一个个新闻现场去见证一个个历史性的时刻。有人说，在这个主持人大赛的舞台需要一种气，那就是底气。我也很认真地想过，我的底气到底来自哪里？因为我不属于那种站在台上特别打眼儿的人，我也不是科班出身，但是我想我的底气可能来自在过去的九年里，我的报道是我一条一条跑出来，一个字一个字敲出来，一个画面一个画面编出来，一场直播一场直播完成出来的。

生命见证过多少真实，付出过怎样的努力，我希望就会有怎样的底气，这条路真的很难，所以我也有过动摇。这也是为什么在2015年我去剑桥读书的时候没有选择读跟媒体相关的专业，而是选择了一个最容易转型的商科，但是读完书反而更坚定地想要在这条路上走下去，因为我太想念那种在一个国际场合，我作为一个中国记者去努力地获得一个提问的机会，去发出中国的声音；我太想念不管是在三都澳的鱼排上，还是在宁德的茶园里去跟国际的观众分享那些有趣的事儿、有趣的人的那种紧迫感，今天站在这个舞台上有很多话想说。

康辉老师曾经说过，从记者到好记者，到主持人，再到好主持人，这是一个媒体人很扎实的路径，在过去的九年里，我努力地去实现从记者到好记者的转变。而在今天，在这个舞台上，我希望可以迈出从好记者到记者型主持人的转变，这个转变注定艰难，但我会拼尽全力，因为毕竟邹韵，“走运”，支撑起她的不是运气，而是越努力越走运。谢谢。

我是主持人

我是主持人蔡紫，这句开场白不知道说了多少次，今天站在这样一个无数主持人会聚的舞台，再次说起这句台词，感觉有些惶恐。我是主持人，主持人又是什么呢？第一次站在这个舞台上是12年前，那个时候我是大三的一名学生，参加比赛就如同一次学校里的考试，不过那次答卷非常不完美，在复赛的时候，面对一道新闻评述题，我完全不知道如何表达被淘汰出局，我哭了很久，我第一次知道主持人不仅要用话语串联不同的时间和空间，更要用思考去缝合你的内容。大学毕业之后，我进入电视台，成为一名职业主持人，凭借学校所学，我很快如鱼得水，节目一档接着一档，我感觉自己飞向了云端，有点儿飘，我对自己说，你得百尺竿头更进一步啊。于是我选择了离开，我要到市场的大潮里去遨游，那一次我摔得很惨，离开之后，所有的掌声和赞誉都在一瞬间消失，原来曾经的花团锦簇不是给我的，这一切都来自平台的赋能。作为平台一部分的主持人才有价值，也就是在那个时候，我有了自己的孩子，他的出生给我带来极大的抚慰。我们这行有一个经典比喻，就是会把节目比作自己的孩子，因为做节目真的就像养育孩子一样，你付出心血，看着他一点点成长，你希望他得到所有人的喜爱，但是很多时候就算我们竭尽全力，也未能完全如愿，尽管如此，当你看到你的孩子喊着妈妈扑向你的时候，当你看到你的节目呈现在荧屏上的时候，你还是会爱它，无条件地爱它。因为你是母亲，因为你是主持人，你深切地爱并勇敢去担当，学会了勇敢和担当，我知道了成长和成熟，也让我思考主持人在这个时代的价值和意义，我想意义有很多，更重要的是我让孩子明白，妈妈在追寻爱的路上一路坚持，我也想让我的节目明白，我想做一个优秀的主持人，坚守本职，讲好中国故事，传递好新时代的精神，大家好，我是主持人蔡紫，谢谢各位。

月　饼

看世界角度怪一点，聊财经风格辣一点。今天呢，我们的主角是月饼，前段时间，不知道各位注意到了没有，这个榨菜味月饼和哪吒表情包月饼花式上了热搜，于是我有一个朋友就问我说，梁静，这个小月饼看起来不像是个大生意啊，为什么传统的月饼厂商每年都那么拼？都争着抢着想来做月饼，其中一个原因是卖月饼太赚钱了，一年不开张，开张吃一年。虽然月饼一年就卖一茬儿，但是它每年的销售额已经超过了150亿元，月饼礼盒行业的平均毛利率是60%，个别厂商70%，这意味着什么呢？赚一倍还多呢。现在在资本市场上特别流行的一个叫作资产证券化的市场，月饼也是里面的高级玩家身份，资产证券化来给大家解释一下啊，千万别不明觉厉，我这有张月饼券儿就能给您说清楚，首先呢，您看这个月饼是这里面的基础资产，面值100元，代表它未来的预期收益，那么厂家把它印成了券，六五折卖给了经销商，经销商 80 元卖给了我，我呢作为礼物送给了我的好闺蜜，她呢，吃多了又怕长胖，于是 40 元转手倒给了黄牛，这时候厂家 50 块钱向黄牛收购了，见证奇迹的时刻到了哈，经销商和厂家各赚了 15 块钱，我闺蜜 40 元，黄牛 10 元，可是各位看到这一圈儿里其实就已经形成了一个月饼的资金池，而且呢，这个月饼已经是不光能吃了，它已经转化成为像我们看到的股票一样可以交易，可以买卖的一个融资闭环。其实这就是资产证券化的基础架构之一了，说到这儿，各位还小瞧您家中的这个五仁月饼吗？其实啊，月饼生意，它背后最大的支撑，是咱们中国人千百年来对于家人和朋友不变的爱。记得去年中秋，奶奶吃着我从北京带回去的老月饼，品着妹妹带回来的大闸蟹，爸妈在厨房做着团圆饭，那一刻真是但愿人长久，千里共婵娟，今天的节目就到这里了，我们下期接着聊。

第二章

辩论的艺术

第一节　认识辩论

一、课程导入

（一）案例欣赏

欣赏《三国演义》中“诸葛亮舌战群儒”片段，分组讨论，总结诸葛亮过人之处。

读过《三国演义》的人可能都很佩服诸葛亮，佩服他的鞠躬尽瘁，死而后已，佩服他的神机妙算，料事如神，其实还有让我们佩服的，就是他雄辩的口才，那么下面我们就一起来欣赏一下“诸葛亮舌战群儒”。

（二）小组讨论

欣赏“诸葛亮舌战群儒”片段，小组讨论，绘制共同圈效果图。

请大家小组讨论，通过分组教学中共同圈学习法，小组共同绘制共同圈，为小组回答问题做准备。

（三）界定辩论

辩论是对我们听、说能力的大检阅，下面我们一起来讨论和学习辩论原则、注意事项以及基本技巧，请大家思考一下“什么是辩论”，试着给辩论下个定义。

学生自由发言，教师进行总结和评价。

辩论是观点对立的双方或多方，就同一论题，阐述己见，批驳或说服对方时所进行的言语交锋。辩论的最终目的是辩明事理，张扬真理，否定谬论。[①]辩论也是指持有异议的双方为了各自的目的，利用犀利的语言进行争论和辩解。包括日常生活中的争吵、竞选中的电视辩论、专题辩论赛等。

我国古代思想家墨子曾说："夫辩者，将以明是非之分，审治乱之纪，明同异之处，察明实之理。处利害，决嫌疑焉。"（解释：辩论的目的，是要分清是非的区别，审察治乱的纲纪，辨明同异的所在，考察名实的道理，决断利害，解决疑惑。）

教学目标：

引导学生理解辩论的基本原则和技巧，包括如何提出论点、进行论证、分析反驳等，同时培养学生批判性思维和逻辑推理能力，使他们在参与辩论时能够有理有据地表达自己的观点，并对他人的观点进行合理的评估。

二、辩论原则

（一）道德原则

辩论最基本的道德原则是摆事实，讲道理。

任何歪曲事实、胡搅蛮缠，直至恶言相向，进行人身攻击，侮辱对方人格的言行都是不道德的。辩论是真理与谬误的交锋，智慧和愚昧的较量，先进同落后的对峙。辩论的目的就是坚持真理，反对谬误；弘扬智慧，启迪愚昧；歌颂先进，鞭挞落后。因此，只有坚守"摆事实，讲道理"的基本道德原则，才能达到辩论的目的。

（二）审美原则

1. 语言美

犀利的语言是辩论语言美的标志。尽管事实铁证如山，道理千真万确，

① 李元授编：《演讲与口才》（第四版），华中科技大学出版社 2022 年版，第 400—401 页。

但如果缺乏语言的力度，再深邃的思想，再深刻的内容，也无法得到完美的表达，无法突出辩论“舌战”的特点。因为只有犀利的语言才具有攻击力，唇枪舌剑是辩论语言的最好注解。

2. 形象美

这里主要是指儒雅的风度和高贵的气质，具体表现为：语言表述，音色亮丽，节奏明快；庄谐适当，攻守有度；得理饶人，不骄不躁；失势不馁，屡败屡战。

课堂训练：2019 年央视主持人大赛：选手辩论片段。

论题：言之有物还是应该言之有理。

邹韵发言：

著名作家梁晓声曾经说过：我们每一个人都有一个现实家园，唯有书可以构建一个精神家园。而在我看来一个优秀的主持人更应该构建一个丰富的深邃的精神家园。而在这个精神家园当中，物不是唯一的也不是最重要的，“理”反而是更加重要的那一个部分。主持人，不仅仅是一个简单的新闻事件的观察者，也不仅仅是一个时代的记录者。好的主持人一定要懂得搜集事实，一定要懂得去讲出这个物之后的道理、内涵和更深邃的东西。

传播学里有一句话叫作：新闻是历史的第一卷手稿，我想在这一卷手稿里面，事实的部分可以交给记者和其他的人来处理，而理的部分应该由主持人去升华。因为这样才能让这本厚厚的书更加深邃、更加丰富、更加耐人寻味。

……

我是一个辩证唯物主义者，所以我相信，物质决定意识，但是我更觉得在主持人的层面，我们应该反映出来的，是意识，去反映物质。因为主持人需要做到的不是我们所有人去看到的那幅风景，我们要解释的是风景背后的道理和风景背后的事实。

言之有物的人会说，你叫什么名字，我说我叫邹韵，而如果他去问一位优秀的主持人——撒贝宁老师——这个问题，他作为一个言之有理的主持人，他会说：莎士比亚曾经说过 what is in a name？ That which we call a rose by any other name would smell as sweet. 名字是什么？就是你管玫瑰无论叫什么名字，它都是那样的芬芳。言之有物的人会说这些花一样，这些人不一样，但是如果你去问言之有理的董卿老师，她可能会说："年年岁岁花相似，岁岁年年人不同。"一个人受到了一些挫折，会说我被怼了，我遇到挫折了，但是如果你去问康辉老师他可能会说那个字念怼（四声），同时泰戈尔曾经说过"世界以痛吻我，我却报之以歌"。

因此在我看来一个优秀的主持人他一定要言之有理，言之有物是最基本的要求，而言之有理应该是一个优秀的主持人毕生的追求。

白影发言：

作为主持人更应该言之有理，还是言之有物，我想都很重要，但是物比理更重要。因为物是理的基础，理是来自某一样事物，这不是谁告诉我的道理，这是我通过多年的实践得出来的一个经验。主持人大赛进行到现在，每一次我们都会带出一个鲜活的故事给大家，在我工作的7年主持经历中，我的追求是希望能够把那些采访中看到的人遇到的梦想，感受到的力量说给大家听，让大家自己去感受。我相信道理就像城市之中的高楼大厦一样，是冰冰冷冷的，是整整齐齐的，但是一个个鲜活的故事会像我们从早市上买回来的一条扑腾扑腾着的活鱼，会像一捆小青菜，上面还有着露出你有100种烹饪它的方法。

康辉的点评：

仅仅言之有理我们会失了温度，而仅仅言之有物我们会失了高度。只有我们将故事、道理、升华，都融合在一起。

董卿的点评：

讲故事的黄金抛物线：设定情节、进入话题、引发冲突、进入高潮、解决问题、给出结论。把国际范儿和中国味儿结合，把大家想听的融入我想讲的东西当中。

通过央视主持人大赛辩论环节片段，思考和讨论：作为一个辩手，应明确辩论的要素和应具备哪些素质?

以小组讨论的形式完成课堂训练。

三、注意事项

（一）辩论的三大要素

1. 倾听

要认真听取对方的发言，弄清对方发言的论点、论据和论证方法等。

2. 分析

边听边在头脑中分析，指出对方发言中的谬误。对方发言中的谬误一般有几个方面：一是论点错误或论点有片面性；二是论据不真实，论据不足，或论据有片面性；三是论证方法不合理，推理不合逻辑。

3. 反驳

了解了对方发言的论点、论据、论证方法，找出存在的错误之后，就可以有针对性地进行反驳了。反驳有以下几种方法：一是直接反驳对方的论点，指出论点存在的错误。二是驳论据，通过指出其论据的不真实、论据不足，或论据的片面性，使对方的论点失去根据，不驳自倒。三是指出对方在论证方法上的错误。抓住对方论证不合理、推理不合逻辑等毛病，显示对方观点的荒谬性。

（二）辩手应具备的素质

关于辩手素质问题答案众多，说法各异，以提问互动的方式让大家发表个人观点，最后教师进行总结。以下几点是辩手应该具备的基本素质。

1. 扎实的专业知识

辩手需要对所辩论的议题有深入的了解和研究，能够准确、全面地掌握相关知识和信息。

2. 出色的语言表达能力

辩手需要具备良好的口才和语音语调掌控能力，能够清晰、准确地表达自己的观点，同时也要注意语速和音量，使听众能够舒适地接收信息。

3. 敏捷的思维能力

在辩论中，辩手需要快速分析对方的观点，灵活应对，迅速找出对方论点中的漏洞和弱点，同时也要能够及时调整自己的思路，保持清晰的逻辑。

4. 良好的心理素质

辩论往往伴随紧张和压力，辩手需要具备良好的心理素质，能够保持冷静、自信，面对挑战和困难时不轻易退缩。

5. 团队协作和沟通能力

在团队辩论中，辩手需要与队友紧密合作，共同制订策略，分工合作。同时，也需要与对手进行良好的沟通，尊重对方的观点，以建设性的方式展开辩论。

6. 严谨的学术态度

辩手应该以客观、公正的态度对待辩论，尊重事实，避免主观臆断和偏见。同时，也要保持谦虚、开放的心态，愿意听取他人的意见和建议。

（三）稳定的情绪控制

辩论中情绪管理是一个很重要的素养，如果辩手不能很好地控制情绪，可能辩论就变成吵架了，关于辩手如何实现稳定情绪控制的方法有以下几种：

第一，理解并接受情绪是人性的一部分，而非敌人。辩手应该认识到，在辩论过程中产生情绪是正常的，关键在于如何管理和控制这些情绪。通过了解自己的情绪触发点，辩手可以更好地预测和应对可能出现的情绪波动。

第二，深呼吸和冥想是有效的情绪调节工具。当辩手感到紧张或激动时，可以通过深呼吸来放松身心，减少紧张感。冥想则有助于辩手在紧张的环境中保持冷静和专注，从而更好地控制自己的情绪。

第三，积极的心理暗示和自我激励也是关键。辩手可以在辩论前为自己设定积极的心理暗示，如“我可以做到”“我能够应对任何挑战”等，以增强自信心和提高应对压力的能力。同时，在辩论过程中，辩手可以通过自我激励来保持高昂的斗志和稳定的情绪。

第四，专注于辩论内容而非个人情绪也是至关重要的。辩手应该学会将注意力集中在论点、论据和逻辑推理上，而非过度关注自己的情绪变化。通过专注于辩论本身，辩手可以更有效地管理情绪，避免情绪对辩论产生负面影响。

第五，长期的情绪管理训练和实践是提高情绪控制能力的关键。辩手可以通过参加模拟辩论、情绪管理课程等方式来提升自己的情绪管理能力。同时，在日常生活中，辩手也可以通过积极应对挑战、保持良好的作息和锻炼习惯等方式来培养稳定的情绪状态。

总之，辩手稳定的情绪控制是辩论成功的重要保障。通过理解并接受情绪、运用有效的情绪调节工具、积极的心理暗示和自我激励、专注于辩论内容以及长期的情绪管理训练和实践，辩手可以逐渐提高自己的情绪控制能力，从而在辩论中取得更好的成绩。

（四）辩论的礼仪

所有的辩论礼仪都贯彻一个基本原则，即文明——辩论是文明的吵架。

着装：统一、得体、庄重。

称谓：规范、尊重。如对方辩友、对方 × 辩、我方、我方辩手、主席、评委等。

动作禁忌：弯腰、叉腰、指着对方辩友、拍桌子、跺脚、坐姿和站姿不端正。

语言禁忌：人身攻击、称谓错误。

辩手的礼仪可以用教育家张伯苓的一段话概括：面必净，发必理，衣必整，纽必结；头容正，肩容平，胸容宽，背容直；气象勿傲、勿怠、勿慢，颜色宜和、宜静、宜庄。

（五）辩手的禁忌

辩手要注意避免一切违反礼仪和规则的行为。

另需注意，不要让资料成为自身的包袱。同时重点注意不要出现以下几种情况：

①两种打法：各自为战、一人之队。

②两种心态：想赢怕输、全无所谓。

③两种倾向：脱离本方观点、脱离辩论主题。

④两种情绪：傲慢、急躁。

四、辩论技巧

（一）避实就虚

论战时，有时需要单刀直入，有时又要巧于迂回，避实就虚，闪开对方所期待的进攻路线和目标，从看似无关的话题入手，使其打消戒备心理，再引入原先准备提出的问题。

洪承畴与夏完淳

降清的明朝叛臣洪承畴，在南京时，曾审问抗击清军的夏完淳，企图诱使夏完淳归降。

洪承畴向夏完淳允诺：“你小小年纪误受叛徒蒙骗，只要归顺大清，我保你前程无量。”

夏完淳对洪承畴的降清致使大明迅速灭亡恨之入骨，有意讥讽他一番，便假装不认识洪承畴，故意高声回答说：“你才是个叛徒！我是大明忠臣，怎说我反叛？我常听人说起我大明朝‘忠臣’洪承畴先生在关外与敌人血战而亡，名传天下。我虽年幼，说到杀身报国，还不甘心落在他的后面呢！”洪承畴瞠目结舌，手足无措，督府幕僚们以为他真的不认识洪承畴，赶忙悄声告诉夏完淳，上座正是洪大人。

哪知夏完淳听后故意勃然大怒：“胡说，洪大人早已为国捐躯，天下谁人不知？当时天子亲自哭祭他，满朝群臣无不痛哭流涕。不要欺我年幼无知，上座这个无耻的叛徒是什么东西！竟敢冒名来玷污洪大人的在天之灵！”

夏完淳指着洪承畴骂了个痛快淋漓，使高高在上的总督大人洪承畴羞愧难当而又无话可说。

（二）以柔克刚

以柔克刚就像中国功夫中的太极一样，可以“杀人于无形”，看似温柔缠绵，实则绵里藏针，能给对手以致命一击。

海涅的故事

据说，有一位商人见到诗人海涅（海涅是犹太人），对他说："我最近去了塔希提岛，你知道在岛上最能引起我注意的是什么？"

海涅说："你说吧，是什么？"

商人说："那个岛上呀，既没有犹太人，也没有驴子！"

海涅笑着答道："这个好办，我们俩一块去，就可以弥补这个缺陷！"

（三）小中见大

所谓"小中见大"，是说辩论者要善于从高层次上，以其敏感性和见微知著的观察力，从要说的事理中，选取最典型、最有代表性、最能反映事物本质的那一点，触类旁通，引申扩张，上升到理论的高度，使其小而实、短而精、细而宏、博而深，令人回味无穷，收到片言以居要，四两拨千斤的感染启发，小中见大的论辩效果。

论辩中运用小中见大要注意选准突破口。从军事的角度来看，突破口是集中兵力于敌人最要害、最敏感而又是最易于击破的一点。论辩上的突破口也具有类似的属性。它应是关联着全局、最容易着力突破的"一点"，也是最敏感、最准确，牵一发而动"全身"的"一点"。

例如，在一场辩题为"对外开放是否带来了走私贩私"的辩论赛中，一方坚定地认为：走私贩私，是对外开放带来的必然结果！另一方对此进行了严厉批驳：如果你的说法能够成立，那么我的感冒就是开了窗的缘故。那么为什么开了窗之后，有些人感冒，更多人却身体健康地领略着大好春光呢？这答案只能从自身去找了。同样，改革开放了，其目的就是利用当前国际上的有利条件，借西方发达国家的财力、物力之水灌溉我国现代化之花。我们一是主权在握，二是开放有度。问题是国内有些不坚定分子，看见金灿灿的洋钱洋货眼花缭乱，犹如蝇之趋腥，营营追逐，这又能怪谁呢？

这就是利用小中见大，抓住了感冒和开窗这一小事，阐发了走私与对外开放的关系，颇具说服力。

（四）以虚掩实

我们讲的辩论技巧“以虚掩实”，是指辩论中的以心掩物、以神掩形、以抽象掩具体、以略述掩详述等，使语言含蕴更加丰富，更加深刻、更加有力也更加有效。

刘玄佐与郑涉

唐德宗时，刘玄佐屡建战功成为汴州节度使。刘玄佐性情豪爽，轻财厚赏，士卒乐为所用。就在刘玄佐镇守汴州时，有人向他进谗言，说军将翟行恭如何如何。刘玄佐一听就火了，立即把翟行恭拿下，要杀他。这时，处士郑涉闻讯，马上要求见刘玄佐。郑涉这个人善于用开玩笑的形式隐藏要说明的问题和事理。他见刘玄佐后就说：“听说翟行恭已依法受刑，请将他的尸首让我看看，行吗？”刘玄佐听了非常奇怪，就问，郑涉是他的什么人，为什么要看尸首。郑涉回答说：“过去，我曾听人家说，冤死的人面容异常。可是我从来也没有看过，所以想借来看看。”刘玄佐这才醒悟过来，命人把军将翟行恭放了。

一桩冤案就在郑涉的一席玩笑话中解决了，神！神在哪里？神在以虚掩实上。以看其尸首之虚，掩为其申冤之实。

（五）引蛇出洞

在辩论中，辩手总是不自觉地保持一种戒备状态，只有麻痹对方，松懈其意志，放松其警惕，引“蛇”出“洞”，然后“出其不意，攻其不备”。当“蛇”出洞后，我们就可以手到擒来了。

孙膑的故事

鬼谷子教授庞涓、孙膑兵法的时候，有一天，他坐在山洞里，问两位弟子：“你们谁有本事骗我走出洞外？”庞涓抢先一步，连哄带吓，甚至扬言要放火烧洞，但不管庞涓怎么施法，鬼谷子就是不出来。这时孙膑走上前，承认自己愚笨，说自己无论如何也是无法将老师骗出洞外，不过，他接着说：如果老师在洞外，我倒有办法骗老师走进洞来。鬼谷子当然不信，起身就朝洞外走去，哪知他的脚刚一踏出洞外，孙膑便拍掌叫道：老师，我这不是把您请出洞外了吗？

（六）请君入瓮

在辩论中，请君入瓮特指诱使对方辩手自掘陷阱、自投罗网。对方中计后，常常有苦难言，无力回天。

请君入瓮

来俊臣遵武则天之命去惩办酷吏周兴时，来俊臣请周兴喝酒，假意向他请教审讯办法。周兴不知是计，醉醺醺地说：这有何难，只要把犯人装进坛子里，放在炭火上一烧，便什么都招供了。来俊臣依计烧好炭火，放上一口大坛子，然后脸色一变，厉声说：周兴，请你老兄入瓮吧！

（七）环环相扣

组队辩论，要做到多路进攻、环环相扣，队员之间配合默契，也就是思想高度集中，不仅要能够发现和抓住对方的有关全局的重大疏漏之处，而且要能够立刻领悟本队同伴的一些带有暗示性的回答或反问，连续跟上，以便集中全力突破对方的防线。

（八）诡辩

诡辩是一种以非为是，以是为非，是非无度的辩术。然而，在辩论过程中，为了摆脱困境，避免难堪，同样不失为巧辩的一种，用得巧妙，还能生出奇趣。

张作霖的故事

张作霖本是草莽出身，胸无点墨。一次出席名人雅宴，日本浪人蓄意让他出丑，请他即席赏字画。他当即挥毫写下一个“虎”字，并得意扬扬地落款：张作霖手黑（亦即亲手写的）。旁边的随从悄声对他说：“你写的‘墨’字少了一个‘土’，‘手墨’成了‘手黑’。”他一看，愣住了，改也不是，不改也不是，于是故意呵斥随从：“我还不晓得这个‘墨’字下面有个‘土’？这是日本人求我的东西，这叫寸土不让！”话音刚落，满堂喝彩，从此留下一段佳话。

这虽然不是辩论，而是为自己的丑行做辩解，化解丑态，但却是很典型的“以非为是”的诡辩。除了日常生活争论中经常出现类似的诡辩之外，在激烈的辩论中，同样有诡辩。尤其是在辩论赛中，双方的观点一般是偏执的，因此，在辩论中很难说有正确与错误之分，很多时候只能靠巧辩取胜，这种巧辩自然包括了诡辩。

（九）补充技巧

1. 攻其要害

俗话说“擒贼先擒王”“打蛇打三寸”，辩论也是如此。在与对方交锋过程中，要及时发现对方的要害问题，集中力量进行攻击。避免在细枝末节上纠缠不休，有所舍，才能有所得。需要注意的是，有的目标易于攻击，但无关紧要，有的目标不易攻击，但举足轻重，要舍轻就重，避免因小失大。

2. 攻其一点

这里所说的“点”，既可以是对方论题的突破点，也可以是对方论证的薄弱点。辩论过程复杂多变，要迅速切入对方论题的突破点或对方论证的薄弱环节，攻其一点不及其余。这种策略即使不能从根本上动摇对方论题，至少会在论辩气势上给对方以震慑。

3. 攻其不备

由于各自都是从自己的立场出发阐述论题，容易形成思维定式，难以做到无懈可击。另外，尽管辩论双方事先都有所准备，但难以做到从宏观立论到微观论证都周密详尽，辩论过程中，或陷入逻辑矛盾，难以自圆其说，或事实与观点的内在联系阐释不清，等等。要及时抓住辩论过程中出现的破绽，发起突然袭击。

4. 诱敌深入

在辩论中，当对方长驱直入时，处于守势的一方要有耐心，以静制动，后发制人。可以设置圈套，使之在不知不觉中，陷入自相矛盾的困境。设置圈套要注意不动声色，不露痕迹，环环紧扣。

五、辩论题目

随着辩论比赛的多元，辩论题目也是千奇百怪，如果上网搜索一下，成百上千的题目，一点也不足为奇。事实上，世界上可争议的事情很多，许多事情都可以拿到辩论场合讨论一番。当然，不可否认，有些辩题立场符合大多数人看法，似乎比较好说。譬如：大学生应谈恋爱。要反对这个立场，就比较有难度。

因此，一般辩论赛为了让比赛公平，大都挑选立场比较持平的题目。不过，像《奇葩说》这类计算“跑票”的评审方式，则就算不持平，也可以看讲者的功力，争取几票是几票，这就没有持平与否的考量。

我们分别从以下几个角度来区分辩题，让大家有初步的了解。

（一）单题制与双题制

首先，从单题制与双题制来看。有的题目为：“小学生不应该追星”“中国应该限制堕胎行为”。这种题目就称为单题制。而双题制则如“世界需要超级英雄 vs. 世界不需要超级英雄”“人性本恶 vs. 人性本善”。

自奥瑞冈制的辩论方式发展以来，大多为讨论政策的单题制，而且命题上大多是违反现状。也就是说，正方立场是要改变现状，因此，就负“举证责任”，即采“现状推定”。

所谓的“现状推定”，就是假设现状下，本来一切可以运行。因此，若要提出新主张，就负“举证责任”。“举证”是辩论比赛的关键词，简单地说，就是“提出论证”。这也就回到语言逻辑课程反复提到的“论证”。论证有许多方式，常见的有演绎、归纳、归谬、类比等方式，提出现状的困境。也就是说，负有找出证据的责任，以说明某些地方是非变不可。否则，既然现状稳定，没有问题，又何必庸人自扰之?

这就好比法律里的“无罪推定”，我们必须预设这个人是无辜的，然后通过法律程序，提出足够的证据，才能够判罪。反之，一旦直接认定有罪，往往只是找到相关的蛛丝马迹，就拼凑出有罪，这容易以先入为主的观点，伤害人权。

同样地，要推定现状没有问题，这可以指责为“保守”“维持现状”。但是，试想，任何要改变现状，可能付出的成本；面对变动，产生新问题；以及改变人们旧有的习惯。举例来说，维持现状是住在旧有的家里，必须有足够的理由，才会让人们决定搬新家，毕竟搬家会劳民伤财。又如，维持现状的感情关系，真的是出现了什么重大问题，因此才改变现状。应该很少人能接受时时变动吧!

而双题制则没有这种优点，双题制是采“零推定”，即裁判不预设立场。譬如，“人性本善”或“人性本恶”。然后由双方分别举证，来辩护他们的论点，谁说得有道理，谁就完成“初步举证”，换另一方来辩驳。譬如，著名的例子，孟子举起小孩子，即将把孩子投入井里，任何人几乎都会愿意拉他一把，保护他的安全。这就是孟子证明人性本善的例证。反驳者，必须找到其他理由驳斥，或者别的例证进行比较。

值得注意的是，在双题制中裁判是“零推定”，就像一张白纸，不预设立场，比较双方的立论。评审有基本的常识与经验法则，可以自行判断。举例来说，当一方主张“法官是不会犯错，因此，死刑不会有误判”这样的主张时，就违反了一般人的常识“凡人皆会犯错”。当然，除非这一方能说明有什么样的制度可以防止错误，且接近至零。这就是必须说明的，而不是一句话“法官不会错”，就可以让“零推定”的裁判接受。

当然，裁判要尽可能地让双方论点相互比较作为判断依据，而非自己的判准。但是，当双方论点“交锋”时，裁判就会做出判断，看哪一方比较有道理。

附带提一下，大家可以试想一下，即使在法院庭审中，这些精熟法条、专司审判的法官，一审、二审判定都有可能截然不同。一个认为有罪判刑；另一个是无罪释放。甚至他们对于相同的法条，都还能做出不同的司法解释。因此，要想找到一个绝对客观标准的判定，决定辩论胜负，并非容易的事。当然，除非双方的差距悬殊，才比较容易高下立判。

事实上，这也就是符合前文提到的当代政治哲学家约翰·罗尔斯（John Rawls）所说的“合理多元主义的事实”（the fact of reasonable pluralism）。他的意思是，人们因为经验、概念、规范、权重、事实的认定不同，而做出不同的判断。而且，这种差异，并非任意的，而是“合理的多元”，意指这是有其一定的脉络可循的，并非他人只是刻意提出不合理的主张。

如果理解到这种判断的困难，在辩论场上，其实只要尽力，努力说服裁判或听众即可。倘若动辄指责裁判不公或听众太笨，其实徒劳无功。人世间的判准，本来就是有一定的模糊性的。

（二）事实、价值与政策性命题

另一种常见的分析辩论题目的框架，就是区分三类：事实命题、价值命题与政策性命题。区分的好处是能掌握立论的重点，但是，有时彼此之间是重叠的，因此有的很难完全区别。

1. 事实命题

事实命题，讨论的是客观事实是否真实存在。举例来说，“当前中国医患矛盾是制度问题还是观念问题”，这就是探索“医患矛盾”问题的原因，是在询问这个“事实”是什么。又如，“网络促进民主政治发展 vs. 网络伤害民主政治的发展”。这种题目，也是在看事实上网络到底是扮演什么角色。

在讨论事实命题时，关键词在于“事实”。怎样认定这个事实呢？关键点就是找“证据”。

2. 价值命题

价值命题通常是谈什么比较重要、比较好、比较有利。譬如，“美丽是福还是祸”？“让是美德、让不是美德”这些不是客观的问题，而是已经做出价值判断。因此，价值命题讨论的通常比较抽象，重视的是精神，不是客观事实。因此，重点在于“比较”，特别是如果能把一方的价值拉高，通过比较的方式，得出高下、利弊、轻重的差异。

除了“比较”之外，在准备价值命题时，还要提供判断标准，才能帮助评审了解为什么这个价值是比较重要的。这样听起来似乎有些模糊，我们试着举个例子，来判断哪一个男朋友比较好？

小红：你的男朋友真好，每天都会打电话给你！

小花：你的男朋友才好，每次下雨时，都会送伞过来！

请问这时，哪一个人的男朋友比较好？这样我们很难做出评判，因为双方只是提出了各自的优点，可是没有告诉我们价值的比较。所以，我们必须进一步提出判断准则帮助人们比较。

譬如上述例子。哪一个男朋友比较好？我们如何判断“比较好”？通常我们会说，能够满足需要的，特别是当缺乏时，就是一个比较好的行为。举例来说，当有人每天来向你问候，跟有一个人知道在你需要时，帮你解决问题。譬如，你口渴了，帮你拿水；下雨了，帮你送伞。因此，“更满足需要的行为就是一个比较好的行为”。这就是提供一种“判准”。

反过来说，我们也可以提供另一种“判准”，就是一种行为是否“每天”与“偶尔”的比较。我们说每天都会嘘寒问暖，跟偶尔一次。这就是每天“比较好”。因为我们通常认为持久的行为是比较好的行为。

因此，在价值命题时，要记得做比较。比较时，首先，找出“判准”，即判断标准，说明为何有些行为或概念是比较好的。其次，如上所述，利用“举例”，特别是“类比论证”的方式，帮助我们说明为何这种判准是有道理的。这样，我们就可以帮助评审或听众做出比较。

当然，有人可能会进一步问，那么“判准”之间，如何比较呢？这确实是比较困难的问题，通常就是哪一个“判准”比较能达成目的，就会是属于比较高的价值。

举例来说，“上课应禁止使用手机”。虽然这是政策性命题，但是，也会隐含价值命题在其中，“上课‘使用手机’好于‘不准使用手机’”。

使用手机：强调学习效果，譬如可以实时查询上课不懂的地方或确认信息。

不准使用手机：尊重教师，认真听课而非低头使用手机。

一方强调“学习效果”，另一方主张“尊重”。哪一种价值比较高呢？这就要看“上课的目的”是什么？上课主要的用意应该还是帮助学习吧！因此，一般就会认为强调学习效果是比较重要的，高过尊重。当然，强调尊重的一方，也可以说教师感到不受尊重时，就不会愿意尽力教学，那么会降低学习成效。这也就是试图在对方的“判准”下，也达到一定的好处。

此外，价值命题的特色，就是通常可以只掌握辩题精神，而无须局限在辩题字面上。综艺节目《奇葩说》中有一题是“应不应刷爆卡买包？”这题若从价值命题的角度来诠释，因为强调的是精神、价值。所以，可以解释为“应不应在一切都准备好时，才开始追求梦想 vs. 还没有准备好时，也要冒着风险，追求梦想”。因此，这种命题在讨论时，就不只是辩题字面本身的意义。因为看重的是背后所代表的价值，成为讨论重点。因此，类似的价值性辩题的特色，就是实际上这些题目，都可以换个角度、换个价值来讨论，使这类讨论变得更多元、有趣。

举例来说，类似的题目还有“读万卷书胜过行万里路 vs. 行万里路胜过读万卷书”“冷头脑好 vs. 热心肠好”“鸡首比牛后好 vs. 牛后比鸡首好”等。这类辩题都不是纠结在字面意义上，而是讨论背后代表的价值意涵。

3. 政策性命题

政策性命题，强调的是在特定时空下的具体政策，其有事实如何、价值精神以及此时此刻的适用性。如以下命题。

我国应对青少年施予宵禁政策：这一命题涉及政府是否应对青少年在特定时间实施宵禁，以减少犯罪率或保障青少年安全。这是一个典型的政策性命题，因为它直接关联到政府决策和社会管理的层面。

我国高级中学应恢复留级制度：此命题讨论的是高中教育是否应恢复留级制度，以应对学分制下的学生学业问题。它同样是一个政策性命题，因为它涉及教育政策的制定和调整。

我国个人所得税改革：个人所得税改革是一个复杂的政策性命题，它关系到税收制度的调整、个人收入的再分配以及社会经济公平等方面。政府在进行个人所得税改革时，需要综合考虑多种因素，制定出既符合国情又有利于社会发展的政策。

我国新能源汽车补贴政策：这一命题关注的是政府是否应对新能源汽车给予补贴，以推动新能源汽车产业的发展。这也是一个政策性命题，因为它直接关联到政府对新兴产业的扶持和引导。

这些例子都体现了政策性命题的特点，即它们都是关于政府决策、政策制定或社会管理的命题，涉及社会生活的多个方面，具有广泛的社会影响力和深远的意义。

需要注意，在辩论场合中，为了符合提出的理念、政策，相关配套都是预设可以变动的。

当然，这种分类并非可以绝对划分，有些题目的归类，诸如“传统孝道是财富 / 包袱”，可以从事实层面来解读，讨论孝道是一种可以获利的财富，还是会增加负担的包袱；或者在价值层面上，传统孝道是优良德行，是社会应该推崇的正面价值；抑或应该改变的旧包袱。因此，事实与价值有时会重叠。

而一些价值辩题，又被称为“准政策辩题”，譬如“上课禁止使用手机”。这起初看起来应该属于政策性辩题，可是这其实在此时此地的考量色彩较轻，更重要的精神价值（上课使用手机象征的自主性价值或阻碍学习效果的弊端）。因此，也可归类为价值辩题。

做这样的初步划分，有助于在我们分析辩题时，至少有一个基本框架，让我们知道可以关注的重点。

六、课堂练习

本次课堂训练需要分组完成，通过课堂情景模拟展开反驳训练。

例如，某同学洗手之后，没关水龙头，受到管理员的批评，他不仅不转身关水龙头，反而说：“流水不腐嘛，难道连这个问题都不懂吗？”（出自《吕氏春秋・尽数》：“流水不腐，户枢不蠹，动也。”比喻经常运动的东西不易受侵蚀。）

又如，某女士和男朋友在商场购物，专挑高档商品，站在旁边的另一位朋友看不过去了，悄声对她说："这样做，你不觉得太过分了吗？"不料她反而大声说："'生命诚可贵，爱情价更高'，当然要用高价才能换来爱情嘛。"

再如，课堂上，某同学突然离座朝教室外面走去，教师见状问："干什么去？"这个同学边走边说："上厕所！"老师无奈地摇头叹息："哎，现在的大学生啊！"不料台下冒出一句："怎么啦，大学生就不上厕所啊！"

七、课堂小结

本节从《三国演义》中"诸葛亮舌战群儒"视频片段入手，以增加学生学习辩论的积极性为目的，通过诸葛亮渊博的知识和敏捷的思维感染学生，课程主要包括辩论的界定（持有异议、争辩和辩解）、辩论注意事项［辩论的技巧、辩论的原则（道德原则、审美原则）］、三大要素（倾听、分析、反驳）、辩手应具备的素质（稳定的情绪控制、辩论的礼仪）、辩手的禁忌（避实就虚、以柔克刚、小中见大、以虚掩实、引蛇出洞、请君入瓮、环环相扣、诡辩），内容较多，但经过案例分析和引导，能够使大家很好地理解和吸收。

人类探求真理的冲动和享受思维激荡的乐趣，使人类自有文明史以来，就深陷辩论的"泥淖"而不能自拔。人类历史上最值得怀念的"好辩"时代，如古希腊雅典时期或中国春秋时期，恰是东、西方文明留给人类丰厚遗产的伟大时代。不但当时的真理之辩奠定了所有人类哲学的基础，即使是看似"无厘头"的口舌之辩，也直接促进了形而上学和形式逻辑的发展。

八、课后作业

（一）复习内容

根据第一章学习内容，辩论的基本概念、辩论的类型与结构、辩论的逻辑推理、论据的收集与运用，以及辩论技巧与实战策略等。观看综艺节目《奇葩说》以及经典辩论赛事的视频或文字资料，如国际大专辩论赛、华语辩论世界杯等，以加深对辩论实践的理解。

（二）预习内容

预习论证的基本原则、论证方法、论据的选择与运用、逻辑谬误的识别与避免等内容，掌握运用逻辑推理和证据支持或证明自己观点的方法。

（三）作业题目

辩论是沟通方式的一种，但是这种沟通方式要根据具体的环境场合、人物关系以及具体的事件来考虑，请说明以辩论方式进行沟通，有什么缺点？试写出两点，并举例说明。

在准备辩论的过程中，经常有这样的声音："学辩论有什么用？又不能当饭吃！"请试以"辩论是有用的 vs. 辩论是无用的"为辩题，写出一份申论稿（约 300 字），可选择正方或反方立场。

九、课外拓展

美国著名的辩论学者，西北大学的泽瑞夫斯基（Zarefsky）在《传播学国际百科全书》（*International Encyclopedia of Communications*）中谈到了辩论学的几项重要哲学基础：

它假定人类多数事务是不确定的与因时因地改变的，无法通过绝对知识或实证测量来决定。辩论学强调通过论辩来解决这类问题。

知识是社会通过论辩建构的产物。只有当议题经得起仔细地探究与辩证才能被辩手视为真实。因此论辩可以被视为一种检验以议案方式呈现之假设的方式，用来检验其概然真实。

辩论学强调对意念的严谨探究，通过正式传统一如立场坚定的辩手、完全且自由讨论的机会，以及由无利益的第三方来宣判争议结论。

论辩与表达自由的理论有紧密关系，都是为促进真理和正义而经过精心设计的系统，基于对提出主张的缜密探究，以及亚里士多德真理在本质上胜过其对手的假定，我们相信真理会从这样的意见互动中出现。因此，论辩是民主政治的重要元素。

第二节　论证使用

一、课程导入

2019年央视主持人大赛如火如荼开播，观众构成多元化，有行业内部人员、专业学习人员、业余爱好者，当然也有来自各行各业对主持行业不是很了解的观众。那么大家在观看主持人大赛的时候观看的侧重点也就有所不同。作为播音与主持艺术专业的学生，大家从欣赏学习的角度观看，学习选手的语言表达、报道技巧、策划重点、形象塑造、艺术素养等多方面。分析选手每次近乎完美的主持词或演讲词，从主题、结构、逻辑、论证、语言、收尾等多个环节入手，凝练出知识精华为专业学习所用。所以说“内行看门道”。

因此想从单纯的看热闹成为一个看门道的辩论高手，除了要认识赛制与规则外，更重要的是能掌握辩论的过程，培养快速解读辩论内容的能力，以便在对方提出辩案或发动攻击时，能迅速洞悉其手法与弱点。

怎样才能掌握辩论过程呢？辩论专家的建议是从拆解辩论开始。本节介绍了几个论辩过程中的重要概念。首先是断言、主张与议题；其次是认识论证；最后是论证的类型。

教学目标：

培养学生运用逻辑推理和证据来支持或证明自己的观点，包括选择适当的论证方法、构建合理的论证结构以及运用有效的论据。通过学习，学生将提高论证的准确性和说服力，更好地在各种情境中表达自己的立场和观点。

二、断言、主张与议题

在辩论中表达的多数句子应该都是以讲理为目的——希望有人相信你说的是真的，是成立的。这类语句通常以一种名称来代表——陈述。陈述又可以分为两大类：一是“什么是真的”——“什么”；二是“为什么是真的”——“为什么”。例如“我没在沈阳，我那天去大连出差了”，“我没在沈阳”是“什么”，“我那天去大连出差了”就是“为什么”。接下来主要围绕“什么”的内容进行研究，涉及三个概念，即断言、主张与议题。

（一）断言

如果辩手只表达了要大家相信的“什么”，却没提供“为什么”应该相信，他所表达的陈述就是断言。断言是缺乏证明的陈述。

断言并不是一定没有使人相信的机会。在人际辩论中，如果断言是众所周知的经验，与听众原本相信的事一致，或是断言者具有高度的个人威信，断言仍可能被他人接受。但在竞赛辩论中，由于评委必须将个人意见以及对辩论选手威望的认识排除在裁决内容之外，仅考量双方的发言内容，断言的证明效力便相当有限了。一般而言，只有关于众所周知事实与经验的断言才会被评委接受。

（二）主张

主张既有“什么”也有“为什么”。如果辩手不仅表达了某项意见，也提供了支持这项意见的证据或理由，他所发表的陈述就成为一个主张。

主张可以分为事实主张、价值主张与政策主张。

事实主张：宣称某种客观现象存在。

价值主张：宣称某种主观价值判断。

政策主张：倡导某种行动。

如以下例子。

环境保护的重要性：在关于环境保护的辩论中，一方可能会主张“环境保护是经济发展的先决条件”，并列举环境污染对生态系统和人类健康的长期负面影响作为支持其主张的依据。

教育公平的必要性：在讨论教育资源分配时，一方可能会主张“所有孩子都应享有平等的教育机会”，强调教育资源不均等分配对社会公平和长远发展的负面影响，以此作为支持其主张的理由。

降低税收以促进消费：在经济政策的辩论中，一方可能会主张“政府应通过降低税收来刺激消费和经济增长”，认为减轻企业和个人的税收负担能够增加可支配收入，进而促进消费和投资活动。

网络言论自由的限度：在关于网络言论自由的辩论中，一方可能会主张“网络言论自由应受到合理限制以保护个人隐私和公共利益”，通过引用网络暴力、虚假信息传播等案例来说明限制言论自由的必要性。

这些例子展示了在辩论中，“主张”通常是一个明确而具体的观点或立场，伴随着一系列的理由、证据或解释来支持或证明该观点的正确性。辩论双方通过提出各自的主张并展开论证，旨在说服听众接受自己的观点。

（三）议题

议题指的是正反双方在辩论中持不同立场的问题。

例如，现代社会更需要通才还是专才：这一议题探讨了在快速发展的现代社会中，个人应该追求成为具备广泛知识的通才，还是专注于某一领域的专才。

诚信主要靠自律还是他律：围绕诚信的来源展开辩论，一方主张诚信主要依赖于个人的自我约束和道德感，另一方则认为外部的法律、规则等他律手段更为关键。

发展旅游业利多于弊还是弊多于利：讨论旅游业的发展对经济、社会、文化等方面的影响，评估其正面效应与潜在问题。

安乐死是否应该合法化：涉及伦理、法律和人权等多个层面的复杂议题，辩论双方就安乐死合法化的必要性和后果展开激烈交锋。

人工智能应该拥有法律人格吗：随着人工智能技术的快速发展，这一议题探讨了 AI 在法律体系中的地位和权利问题。

高校教师应该享有教育惩戒权吗：围绕教师在教育过程中是否有权对学生进行适度惩戒展开讨论，涉及教育理念、学生权益等多个方面。

贸易保护主义可以抑制还是无法抑制：在经济全球化的背景下，辩论双方就贸易保护主义政策的效果和必要性展开辩论。

这些议题都是辩论中常见的例子，它们涉及社会、经济、科技、法律等多个领域，具有广泛的社会影响力和争议性。

三、认识论证

辩论是在特定议题上采取立场或主张，与持有不同立场和主张的人交锋，而且主张与断言不一样，主张的背后要有证据或理由来支持。

当你提出对于一项议题的主张，并且提供支持主张的理由，也就是既有“什么”，也有“为什么”时，你就是提出了一个论证。

多数的辩论学者在探讨论证时，都放弃了传统形式逻辑的分析架构，改采用由英国哲学与辩论学家图尔明所提出的图尔明模式。根据图尔明模式，论证是由六项要素所构成，分别是主张、根据、推论、佐证、强度与保留。图尔明模式六项要素。

（一）主张、根据、推论

论证第一项要素是主张，又称为宣称。主张是提出论证的人希望他人相信的陈述，也就是“什么”的部分。

论证第二项要素是根据，或是图尔明曾经使用过的另一个名称“资料”，根据是提出论证的人希望他人相信其主张的凭据。

根据只是证明主张成立的“为什么”当中的一部分，要证明主张成立除了根据以外，经常还需要一个将根据与主张串联起来的合理过程，这个过程就是证明的第三个要素——推论。

（二）佐证、强度、保留

佐证，是指当论证提出者预期自己的推论过程可能遭到对方挑战，为了补强推论而提出的证据或理由，主要有以下几种佐证方法。

历史案例：在辩论“时间能否治愈一切”的议题时，反方可能举出南京大屠杀或纳粹对犹太人的迫害等历史案例，作为时间无法治愈某些创伤的佐证。这些具体的历史事件为反方观点提供了强有力的支持。

统计数据：在探讨“公共事业市场化是否可行”的辩论中，正方可能引用北京地铁四号线建设和广东惠阳污水处理的成功案例，以及相关的经济效益统计数据，来佐证公共事业市场化的可行性。

专家意见：当辩论涉及专业领域的问题时，引用该领域专家的意见作为佐证是常见的做法。例如，在科技政策辩论中，正方可能引用知名科学家的研究成果或政策建议来支持自己的观点。

类比论证：在辩论中，有时通过类比来佐证观点也是一种有效的方法。比如，用“哲学王”和“幸福猪”的类比来佐证社会需要承担责任的个体，即使这些个体可能并不直接享受由此带来的幸福。

法律条文：在涉及法律问题的辩论中，直接引用相关的法律条文作为佐证，可以极大地增强论证的说服力。

这些例子都展示了在辩论中，佐证是如何通过具体、客观的证据来支持论点，从而使论证更加有力、可信。

许多论证可能拥有的一项要素是强度，是指论证提出者在论证中所呈现的对主张成立的信心。在语言表现形式上，论证的适用范围可能从所有、大多数、多数、部分、少数到极少数。论证的可能高低则从一定、极可能、很可能、可能、有可能，一直到有些微可能。

高质量论据的使用：在讨论环境保护政策时，正方引用联合国环境规划署的最新报告数据，详细说明环境污染对人类健康和经济造成的具体损失。这些权威数据增强了论证的说服力。

逻辑推理的严密性：反方在反驳“网络言论自由无限制”的观点时，通过逻辑推导指出，无限制的自由可能导致谣言传播、个人隐私侵犯等问题，进而损害社会公共利益。这种从一般原则到具体后果的逻辑链条，展现了论证的强度。

说服力的强化：在辩论中，一方通过生动的案例讲述，如引用某地区因环境污染导致居民健康受损的真实事件，结合情感共鸣与理性分析，有效提升了论证的说服力。

对比论证的运用：在讨论教育改革时，正方不仅提出了现有教育体制存在的问题，还通过对比国内外成功案例，详细说明了改革的必要性和可行性，这种对比论证增强了论证的强度和说服力。

综上所述，辩论中论证的“强度”体现在论据的质量、逻辑推理的严密性以及说服力的强弱等方面。高质量的论据、严密的逻辑推理以及强有力的说服力是构成高强度论证的关键因素。

在辩论中，论证“保留”是一个体现谨慎和深思熟虑的过程。以下是一个论证“保留”的例子。

议题：是否应该全面推广电动汽车以替代传统燃油车？

正方观点：全面推广电动汽车是减少空气污染、应对气候变化的必然选择。

反方（保留意见方）论证：

技术成熟度考量：我方承认电动汽车在环保方面具有显著优势，但当前电动汽车技术尚未完全成熟。例如，电池续航里程、充电设施普及程度、电池回收处理等问题仍需进一步解决。在这些问题得到有效改善之前，全面推广电动汽车可能面临诸多实际困难，因此我方持保留意见。

经济成本分析：电动汽车的购置成本普遍高于同级别传统燃油车，尽管使用成本（如燃油费）较低，但对于经济条件有限的消费者而言，初期投资仍然是一大障碍。此外，电动汽车产业链的发展也需要大量资金投入，这可能对国家财政造成一定压力。因此，在经济成本方面，我方认为全面推广电动汽车的时机尚不成熟，保留意见。

能源结构问题：电动汽车的推广依赖于电力供应，而我国当前的电力结构仍以化石能源为主，这意味着电动汽车的间接碳排放问题不容忽视。如果电力结构不得到根本改善，单纯推广电动汽车并不能有效解决气候变化问题。因此，在能源结构问题得到妥善解决之前，我方对全面推广电动汽车持保留意见。

社会接受度调研：根据我方近期进行的市场调研结果显示，虽然公众对电动汽车的环保性能表示认可，但在续航里程、充电便利性等方面仍存在较多顾虑。这表明电动汽车的全面推广还需要时间来培养消费者的信心和习惯。因此，在社会接受度尚未达到足够水平之前，我方建议谨慎推广电动汽车，保留意见。

在辩论中，论证“保留意见”需要基于充分的事实和理由，既要看到电动汽车的优势和潜力，也要正视其存在的问题和挑战。通过全面、客观的分析，提出合理的保留意见，有助于推动议题更加深入地讨论和决策更加科学地制定。

四、论证类型

如果是论证的提出者，应该通过自我检验防范对手可能对你的论证提出的攻击。如果你是论证的挑战者，也可以利用这些检验原则来检验对手的论证，以找出其中的瑕疵。

五种常见的论证类型分别是举例论证、类比论证、迹象论证、因果论证与权威论证。

（一）举例论证

如果你试图通过举出一个或许多个例子来证明多数类似事例间存在某种通则，也就是设法以个案证明通案时，就是在使用举例论证。

例如，在辩论“安乐死应合法化”时，正方辩手可能举出“部分植物人病患及家属”的例子，来论证“植物人病患及家属承受极大照料压力”。

举例论证的检验：

首先，个案要能证明通案，个案的数量必须足够。

其次，个案要能证明通案所举出的少数个案必须与未举出的多数个案类似，因此能够反映未举出个案的状况，这就是所谓的代表性。

如果在调查大学生是否满意自己所选择的学校与专业时。只询问公办大学学生而不询问民办大学学生；或是在论证死刑遭到大部分民众反对时，列举出的反对意见大都来自人权团体，就可能出现所举个案欠缺代表性，因而无法反映通案的状况。

最后，除非你要论证的是涵盖范围包括所有对象——逻辑学上所说的全称主张，否则必然存在例外，也就是与通案不符的个案。

例如，在关于西方冷战关系缓和的论证中，辩论选手必须说明在东、西方和解的大趋势下，例外状况很少，而且例外状况纯属特例，并不具有代表性。

（二）类比论证

当辩手试图通过比较两个相似的事物，并基于两者之间的相似性，主张其中之一成立时，另一事物也将成立，也就是用“甲案证明乙案”时，就是在使用类比论证。

许多国家的法律辩论制度中都有类似“援引前例”的规定。如果过去曾有与眼前案件相似的案例时，要求法官应该参考先前判例进行裁决，这等于是将类比论证的运用制度化了。

例如，在“应设立赌博特区”的辩论中，某位辩手如果从“美国赌城拉斯维加斯的平均犯罪率并未比美国其他城市高”，推论到“我国台湾地区设立赌博特区其犯罪率应该不会高于其他城市”，就是在使用类比论证。

历史类比，也就是以历史为镜。由历史事件和情境来预测当前事件的发展结果。

例如，指出“孙中山先生革命十次才成功”，我们不过失败了两三次，怎能不继续努力？就是历史类比的运用。

类比论证的检验：

首先，类比论证要具有证明效力，基本条件是“被用来类比的甲案与乙案必须尽量相似”，或至少必须是从某种合理标准下来观察的同类事物。

其次，“甲案与乙案的差异不能发生在关键事项上”。也就是说，两件事物的差异不能与类比的重点有所关联。举例来说，当我们用美国拉斯维加斯来类比我国台湾地区的赌城时，两个赌城的地理位置差异未必会影响类比效果，除非对手能证明地理位置的差距，影响了类比的重点犯罪率高低。

（三）迹象论证

迹象论证是通过某些观察到的迹象或特征，来证明迹象背后存在更大的现象或状态的论证方式。迹象论证可以说是一种“一角”证明“冰山”的论证。

例如，某位抢劫嫌犯在案发前几天对友人说他将“干一票大的”，案发时他无法举出不在场证明。案发后他逃避警察临检，并在赌场大肆挥霍。虽然上述迹象没有任何一个可以直接证明犯罪，但往往足以使法官或陪审团相信，这些“一角”足以证明犯罪的“冰山”确实存在。

迹象论证的检验：

迹象论证前，同样要先弄清楚根据的可靠性。

若是真有可观察的迹象，那么“一角”能否证明“冰山”，至少还要通过以下两项检验：

首先，你要证明迹象与现象间存在可靠的伴随关系。例如，犯罪人良好的狱中表现为何能代表他真的改过向善，而不是他的伪装功力更上一层楼呢？发烧为何能反映感染非典型肺炎，而非一般感冒呢？

其次，“没有矛盾的迹象，或是矛盾的迹象可以解释”。例如，你说某人改过向善了，为何还有他近日与人发生肢体冲突的记录呢？你说某人是肺炎的疑似病例，为何他没有出现咳嗽的症状呢？

（四）因果论证

如果辩手不仅希望证明两件事相关，还希望建立两者之间的因果关系，就会运用到因果论证。

参考辩论学者建议的理性辩论原则，要让人相信甲事与乙事间具有前因后果的关系，需要证明至少四点：第一，甲先于乙；第二，甲能导致乙；第三，甲乙紧密相伴；第四，能够排除其他前因后果。

首先，甲事与乙事要有因果关系，甲必须先于乙。

其次，甲事与乙事要有因果关系。甲必须能导致乙，也就是甲导致乙的过程是可以解释、可以理解的。

再次，甲事与乙事要有因果关系，最好能证明甲与乙长期紧密相伴，这一方面要证明有甲就有乙，另一方面要证明没有甲就没有乙。

最后，要证明甲事与乙事的原因，最好能排除同样可能造成乙事的其他原因。

因果论证的检验：

甲并未先于乙；

无法解释甲如何导致乙；

甲乙之间欠缺紧密相伴的关系；

无法排除其他原因。

例如，在我到任之前，球队的战绩就已经是联盟中垫底的了，不是我来了才使它成为一支烂队。（甲并未先于乙）

认为是我造成球队战绩不佳的人，并没有办法说明我到底做错了什么。（无法解释甲如何导致乙）

过去有好几支球队，因为我的加入而大幅提升战绩，也有几支在我离开后战绩就大幅下滑。（甲乙之间欠缺紧密相伴的关系）

对一支主力球员相互排挤、不听教练指挥的队伍来说，战绩当然很难好得起来。（无法排除其他因果）

（五）权威论证

权威论证是由来源的权威性与可靠性来决定可信程度的论证。为了避免权威论证在辩论赛中遭到滥用，辩手必须注意以下两方面内容：

首先是权威的资格问题：具有足够的专业背景；其发言是可靠的；发言的议题并未超出其专业背景的范围之外。

其次是权威意见的引用方式。

采用“某位专家发表某种意见，他的理由是如此这般，因此某种意见是对的”形式。不仅说明权威支持“什么”，也要说明白他为什么支持这个“什么”。

权威认证的检验：

首先，所引权威必须具有专业背景；

其次，所引权威发言必须可靠；

最后，权威只有留在它是权威的领域里才算权威。

五、课堂练习

（一）图尔明模式分析

辩题：美是客观存在还是主观感受。

反方陈述：

实验心理学的学者们早就用科学研究的方法证明了，任何线条、颜色，本身并不具备美的标准，而人类为什么会对这些线条、颜色的组合产生情感，觉得它美呢？那是因为我们对它倾注了很多的情感与想象，才构成了我们这个色彩斑斓的美的世界。（根据）所以我们才能够见到国旗、国花，觉得它们是最美的；所以我们过三峡时看到的不是山，而是等待夫婿归来的女子；所以我们见到黄河就能感受到母亲般的情怀。（推论）从孔子的“智者乐水，仁者乐山”到柳宗元的“吾美不自美，因人而彰”都在说明着这个道理。（佐证）说到这儿，我感觉到我们的生活是多么美好，我们可以感受、想象、去听、去看。人类在客观世界就已经受到了太多的约束，难道还要用这种客观标准来束缚美的自由吗？除非这种客观标准对束缚美的自由没有影响。（保留）

主张：美是主观感受。

强度：一般。

（二）分析论证方法

某公司经理伙同业务、财务等部门营私舞弊，而副经理对这些活动并不知情。在经理事发被撤职后，上级主管部门考虑此副经理在公司工作时间较长，对业务熟悉，因此拟提他为经理。公司中有一部分人反对提拔他，理由是：身为副经理在公司的地位仅次于经理，而且在职时间又长，对这一集体舞弊事件如果事先知道而又不揭发，是对事业不忠诚，对集体不负责；若毫不知情，此事早有传闻，仍熟视无睹，则其人必定昏聩无能。最后的结论是：副经理或知情或不知情，故或为不忠诚，或为无能，二者必居其一，用这样的人当经理，又怎能把公司的工作搞好呢？总之，这个副经理不能当经理。（迹象论证）

吴仪，人称谈判桌上的“整人专家”。1991 年年底，他任外经贸部副部长期间，参加了中美知识产权谈判，这是一次棘手而艰苦的征程。双方刚一落座，美国人想给吴仪来个下马威，开场白便显得来者不善：“我们是在和小偷谈判。”面对对方的无理，吴仪毫不留情地顶了回去：“我们是在和强盗谈判，请看你们博物馆里的展品有多少是从中国抢来的。”（类比论证）

六、课堂小结

本节主要讲授论证的使用，论证是辩论过程中的关键一环，我们应该熟悉五种常见的论证方式，分别是举例论证、类比论证、迹象论证、因果论证与权威论证。在熟悉论证方式的基础上，能够做到运用自如。

根据俄勒冈州立大学的奈普（Knapp）及波特兰社区学院的伽利略（Galileo）两位辩论专家的建议，在辩论中提出论证——“立论”，可以依循四个重要步骤：提出、说明、举证、作结。提出，以简单明了的方式说明你的主张。说明，提出主张的原因或呈现论证的推理基础。举证，提供证明主张的明确证据。作结，为论证收尾，并且说明论证在整个辩论方案中的影响效果。

七、课后作业

（一）复习内容

复习论证的基本原则、论证方法、论据的选择与运用、逻辑谬误的识别与避免等方面，可以通过阅读辩论技巧相关书籍、文章，结合辩论实战案例进行分析，同时参与辩论赛，以提高论证能力和辩论技巧。

（二）预习内容

预习辩论立场分析的基本概念、原则和方法，学习如何分析并理解辩题的多方立场，掌握如何运用逻辑推理、事实论据和辩证思维来确立和论证自己的立场。

（三）作业题目

1. 辩论的断言、主张与议题

首先通过观看《奇葩说》傅首尔辩论片段很容易了解此次辩论的议题，但是断言和主张是需要观看完整视频来寻找的。傅首尔辩论的特点是会提出一些断言，不解释为什么，但是会让大家会心一笑。主张是每个辩手在辩论中多次出现的，不仅说明了是什么，还说明了为什么。请列举一个到两个断言与主张的案例。以下是博首尔辩论选段。

父母该不该告诉小朋友童话都是假的

我们一个个来，高鸣说："与其相信童话，不如创造现实。"我想问你没有想象力哪来的创造？童话是孩子想象力的重要来源，否定童话就是否定想象力。

凌岳告诉我们，父母要告诉孩子童话是假的，是为了让他觉得自己聪明，我想问你，是父母告诉你童话是假的，你觉得自己聪明，还是自己发现会觉得比较聪明，我不告诉我儿子童话是假的，就是给他机会聪明。

还有，秋阳说：“童话给人错觉。”我觉得这是理解的问题。如果你正面解读，它就是希望。刚才秋阳后半段，一直在用童话的情节说我相信，这个相信就是童话播下的种子。

好，在我说我们的观点之前，大家先看下我们的队伍。一辩一个美丽的可爱的小仙女，二辩一个吃了激素的彼得潘，我，一个瘦了的巫婆，更加刻薄，你们还相信童话是假的吗？

对孩子的智力要有一些基本的信心，现在的孩子用得着你告诉他童话是假的吗？他不告诉你活着是场错觉就不错了，我就对我儿子说：丑小鸭不可能变成白天鹅，它经过努力只能变成丑大鸭。我儿子说：“妈妈，他不用努力也是丑大鸭，你别想骗我努力。”我们家小孩在他们班绝对不是最狡猾的，就这帮孩子你告诉他童话是假的，不就显露了自己缺心眼的事实吗？

另外，你们老是说童话是假的，童话是假的，会不会是自己想太多呢？王子和公主从此过上了幸福的生活，你谈了个男朋友分手了，怪童话骗你，你是哪国的公主呢？你只是个女的，童话可从来没有告诉过你，一个女的爱上一个男的，他们可真幸福。是你没逻辑还是童话没逻辑，我告诉你童话逻辑严谨，你没看懂就是因为你没看懂。

灰姑娘的水晶鞋就是为了告诉你，爱情就像鞋子一样，合脚都容易掉，更别说不合脚，穿不上去硬穿只会疼死自己。唉，那她为什么12点钟必须回家呢？你们想过没有？她12点钟必须回家是为了告诉你，在男人面前该消失时最好马上消失，他们才会回头找你。海的女儿是为了告诉你，即使你为了爱一个人把尾巴变成双腿，天天困在厨房里，但是只要你愿意穿回那条鱼尾裙，你仍然是那个最漂亮的美人鱼。

每个人对童话都有不同的解读，你十三岁看童话跟你三十岁看童话的感受不一样。如果你在孩子很小的时候告诉他童话都是假的，这相当于是一种剧透，是快进了他的成长，不告诉是陪着他一起去分辨去思考，这种成长的惊喜才是母子一场的风景。

我想说的是其实我们大人，应该做那个比孩子更加相信童话的人，因为现实迟早会恶狠狠地扑向我们。我告诉你们，成年人的幸福往往就在于他保留了多少童真和梦幻的部分。我小时候跟我妈妈住在米仓里，米仓里面有很多老鼠，我晚上睡觉非常害怕。我妈妈就跟我讲了一个童话，她说米仓里的老鼠会在夜里给乖乖睡觉的小孩送来糖果。我每天早上醒来我的枕边都有颗彩色的水果糖。我到现在都忘不了这个故事，每次我看到米老鼠就会想起我小时候在米仓里认识的那些老鼠，我相信很多小孩都收到过它们的礼物。

什么是真？我们勇气和爱来自哪里，那就是最真实的存在，所以我不会告诉我儿子童话里都是假的。

我们的人生不需要相信这些吗？我们又是从什么时候开始不再相信这些呢？今天你们将童话里的儿童理解为儿童，而我，理解为最初的人。如果你经历现实的种种磨砺，再看回童话，还会相信它是真的，你还是那个最初的你，你是个多么幸福的人。

所以如果有一天，我儿子遭遇了现实的打击，他对现实感到失望了，来问我："妈妈，难道童话里都是假的吗？"我会告诉他："不，那一切的美好都是真的，只是你还没有遇到。"童话从来不是谎言，它是现实灵魂的救赎。所以，最后我想和大家说，如果现实给了你一张坚毅苦涩的脸，请你一定要留住心中那颗童话曾经给你的最甜的水果糖。

2. 分析论证方式

论证方式有很多种，本节学习了五种论证方式，可以结合课上所学对号入座。詹青云是职业辩手，在辩论过程中会运用到许多辩论技巧和论证方式，观看詹青云关于"有一种新技术可以让全人类大脑一秒知识共享，你支持吗"的完整视频并说一说论证方式。

第三节　立场分析

一、课程导入

课前观看《奇葩说》第五季总决赛陈铭的精彩辩论，根据大家收集的关于节目的辩题特点和辩论实况进行讨论并总结。

一般辩论赛为了让比赛公平，大都挑选立场比较持平的题目。不过，像《奇葩说》这类计算“跑票”的评审方式，则就算不持平，也可以看出讲者的功力，争取几票是几票，没有持平与否的考量。

通过剖析上面案例中不同立场背后的观点、价值观和利益诉求，培养学生独立思考、判断和分析的能力。课程将帮助学生学会如何分析、比较和评估不同立场，以便在复杂情境中做出明智的决策和合理的选择。

教学目标：

培养学生具备独立分析各种立场的能力，包括理解、评估不同立场的合理性、可信度及其背后的价值观和利益诉求。通过学习，学生将学会如何运用批判性思维，对不同立场进行深入剖析，从而形成自己的独立见解，并能在复杂的社会情境中做出明智的决策。

二、立场分析

要在辩论的战场有好的实战表现，临场反应固然重要，但更关键的是赛前的备战。备战主要有两方面准备：第一个是练兵，第二个是谋策。

竞赛辩论中最重要的三项战略是立场的分析、辩案的设计与辩案的会战，可以称为破题、立案与攻防。

（一）界定辩题

拿到辩题之后，首先要弄清楚辩题的意思，而这通常意味着辩手要弄清组成辩题的词语或概念究竟含义为何。

所谓界定辩题，通常指的是要界定辩题中关键的词语与概念。

1. 词语定义

关键词语指的是辩题中比较容易发生争议的词语。

有的辩题中没有关键词语。例如，"政府应停办公益彩券"，无论是"政府""应""停办"，还是"公益彩券"，正反双方对概念的集合或成员均无疑义。

全属关键词语。例如，"儒家思想可以抵御西方歪风"，双方对"儒家思想""可以抵御""西方歪风"的概念集合、属性及成员都缺乏共识，定义很可能成为争论的焦点。

三种常见的关键词语：

一般而言，三类词语特别容易发生定义争议：歧义、含混与艰涩。

歧义：当一个词语拥有两组以上属性，采取不同属性，其所属成员便有所差异时，就是出现了歧义现象。例如，什么叫作"儒家思想"？是"孔子思想"？还是也包括"孟荀思想"？还是连中世纪的"新儒家思想"也涵盖在内？一个词语的歧义现象越严重（正确的界定属性越多），就越容易发生定义争执。

含混：当一个词语及其所代表的概念，涉及某种程度的大小或高低判断，欠缺明确划分的界定属性，导致决定群体成员发生困难，就出现了含混现象。

例如，如果有人问你："你胖不胖？"关键是"胖"这个程度的界定属性为何，如果他不说清楚，你将不会知道自己是否落入了胖的群体中。

例如，在"儒家思想可以抵御西方歪风"的辩题中，什么叫作"抵御"？是完全阻挡、大部分阻挡还是部分阻挡呢？一个词语的含混现象越严重（程度的界定属性越模糊），就越容易发生定义争执。

艰涩：当一个词语及其所代表的概念是由特定领域的专家创造，只有具备该领域专业知识者，才了解其含义时，这个词语就是一般所称的术语。

例如，没读过经济学的人可能不了解何谓“不完全竞争”。一个词语的艰涩现象越严重（越远离日常用语或一般人的生活经验），就越容易发生定义争执。

2. 合题性

在所有可能的立场中，正反双方各管辖了一部分，两者的辖区没有交集，我不能到你的辖区选立场，你也不能侵入我的辖区，逾越了这个基本的角色分际，双方就难以进行有效的、公平的辩论。为了防止这种越界的情况，辩论学界发展出合题性。

合题性指控主要分为两大类：反方指控正方不合题、正方指控反方合题。

如果辩题是“×× 市应设立超级商圈”，而正方采取的立场是“应设立超级商圈，但未必在 ×× 市”，就是典型的证明不全，只论证了辩题的一部分，而“应设立超级商圈，但未必在 ×× 市”原本是反方管辖的立场。

如果辩题是“×× 市应设立超级商圈”，正方希望设在 ×× 市的 ×× 区，反方的立场是“不应在 ×× 区，但应该在 ×× 岛”，那么，反方等于同意了 ×× 市应设立超级商圈，只是不同意具体设置地点，这时，反方就是侵入了原本由正方管辖的立场，明显违反了合题性。

3. 非政策辩题的合题性

在非政策辩论中，正方不合题的常见情况是，他们为辩题的关键语词所下的定义，使他们实质上并未证明辩题成立。

例如，在辩论“人类和平共处是可能实现的理想”时，如果正方将人类和平共处界定为一段时间未发生世界性或区域性战争，即使在此一时段中发生零星地区性战争，仍然符合我方所谓的和平共处，反方便可能不同意此种定义，认为只要发生零星地区性战争，就不算是和平共处了。因此反方认为正方辩护的实际立场是“人类不发生世界性或区域性战争是可能实现的理想”，但“人类排除零星地区性战争，达到和平共处是不可能实现的”，这使正方等于是处在辩护“人类和平共处，是不可能实现的理想”的反方立场。

在非政策辩论中，反方合题的常见情况是他们为辩题的关键词语所下的定义，使他们实质上是在证明辩题成立。在上面的辩论里，如果反方将“可能实现”定义为“出现后永远持续不变”，因此，虽然国际上出现过短时期的无战争状态，但和平共处的理想从未实现，这时正方可能指控反方合题，因为可能实现的正确定义应该是能够持续一段时期，既然反方承认，国际上曾经短时期没有战争，也就等于实质上同意了人类和平共处是可能实现的理想。

由此可知，非政策辩论中最常出现的合题性争议主要是发生在辩题的关键词语上。任何采取争议性定义的辩论队伍，都可能冒着违反合题性的风险。

（1）此时此地原则

正方必须证明自己的立场在辩论发生的时间与辩论发生的地点成立，而不是在另一时空环境下成立。

如果辩题是“大学生创业利大于弊”，正方却辩论“在当年比尔·盖茨所处的美国，大学生创业利大于弊”，而非“在此时此地大学生创业利大于弊”，就等于违反合题性。

（2）可辩责任

可辩责任也就是正反方界定的立场，必须让对方拥有辩论空间。许多非政策辩论的评委会将“维持可变性”视为辩题的基本要求。

为“儒家思想不可抵御西方歪风”辩护的反方，如果将“可以抵御”界定为“100% 抵挡”，认为只要有一个西方歪风存在，就代表儒家思想无法抵御西方歪风，正方就很难有获胜的可能了。

（3）典型性

在辩论“人性本善”时，双方讨论的人必须是典型的一般人，以不典型的事例来肯定或否定辩题都是不合题的。当然某个事例是否典型经常会引发双方的争议，因此如果正方最后论证的立场是“德雷莎修女、证严法师、甘地等人证明了人性本善”，就可能违反了典型性原则，在美国的非政策辩论中，这类正方将被指控是以偏概全的。

4. 政策辩题的合题性

首先，正方提出的具体政策或计划必须符合辩题的要求，否则就是不合题。

在“应设立赌博特区”的辩论中，如果正方建议将既有的赌博电玩店及小钢珠游戏场加强管理、就地合法，成为多个小型的赌博特区。反方便可能提出理由指控正方的合法赌博电玩店，即游乐场不符合“划定特区”及“远离都会”的定义，因此正方的政策是不合题的。

其次，反方提出的具体政策或计划不能落入辩题的范围中，否则就合题了，即使反方计划不同于正方计划。

在“应设立赌博特区”的辩论中，即使正方制订的具体计划是在澎湖设立特区，但反对在台北市设置，反方仍然不能采用“在台北市设立赌博特区”的立场来与正方抗衡，因为这样一来，反方就等于同意了“应该设立赌博特区”的基本立场。

（二）建立论点

界定了辩题的定义，因此确定了立场之后，接下来辩论队伍将面对的是如何为这个立场辩护的问题。如何定立场是破题的第一步，那么找话讲就是破题的第二个步骤。

1. 构思议题

论点是指辩论选手在辩论中针对特定议题所采取的立场。

既然论点与议题有关，建立论点的第一个步骤就是构思议题。简单地说，辩论队伍必须推测，辩论中可能出现哪些议题呢？

（1）构思方法

首先，焦点阅读是在广泛收集与阅读资料前，先挑选几篇与辩题正反立场有关，涵盖性较广的报纸文章、期刊论文或书籍章节，进行入门时的精读。这样做既可以帮助辩手在短期内掌握辩题的背景与内容，又可以从中整理出辩论可能涉及的议题及论点。

其次，专家访问是访问在辩题方面学有专精或经验丰富的专家，因为不是已出版的书面资料，访问的结果并不能直接作为证据，不过却能帮助辩手在短期内了解辩题的背景与内容，许多辩手也会访问曾经以同一或类似辩题进行辩论的学长、学姐以获取可能议题的建议。

最后，头脑风暴就是辩手齐聚一堂，通过广告界常用的脑力激荡法设法找出可能论点，头脑风暴也可以配合焦点阅读与专家访问，作为两者的后续步骤。

（2）评估议题

完成了双方可能采取立场的构思之后，接下来辩手们应该评估某个议题是“可能议题”“共识议题”，还是“无关议题”。

首先，可能议题是争议性高，双方很可能发生争辩的议题。

其次，共识议题是争议性较低，一方很可能同意另一方的议题。

最后，无关议题是具有争议性，但其胜负与辩论整体的胜负没有关系或关系不大的议题。

2. 运用套题

（1）非政策议题的核心议题

定义议题：

在辩论“儒家思想可以抵御西方歪风”时，双方必须辩论“儒家思想”“可以抵御”和“西方歪风”，究竟应该如何界定的问题，不同于政策辩论的是，在非政策辩论中关于定义的争辩不仅更常发生，也经常左右整场比赛的胜负。

定向议题：

如果确认了“儒家思想”是“孔孟思想”，“抵御”是指“相当程度阻挡”，而所谓“西方歪风”是指“西方社会挑战传统家庭价值的不良风气，如离婚、婚前性行为等”，这时辩手就应该举出证据来论证“孔孟思想”确能“相当程度阻挡”“西方社会挑战传统家庭价值的不良风气”。

（2）政策议题的核心议题

“为何”，这是所谓的理由。

现状的改变有需要吗？——需要性、重要性。

现状即使有改变需要，但一定必要吗？——跟属性。

“如何”，具体可行的计划。

计划可以解决需要，因此使损害获得减轻或消除吗？——解决力。

就算计划可以解决需要，它是否会带来新的损害呢？——损益性。

（三）收集证据

在完成了“定立场”与“找话题”的工作后，分析立场或破题的下一步是找证据。要说服听众相信自己的立场正确，辩手通常需要从听众已经相信的事情开始。

除了依赖听众有限的知识与信念来作为第一共识要让他们相信自己，辩手还可以举出听众原本不知道，但在被告知后很容易便会相信的事情，作为证明主张成立的基础。这类可以用来支持主张，因此具有证明效力的事物，就是所谓的证据。

三、课堂练习

（一）关键词下定义

互动形式：教师提问，学生分组讨论，以轮流说的方式完成问题回答。最后教师总结。

问题：当组成辩题的部分词语具有歧义、含混或艰涩的特征时，辩手就应该为这些词语下定义，不过辩论中正反双方究竟应该由谁来下定义呢？当双方各有各的定义时，评委又该如何来处理？

总结：如果双方当中有一方预期某个词语是关键词语，因此，为它下的定义得到对方同意，这个定义就成为双方的共识，评委在比赛中应该接受这个达成共识的定义，无论他个人在辩论会场外是否赞同。

但如果双方都提出定义并发生定义争执，这时评委就必须考量哪个定义应该被接受。

选择定义的方法一般有两种：合理定义法与最佳定义法。

1. 合理定义法

只要正方的定义言之成理，就应该成立，即使反方提出来的定义比正方更好，仍应该以正方的定义为准。合理定义法就是一般所说的正方定义权，反方只有在正方定义不合理时，才拥有定义挑战权，这是政策辩论的评委最常采用的定义裁定法。

合理定义的标准：

脉络法：符合社会大众的使用方式。

意图法：符合辩题设计者的设计动机。

专业法：符合相关专业领域的使用习惯。

开放法：由双方争辩判定合理与否的标准。

2. 最佳定义法

只要反方能提出比正方更好的定义，就应该以反方的定义为准，因此评委是在两个定义中择优取之。

（二）词语下定义

互动形式：教师提问，学生分组讨论，以轮流说的方式完成问题回答。最后教师总结。

问题：如何为词语下定义？

总结：正反双方为关键词语下定义的过程称为定义词语，其结果则是词语定义。辩手为关键词语及其背后的概念下定义的常用方式有以下五种：

第一种是把概念的界定属性清楚说明，并说明它与其他相关概念的逻辑层次关系，称为证实定义或逻辑定义。

第二种是通过说明概念描述的具体过程、原理或测量方式，来呈现概念的界定属性，称为操作定义。

第三种是通过列举被判定在概念涵盖群体里面的特定成员，来替概念下定义，称为举例定义。

第四种是替词语下定义的方式，列举被判定在概念涵盖群体外面的特定成员，称为反面定义。有时因为词语涵盖范围很大或比较模糊，从正面角度找寻证实定义、操作定义与举例定义不如下反面定义来得容易。

第五种是在前四种定义中加上一个或数个权威的来源，称为权威定义。这在关键词语具有艰涩的特征时尤其必要，因为由特定领域权威替特定领域术语所下的定义，通常比其他来源可靠得多。

四、课堂小结

通过本课程的学习，了解辩论的类型，主要包括单题制与双题制，事实、价值与政策命题。在明确类型的情况下，进一步分析辩论的立场，完成界定辩题、建立论点、收集证据三项任务，为开展辩论做好充足的准备工作。

其实，无论是今日流行于中国、美国、英国、新加坡等国的竞赛辩论，以事物存在与否为辩论焦点的“事实辩题”，还是以事物评价方式为辩论焦点的“价值辩题”，流行程度都与传统的政策辩题不相上下。因此，作为竞赛辩论的参与者或指导者，都必须对辩题类型有基本的认识。

五、课后作业

（一）复习内容

复习辩论立场分析的基本原则、方法和技巧，强化对立场的理解、分析和论证能力，同时复习如何运用逻辑推理、事实论据和辩证思维来确立和巩固自己的立场，并学习如何有效应对对立立场的挑战和质疑。

（二）预习内容

预习辩论方案设计的基本概念、目的和重要性，了解辩论方案设计的整体框架和关键要素，掌握如何根据辩题和立场设计合理的辩论方案，包括确定主题、构建论点、收集论据、规划发言顺序和时间分配等。通过预习，为后续的辩论实践做好充分准备。

（三）作业题目

完成论据收集。论据收集与演讲部分的素材收集过程大同小异，建议养成良好的习惯，建立素材卡片库，每天一张，每月检查一次，期末进行总结。

六、课外拓展

双题制下的论辩型整体推定与举证责任分配：

第一种情况是，双题制中正方辩题支持的是违反现状的立场，而反方辩题支持的则是维护现状的立场，这时单题制下论辩型的推定与举证责任分配方式将可完全适用于双题制。

第二种情况是，双题制中正方辩题支持的是违反现状的立场，反方辩题支持的也是违反现状的立场。虽然美国适用单题制，但还是常有反方选择不为现状辩护，而另行挑选一个既不同于辩题也不同于现状的立场。这时美国的评委会设法评估正反双方的立场中哪个“距离现状较远”，然后将推定利益给予改变程度比较小，与现状较为接近的一方。

最麻烦的是第三种情况。即当正反方辩题均违反现状，又难以分辨何者距离现状较远时。例如，如果我们认定“人性不确定是本善还是本恶”的立场是现状，那么无论是正方的“人性本善”还是反方的“人性本恶”就双双挑战了现状，此时推定要分配给谁？谁又该负担举证责任？这时论辩型的分配方式就遭遇了障碍，只有求助竞赛型了。

第四节　方案设计

一、课程导入

在分析立场的阶段，辩论队伍的重要目标在“放”，也就是利用收集资料、激发创意等方式，尽可能找到最多可用论证。

不过，在可用的论证与证据累积到相当程度之后，辩论队伍的备战重点就应该调整，从“放”转为“收”。下一步是要确认在可用之兵当中，哪些是有用论证——最能提高我方获胜概率的论证。

经过“收”的过程，被辩论队伍评估为最有用的论证将被统整与组织，成为上台后证明辩题成立（或不成立）的论证组合。这个论证组合就是辩论学中所谓的辩论方案或辩案。

教学目标：

引导学生了解辩论方案的构成和要素，以及设计合理辩论方案的重要性。学生将学习如何分析辩题、确定辩论目标、构建论点论据、选择合适的辩论策略，并学会如何在团队中协作，共同制订一个有说服力且逻辑严密的辩论方案。这将为学生后续参与辩论活动奠定坚实的基础。

二、辩案建构

辩案建构是辩论队伍设计辩案的过程，其中最主要的两项工作是取舍与组织的论证。取舍是从所有论证中挑选最有用的一部分；组织则是以某种逻辑架构统整论证。

一个完整的辩案至少包括以下三个部分：

第一，辩题及我方为辩题下的定义；

第二，我方支持或反对辩题的主要立场；

第三，我方支持主要立场的理由。

（一）辩案建构的四大原则

辩案的建构应该遵循四大原则：内容可信、价值可取、知己知彼与出奇制胜。而为了促进团队合作，辩论队伍一般会将辩案制作作为书面的摘要。

（二）完成作战计划书

在辩案的设计工作初步完成后，为了使整个团队都能在实际辩论时确实掌握辩案的内容，辩论队伍应该以书面形式将辩案记载下来。这时辩手们需要的不是一份逐字撰写的演讲稿，而是一份摘要。

1. 设计初步摘要

设计辩案的过程中，经过辩手们的讨论，部分主张或论证将会被淘汰，部分则被采纳，将被采纳的主张或论证记录下来。这份初步记录就是初步摘要。

在初步摘要上，记载有己方在各个主要议题及具体议题上准备采取的立场，以及将使用哪些证据或证据卡片作为这些立场的证明。只不过这些议题还没有经过进一步的整理与排列。

完成初步摘要后，辩手们可以根据现有的立场，设法由下而上地找到一种合乎逻辑的论点组织方法。

2. 制作准备摘要

完成了论点的组织工作后，辩论队伍便开始做准备摘要。准备摘要是辩手完成辩案设计的最后一步。定稿后辩手们就可以依据这份摘要来设计申论内容与自选题目，进入言论的设计阶段。

一份完整的准备摘要应当具备下列内容：

一是基本记录，准备摘要上方应该记载比赛性质、比赛题目、上场辩手、对手学校、比赛时间的事项，便于未来参考。

二是主要论点与次要论点的排列。除了纳入我方准备采取的主张与论证，辩论队伍应该将各个论点以编号方式排列逻辑层次。

三是证据与证据卡片资料。在准备纲要中，辩论队伍也应该在特定论点之后纳入支持论点的证据、证据卡片编号，或是事实与意见证据的叙述的资料。

三、非政策辩案

（一）基本注意事项

一般的非政策辩论采取只写一个辩题的单题制。正方的基本立场是支持辩题，辩题写什么，正方的基本立场就是什么。反方的立场则是反对辩题，因此其实质立场就是在辩题中加入一个否定辩题的“不”字。

1. 证明程度

在一般的非政策辩论中，正方要想取得胜利，不必证明辩题确定成立，达到确然性；而只要证明辩题很可能成立，达到盖然性，就可以获得比赛的胜利。说得更简单一点，正方要想赢，必须建立辩题成立的明显趋势——让听众相信辩题成立的可能性明显高于不成立的可能性。

2. 定义问题

无论非政策还是政策辩论，双方其实都不是以辩题在进行辩论，而是以界定后的辩题为争论焦点。

还有一个非政策辩题常遭遇的定义问题——实然与应然的混淆。实然是指一件事是不是如何，属事实辩论；应然指一件事该不该如何，属价值辩论。由于不少非政策辩题从字面上无法明确判断属于事实还是价值辩题，如果不明确界定，辩论队伍常会犯错。

（二）事实辩题的辩案

作为一种非政策的辩论，事实辩案同样是以定义议题与定向议题为焦点。

事实辩题的定义议题包括事项词与判断词的定义。

事实辩题的定向议题则涉及找证据来证明己方界定出来的辩题成立。所谓证据很少是指直接证据，也就是单靠它就可以证明辩题成立或不成立的证据；多数情况下，双方是在提出并争辩间接证据，就可以推论辩题成立或不成立的证据。

无论担任正方或反方，事实辩论都将围绕着上述焦点进行。

（三）价值辩题的辩案

价值辩题的事项自称为价值事项，是指在某种价值观点中被价值词修饰或评价的对象。

价值辩题的判断词称为价值判断，也就是对价值事项做的优劣善恶评价。

与事实辩题一样，价值判断也需要操作定义，这就是所谓的判断标准或判准。

四、政策辩案

非政策辩论是最近 30 年才开始流行起来的，但在此之前，政策辩论已经在辩论界发展百年之久。直至今日，政策辩论仍是美国、日本等国家竞赛辩论的主流。

（一）正方辩案

在政策辩论中，正方的立场是支持辩题。因此辩题写什么，正方要证明的就是什么，辩题书写的就是正方立场。

根据论证需要的角度与核心议题的不同排列方式，我们可以找到三种常见的正方辩案结构，分别是问题导向、利益导向与目标导向辩案。

第一，问题导向辩案：正方的策略是先将现状造成的严重问题建立起来，再提出改革方案加以解决。

第二，利益导向辩案：采取此种辩案架构的正方，是将论证需要性的焦点放在计划与现状的比较利益上。

第三，目标导向辩案：以某项重要目标的无法达成来论证需要性。

（二）反方辩案

政策辩论的正方是在辩护与辩题授权下的具体政策，反方的基本立场是要反对这个政策。

在政策辩论中，反方也需要为特定政策做辩护。根据反方辩护的政策类型，我们可以将反方辩案区分为维护现状与修正现状两大类。

首先，采取维护现状辩案的反方是在辩护现行政策，以现行政策与正方改变现状的政策相抗衡。

例如：损害不存在，或是存在不重要（反驳需要性）；

对方计划可行性低、阻力大（反驳可行性 / 阻挠）；

对方计划会带来新的损害（反驳弊端）；

强调现行政策的损益比优势（反驳损益性）。

其次，采取修正现状辩案的反方大体上为现行政策辩护，但作局部修正。这意味着反方同意正方所强调的部分损害，但这些损害只要通过局部修正就可以解决，因此不必采取正方的新政策。

例如：某些损害不存在，某些存在（反驳 / 同意需要性）；

现状可以解决存在的损害（反驳根属性）；

存在的损害即使现状解决不了，对方也解决不了（反驳解决力）；

对方计划可行性低、阻力大（反驳可行性 / 阻挠）；

对方计划会带来新的损害（反驳弊端）；

强调现行政策的损益比优势（反驳损益性）。

五、课堂练习

通过以下正方辩案，正确区分问题导向辩案、利益导向辩案和目标导向辩案：

损害存在或重大（需要性）；

损害属于现状或反方政策（根属性）；

提出计划（计划）；

计划可行，并可以消除损害产生原因（解决力）；

计划不会带来更多损害（损益性）；

提出计划（计划）；

计划将带来的，反方政策所缺乏的利益（需要性 + 解决力）；

反方政策无法取得利益的原因（根属性）；

我方的计划不会带来更多损害（损益性）；

论述重要目标（需要性）；

说明反方政策无法达到此项目标（根属性）；

提出计划（计划）；

说明计划如何达到目标（解决力）；

计划不会带来新的损害（损益性）。

六、课堂小结

本课程共学习三大部分内容，分别是辩案的建构、非政策辩案和政策辩案。通过本课程的学习，学生能够正确区分辩题类型，并且有针对性地进行辩案的构建，完成辩论的作战计划，做到辩论有设计、有计划、有方案。

综合辩论学理论与辩手的实战经验，好的辩案应该符合内容可信、价值可取、知己知彼、出奇制胜四项原则。其中前两项原则来自南加大传播学者费雪所提出的传播理论——他称为“叙事典范”。这个理论相信人类的公开发言是在“说故事”；而故事要产生说服力，必须能提供“好的理由”。内容可信与价值可取就是费雪相信建立好的理由的基本条件。后两项是在考量了辩论“语言战争”两军对垒的本质后，从《孙子兵法》中归纳出来的关键原则。一个辩案要想在辩论的战场上克敌制胜，知己知彼与出奇制胜是两个基本要件。

七、课后作业

（一）复习内容

复习辩论方案设计的整体框架和关键要素，强化对立场的理解、论点的构建和论据的收集能力，同时复习如何合理规划发言顺序和时间分配，以确保辩论方案的完整性和有效性。此外，复习还应关注如何在实际辩论中灵活调整和应用辩论方案，以适应不同的辩论环境和挑战。

（二）预习内容

预习内容主要是学习辩论论证攻防的基本概念、原则和常用策略，了解如何构建有力的论点、选择恰当的论据，并学习如何有效应对和反驳对手的论点和论据。

（三）作业题目

以“是否应该禁止网络流行词进入高考语文作文”为题，完成正方辩案和反方辩案的设计。

首先经分析可知这是一个政策性辩题，在设计正方辩案时应该分析它的辩案结构，可以分析出是问题导向辩案；其次根据问题导向辩案进行设计。反方辩案的设计则需要根据课上内容的三个步骤完成辩案设计。

八、课外拓展

辩题：环境保护应以人为本

辩方：正方

对手：厦门大学

队员：×××、×××、×××、×××

时间：20×× 年 8 月 11 日

（一）事项词

1. 环境保护

国家合理利用自然资源，防止环境污染和破坏，以求保持和发展生态平衡，扩大有用自然资源的再生产等措施。

◆国家采取行政、法律、经济、科学技术等多方面措施，合理利用自然资源，防止环境污染和破坏，以求保持和发展生态平衡，扩大有用自然资源的再生产，保障人类社会的发展。

2. 自然

各种物质系统的总和，广义的自然包括人类社会。

◆狭义的自然是指与人类社会相区别的物质世界，或称自然界。它是各种物质系统的总和，通常分为非生命系统和生命系统两大类。广义的自然包括人类社会。后者是由自然界发展而来的。

3. 人

指人类。

（二）价值词

1. 以何为本的定义

A. 是指人与自然发生冲突时，应该以何者为优先；

B. 在人与自然没有冲突时，没有以何为本的问题。

◆ 以交通为例，汽车与行人没有冲突，便无所谓以何为本。

◆ 汽车与行人有所冲突，行人优先，就是以行人为本。

2. 以何为本的判准

以何为本不能影响人的生存。

◆我们是人，任何选择都不能以消灭人类为结果，安徽大学哲学系教授任皑认为：要解决当代生态环境问题，关键不在否定人类中心主义，而在于真正地践行“现代人类中心主义”。

（三）套用

1. 以人为本不代表制造人与自然的冲突

A. 人可以满足自己的需求，但应该避免与自然发生冲突。

◆ 狮子可以吃斑马，但不应消灭斑马。

◆ 人可以吹冷气，但要节制冷气的使用。

B. 人类应该节制生育。

◆ 目前世界人口平均每分钟增加 148 人，2024 年，全球 238 个国家和地区人口总数接近 80 亿。

2. 人避免与自然发生冲突不代表以自然为本

◆ 父母告诫孩子避免与流氓打架，不代表以流氓为本。

3. 发生冲突时必须以人为本，否则就等于选择自杀

◆ 狮子需要我才能活下去，我需要打死狮子才能活下去，当然应该选择打死狮子。

4. 以人的永续发展为本可以延长人类的生存

◆ 时任国家环境保护总局局长 ××× 称：佛山二十多座污水处理厂，保护佛山人民的饮用水源，体现“以人为本”的人和自然的协调发展。

第五节　论证攻防

一、课程导入

本节要讨论竞赛辩论中的反驳技巧，即辩手在获知对方的辩案与立场后，于后续发言中回应对手论证的辩论行为。

如果将双方辩案看作正反双方各自拥有的领地，将辩案所涵盖的双方论证看作其管辖范围内的大小城池，那么反驳就是在破坏、削弱对方的领地与城池，并且重建、补强我方因对方攻击而受损的领地与城池。

教学目标：

重点掌握辩论中的反驳策略，提升学生在论证过程中的攻击与防御能力，通过教授和实践有效的论证技巧和策略，使学生能够识别并应对论证中的逻辑谬误、事实错误和不合理假设。此外，课程还致力于培养学生的批判性思维，使其能够在辩论中灵活运用各种攻防技巧，构建稳固的论点，并对他人的论证进行合理的质疑和反驳。

二、反驳策略

部分经验尚浅的辩手会以“攻所有可攻的”以及“守所有要守的”为反驳的基本态度，但稍具辩论经验的人都知道，辩论的时间有限，很难攻击所有可以攻击的论证，也很难防守所有需要防守的论证。

与设计辩案一样，反驳也必须考量策略问题。在整体战略的考量下，有些论证的攻防比其他论证重要。换言之，要在哪些论证的点上作战，即必须考虑辩案的面。

在辩论赛中，基于战略上的需要，辩手可能对对方的论证采取三种主要的反驳或回应策略：共识、忽略与交锋。共识是“和”，忽略是“避”，交锋是“打”，简称“和、避、打”策略，目的在于提醒辩手最耗费资源的“打”通常是策略的最后选择。

（一）和的策略

请教辩论高手，辩论攻防的最佳策略是什么？经常会得到令人吃惊的答案——同意对方。换言之：借力使力，以彼之道，还施彼身。

战术 1：以矛攻盾

例如：

辩手 A：赌博特区大多是赚钱的。

辩手 B：赌博特区有些是赚钱的。（对方想表达的究竟是大多还是有些呢？）

辩手 A：根据调查，大学生创业意愿不高。

辩手 B：一项研究指出，大学生创业空有热情、没有方法，失败率相当高。（究竟有没有意愿或热情呢？）

以矛攻盾战术的基本打法是：

（1）暴露对方自相矛盾的立场 A 与立场 B；

（2）表达己方对立场 A 的支持；

（3）以对方支持的立场 A 攻击对方支持的立场 B。

战术 2：解读不同

同意对方提出的某项事实主张，给予不同的事实或评价。

解读不同战术的基本打法是：

（1）同意对方陈述的某项事实主张；

（2）从不同角度来解读此一事实，使其对己方有利。

战术 3：标准你定——采纳对方的判断标准，就是同意对方的价值

解读标准你定的基本打法是：

（1）同意对方陈述的某项价值判断；

（2）提出论证与论据证明我方立场符合对方所定的判断。

（二）避的策略

反驳的第二种主要策略是避，也就是不理对方。如果对手开启的战场无关紧要或纯属枝叶，不予理会反而是比较好的回应策略。

战术 1：消除枝叶

通过不予理睬或简单交代，就将特定话题结束的回应方式。

解读消除枝叶的基本打法是：

（1）引述对方发表的某个论证；

（2）简单说明该论证为何与辩题无关。

例如：对方辩手说按照我方标准，电视综艺节目也将是劣质节目（引述），综艺节目是娱乐的范围，我方已经强调，我方的劣质标准主要是针对公共领域的政治讨论，不适用在娱乐节目上（说明），因此综艺节目是否劣质与题目无关（结论）。

战术 2：是又怎样

如果无法以简单消除枝叶来摆脱纠缠，则采用是又怎样的反驳战术。

是又怎样的基本打法是：

（1）我方不同意或不确定对方的某项立场；

（2）假设我方同意对方的立场；

（3）表示即使如此也不会影响辩案胜负。

例如：我不知道对方根据什么来评断节目主题与国计民生无关（不确定），但就算无关又怎么样呢？（假设同意）难道只要话题与国计民生无关就是劣质节目吗？难道所有节目都应该制作成教育节目吗？（说明无关）

战术 3：巴蛇吞象

将对方部分辩案内容吞入我方，为了将相关讨论排除在辩论的焦点之外。

巴蛇吞象的基本打法是：

（1）引述对方价值或计划措施；

（2）说明我方同意该价值或计划措施；

（3）将该价值或计划措施从主要争议焦点中排除。

（三）打的策略

打的策略是最后的选择。

战术 1：攻其必救——对其属于关键地位的论证加以攻击

攻其必救的基本打法是：

§ 如果有选择，先攻击能对对方造成较大伤害的论证。

例如：

反方：根据我方证据，××× 教授曾经指出大学生勤工俭学的五大缺点，证明勤工俭学在社会上是受到高度质疑的。

正方问：对方辩友，请问您刚才举出的证据是不是由 ××× 教授在 ×××× 期刊发表的文章？

反方答：呃，是的。

正方问：可不可以请您念一下这篇文章的标题？

反方答：呃，我要找一下……

正方问：麻烦您把标题念出来。

反方答：呃，是“应支持大学生勤工俭学”。

战术 2：守所当守

守所当守的基本打法是：

§ 如果有选择，先防守对我方造成较大伤害的对方论证。

战术 3：排山倒海——使用大量论证，使对方无法针对我方攻击（防守）

排山倒海的基本打法是：

§ 发动所有我方可以达成攻击效果的攻击，即使效果相当有限。

战术 4：我有你无——辩论学中的独有性

我有你无的基本打法是：

§ 如果是我方强调的利，最好能证明为我方所独有；

§ 如果是对方强调的利，最好能证明不为对方所独有；

§ 如果是我方攻击对方的弊，最好能证明为对方所独有；

§ 如果是对方攻击我方的弊，最好能证明不为我方所独有。

战术口诀：我的优点你没有，若你有，没我好。
我的缺点不存在，若存在，你更糟。
你的缺点我没有，若我有，没你糟。
你的优点不存在，若存在，我更好。

三、驳论方法

（一）认识驳论

与对方论证交锋时，辩手最常用的方法有两种，一是对抗，二是破坏。而无论是对抗还是破坏，辩手都可以使用一种被称为“反驳四步”的方法来组织自己的驳论。

1. 对抗与破坏

辩手与对方的交锋就是提出立场与对方已发表的立场抗衡，经常以对抗与破坏两种形式来呈现。

首先，对抗是通过提出一个与对手论证抗衡的相抗论证，来达成否定对手论证的目的。换句话说，辩手会提出与对手不同的论据或理由，来证明一个与对方立场对立的主张。

其次，在采取破坏的驳论形式时，辩手并不提出相抗论证，而是从证据或论证的角度来质疑对方论证，以求达到降低其可信度或强度的目的。

2. 导入荒谬

针对对方提出的某种原则和价值，我国台湾地区辩手有一种相当偏爱的破坏方式，即导入荒谬。

运用导入荒谬时，辩手是将对方主张的原则或价值应用到荒谬的例子上，因此使其原则也跟着荒谬了。

（二）驳论的特殊组织

1. 合纵连横

合纵连横指的不是辩手的结盟合作，而是驳论的排列组合问题。

如果辩手把对方的多个论证包裹在一起，用一个我方论证一次加以反击，也就是以一打多，他所运用的就是串联反驳战术。

如果辩手以多个论证来打击对方的一个论证也就是以多打一，他所运用的就是重点突破战术。重点突破也叫散弹战术，在辩论中经常被用来集中火力针对对方要害发起猛攻。

2. 双刀战法

另一种同时组织多个驳论的常用战术是双刀战法，它的基本原理是指出对方在某项问题上只有两条路可走，而且两条路都是死路。

在讨论双刀战法时，许多辩论书籍会提到史上最有名的一个案例。公元前 5 世纪，以教导演讲辩论文明的克拉克斯因为他的学生拒交学费，而在法庭上上演了一段师生辩论。

据说修辞学的创始人，意大利西西里岛的一对师徒克拉克斯和提西阿斯之间发生过一个有趣的故事：提西阿斯拜克拉克斯为师学习修辞学，学成之后提西阿斯却不肯付学费。于是，这一对诡辩高手就展开了一场辩论：

提西阿斯：克拉克斯，请告诉我“修辞学”的定义。

克拉克斯：“修辞学”就是说服的技巧。

提西阿斯：关于这笔费用，我要和你打官司。如果我说服了法官，我就不用掏这笔钱，因为法官判我不用掏钱；如果我无法说服法官而败诉，我也不用掏这笔钱，因为你没有教会我如何说服人。

克拉克斯：我愿意和你法庭上见。如果我说服了法官，你将不得不支付学费，因为法官判你必须支付学费；如果我败诉了，你也应该支付学费，因为你已经掌握了说服的技巧，甚至超过了老师的水平。

3. 去粗存精

去粗存精就是辩论学者所说的消去法，其原理是将某些事情的可能情况整理成几个选项，然后消去部分可能性，只留下对己方有利的可能性。

去粗存精的基本打法是：

某件事有且只有 A、B 与 C 三种可能：

A 的情况不存在、无关联或不重要，因此消去；

B 的情况不存在、无关联或不重要，因此消去；

C 的情况对我方有利。

4. 引蛇出洞

还有一种特殊常见的驳论组织方式，称为引蛇出洞或请君入瓮。在使用四种反驳方式时，辩手事先提出一个相当脆弱的论证，诱使对方对这个论证展开我方希望其展开的攻击，然后再加以击溃。

引蛇出洞的基本打法是：

（1）提出一个看似脆弱的论证，引诱对方发动我方认定可以轻易加以击溃的攻击；

（2）等待对方发动攻击；

（3）对方攻击后，以预先准备的论证加以还击。

四、反驳谬误

研究理性论辩的逻辑与论辩学者多年来根据理性原则，归纳出许多论证规则，他们将违反这些规则的论证称作谬误，即错误的论证。要打击对手论证的合理性，辩手经常会借助谬误的概念。

（一）回避谬误

回避谬误是辩论和讨论中常见的逻辑错误，指的是在论证过程中故意回避或歪曲某些关键信息，以达到误导听众或维护自身立场的目的。以下是对回避谬误中五个提点的简要说明：

1. 偷换议题

偷换议题是指在讨论过程中，一方有意识地改变或转移原始议题，以讨论一个与原议题不同但更易于辩护的新议题。这种谬误常常发生在辩手无法有效应对当前议题时，通过改变讨论焦点来回避难题。

2. 人身攻击

人身攻击是指在辩论中，一方不是针对对方的观点或论据进行反驳，而是直接攻击对方的个人特质、能力或动机。这种谬误试图通过贬低对方来削弱其观点的可信度，而不是通过逻辑和事实来反驳。

3. 小题大做

小题大做指的是将一个小问题或细节过分夸大，以至于掩盖了更大的问题或整体情况。这种谬误通过夸大某些不重要的细节来转移听众的注意力，从而回避真正需要讨论的核心问题。

4. 先定结论

先定结论是指在讨论开始之前，一方已经预设了一个结论，并在后续的论证过程中只选择支持该结论的证据，而忽略或否认与之相悖的证据。这种谬误限制了讨论的公正性和客观性，因为它排除了对结论进行合理质疑的可能性。

5. 重复观点

重复观点是指在没有提供新证据或理由的情况下，反复强调某个观点或结论的正确性。这种谬误试图通过不断重复来加强观点的可信度，但实际上并没有增加任何新的信息或论证力量。它忽略了逻辑和证据的重要性，仅仅依赖于重复来维持立场。

在辩论和讨论中，识别并避免这些回避谬误对于保持讨论的公正性、客观性和有效性至关重要。通过坚持基于事实和逻辑的分析，我们可以更好地理解问题，并做出明智的决策。

（二）推论谬误

推论谬误是在逻辑推理过程中常见的错误，这些错误导致结论无法从前提中合理得出。以下是推论谬误中五个提点的简要说明：

1. 推演不出

推演不出是指在给定的前提或证据下，无法合理推导出所要证明的结论。

这通常发生在论据与结论之间缺乏必要的逻辑联系，或者论据不足以支持结论的情况。例如，仅仅因为某人没有钱，并不能直接推导出他无法与他人建立关系，这种推论忽视了其他可能的因素。

2. 夸大其词

夸大其词是指对某一事实或情况进行过度强调或夸张，以至于其真实含义或影响被扭曲。这种谬误常常出现在为了增强论点的说服力而故意夸大事实的情况中。夸大其词不仅可能导致听众的误解，还可能损害论证的可信度。

3. 因果误判

因果误判是指在没有充分证据的情况下，错误地将两个事件之间的时间顺序解释为因果关系。这种谬误常见于归因时带有偏见的情况，如仅仅因为某个事件在另一个事件之前发生，就认为前者是后者的原因。实际上，时间上的先后关系并不足以证明两者之间是因果关系。

4. 草率概括

草率概括是指在没有充分调查或分析的情况下，基于有限的观察或经验就对整体情况做出判断。这种谬误忽视了可能的例外情况或个体差异，导致结论的片面性和不准确性。例如，仅凭一次不愉快的经历就对整个群体产生偏见，就属于草率概括的谬误。

5. 类比不当

类比不论是指在使用类比推理时忽视了类比对象之间的本质差异，从而得出错误的结论。类比是一种通过比较不同对象之间的相似性来进行推理的方法，但如果类比的对象在关键特征上存在本质不同，那么类比推理就可能失效。因此，在使用类比推理时，需要谨慎分析类比对象之间的相似性和差异性，确保类比的合理性。

为了避免推论谬误，我们在进行逻辑推理时应保持谨慎和客观，确保论据与结论之间的逻辑联系紧密且合理，避免过度夸大或简化事实，同时谨慎使用类比等推理方法。

（三）诉求谬误

诉求谬误是指在论证过程中，不是基于事实、逻辑和证据来支持论点，而是依赖于某种不合适的诉求或策略，从而导致结论的不合理或不可靠。以下是诉求谬误中四个提点的简要说明：

1. 诉诸无知

诉诸无知是指由于某个命题未被证明为假（或真），就假定其为真（或假）。这种谬误忽视了证据和逻辑的重要性，仅仅因为缺乏反证就接受或拒绝某个观点。例如，声称 UFO 存在，因为没有人证明其不存在，就属于诉诸无知的谬误。

2. 诉诸群众

诉诸群众是指错误地认为某个观点或主张因为得到多数人的支持或认同就是正确的。这种谬误忽略了真理的独立性，它并不依赖于支持者的数量。多数人的观点并不总是正确的，因此不能仅凭多数人的意见来判断一个论点的真伪。

3. 诉诸情绪

诉诸情绪是指在论证中，不是通过逻辑和事实来说服听众，而是试图通过激发听众的情绪来赢得支持。这种谬误依赖于情感反应而非理性分析，可能导致听众做出非理性的判断。例如，通过制造恐惧或激起愤怒来推动某个议题的接受，就属于诉诸情绪的谬误。

4. 诉诸权威

诉诸权威是指在论证中过度依赖某个权威人士或机构的观点，而不是考虑该观点本身的合理性或证据支持。这种谬误忽视了独立思考和批判性思维的重要性，可能导致盲目接受错误或偏颇的观点。需要注意的是，权威的观点在某些情况下是有价值的，但在论证中应该基于其本身的合理性和证据来评估，而非仅仅因为其来源权威。

为了避免诉求谬误，我们在进行论证时应坚持基于事实、逻辑和证据的原则，审慎评估各种诉求的有效性，并避免依赖于不合适的策略来支持论点。同时，我们也应该培养批判性思维，独立思考，不轻信未经证实的观点或权威的说法。

（四）语言谬误

语言谬误是指在语言使用过程中，由于不恰当的用词、表达方式或逻辑推理导致的错误结论或误解。以下是语言谬误中四个提点的简要说明：

1. 偷换概念

偷换概念是指在论证过程中，故意或无意地改变某个概念的含义，用一个不同的概念来替代原有的概念。这种谬误会导致论证的逻辑链条断裂，使结论无法从前提中合理推出。例如，在讨论健康饮食时，将“适量摄入糖分”偷换为“完全禁止糖分”，就属于偷换概念的谬误。

2. 非黑即白

非黑即白是指将问题或观点简化为两个极端选项，忽略中间地带或其他可能性。这种谬误忽视了问题的复杂性和多样性，导致结论过于绝对化和片面化。例如，认为一个政策要么完全有效要么完全无效，而不考虑其可能存在的部分效果或局限性，就属于非黑即白的谬误。

3. 以大为小

以大为小是指将一个较大的概念或范畴缩小到不恰当的程度，忽略其内涵的丰富性和多样性。这种谬误会导致对问题的理解过于狭隘和片面。例如，将“艺术”仅仅定义为绘画或雕塑，而忽略了音乐、舞蹈、文学等其他艺术形式，就属于以大为小的谬误。

4. 以小为大

以小为大是指将一个较小的概念或个例过分夸大，赋予其不应有的重要性或普遍性。这种谬误会导致对问题的过度解读和误解。例如，将个别案例的极端情况作为整体状况的代表，从而对整个群体或现象做出过于绝对的评价，就属于以小为大的谬误。

为了避免语言谬误，我们在使用语言进行交流和论证时，应该保持清晰、准确和全面的表达，避免模糊概念、过度简化或夸大其词。同时，也要注重逻辑思维的严密性，确保论证的前提、推理和结论之间的逻辑关系合理且连贯。

五、课堂练习

（一）训练任务

质询式辩论。

（二）辩论选题

正方：现代社会更需要通才；反方：现代社会更需要专才。

正方：诚信主要靠自律；反方：诚信主要靠他律。

正方：当今社会合作比竞争更重要；反方：当今社会竞争比合作更重要。

正方：知识扶贫比经济扶贫更重要；反方：经济扶贫比知识扶贫更重要。

正方：商业炒作是现代社会文化现象之必然；反方：商业炒作是现代社会文化现象之或然。

正方：家族企业利大于弊；反方：家族企业弊大于利。

正方：青少年素质的提高主要是家庭养成；反方：青少年素质的提高是学校教育。

正方：现代社会男女竞争平等；反方：现代社会男女竞争不平等。

正方：英语是求职护照；反方：英语不是求职护照。

正方：人和自然可以和谐相处；反方：人和自然不能和谐相处。

（三）训练任务及安排

进行分组，每 8 人一组，分两队（4 人一队），每队成员自由选择担任一辩、二辩、三辩、四辩的角色。

每组派一名代表抽题，抽题结束后，每个小队代表抽签决定正方和反方。

开展选题界定、立场分析、设计方案、立论、攻防、陈词撰写、赛前演练等准备工作。

辩论时，学生轮流当辩论赛主持人进行主持。

未轮到辩论的学生需要充当大众评委，并进行有效评论。

六、课堂小结

本节主要学习了反驳的三大策略、驳论的方法和反驳谬误三个方面的内容，其中反驳谬误是本节课的难点内容，辩论的学习不能仅仅停留在理论讲授中，应该在实践中不断地积累经验，这样才能将理论与实践很好地结合，在辩论中反驳谬误才能够应用自然灵活。

辩论是智慧的较量，辩论是思想的交锋，辩论是语言的艺术，辩论是综合性的科学。晏婴不辱使命，靠的是伶牙俐齿；诸葛孔明舌战群儒靠的是雄辩的才能。仅凭有理，尚不能走遍天下，据理雄辩，方能四海驰骋。辩论的语言技巧、逻辑技巧、应变技巧、情感技巧、形象技巧等方面都是辩论中克敌制胜的法宝。

七、课后作业

（一）复习内容

复习重点在于深化对论证策略、技巧以及攻防转换的理解。复习过程中，应回顾并巩固如何构建和呈现有说服力的论点，如何筛选和运用恰当的论据，以及如何在攻防转换中灵活应对对方的挑战。通过复习，提高在实战中的应变能力，使论证更加严密、有力。

（二）预习内容

提前熟悉和了解辩论赛的整体流程和各个环节，包括开场陈述、论点阐述、自由辩论、总结陈词等。通过模拟演练，可以提前发现并修正自己在辩论中的不足，提升应对突发情况和压力的能力，为正式比赛做好充分准备。

（三）作业题目

根据课上辩论活动，撰写总结报告，主要内容包括辩论的策略、反驳的技巧以及心得体会等。根据课上辩论实践，完成辩论技巧及心得的总结工作，在总结的过程中，既要有个人总结也要有小组团队总结。

八、课外拓展

高度争议的断尾求生战术：

“避”的策略中还有一种风险很高的招数——断尾求生。

在辩案提出之后，如果其中某个部分遭遇对手的猛烈攻击，令辩论队伍难以招架，这时辩手可以上台同意对方的说法，并表示他们决定将遭受攻击的部分从辩案中删除，或是顺应对方说法而做必要的修正，以便能尽早从不利的战局中脱身。

在非政策辩论中，删除与修正经常发生在两方面：一是辩手放弃为某个具体的价值事例做辩护；二是辩手改变先前对某个关键语词的定义。在政策辩论中，删除与修正经常发生在计划的组成部分上。

许多国家的辩论赛有“禁止更改立场”的规定。奥瑞冈式辩论规则也规定了“双方均不得修正第一位辩论选手申论时表明之立场，否则视为违规”，这是断尾求生引发争议的原因。

一般来说，消极的“删除”比积极的“修正”争议要小一些。不过即使只是删除，仍有可能被评委视为违规，因此“违规利益不予承认”——换句话说，评委很可能不允许断尾求生。

因此无论删除或修正，还是在登台前预先做好比较妥当。一旦上了台，无论辩案遭遇何种攻击，辩手们都应该为其辩护到底。

第六节　赛前演练

一、课程导入

在竞赛辩论的两个准备中，其中之一是练兵。练兵的目的是提升辩手的战绩优势。使他们能在与对手言语交锋时占上风。论证的建立与拆解的战绩已经在前面深入地讨论过，本节我们探讨的主要是发表技巧。除了分析立场与设计辩案，在面对辩论实战之前，辩手们还应该在发表技巧上做好充分的赛前演练，以提高团队的获胜机会。

教学目标：

帮助学生充分准备和熟悉辩论比赛的流程和环节，通过模拟真实的辩论场景和对抗环境，提升学生的辩论实战能力。课程注重培养学生的应变能力、团队协作能力和语言表达能力，使其在赛前能够充分预见和应对各种可能出现的情况，为即将到来的辩论比赛做好充分准备。

本节从一般发表技巧、质询答辩技巧与赛前模拟演练三方面来阐述竞赛辩论中重要的赛前演练原则。

二、一般发表技巧

（一）申论技巧

申论所需要的表达技巧其实与发表一篇说服演讲是差不多的。

在设计正文方面：

第一，首先要做的是根据双方先前攻防流程（如果是正方一辩，则是根据我方辩案设计）从作战计划挑选攻防论点与支持证据；

第二，排定攻防论点与支持证据的发表次序；

第三，将排定次序的攻防论点与支持证据，简单地转写成发言大纲正文。

1. 攻防转折

辩论中的“攻防转折”是辩论过程中非常关键且激动人心的时刻，它标志着辩论双方攻防态势的显著变化。如下例。

辩题：网络社交是否加剧了人们的孤独感?

攻防转折过程：

正方立论与初步进攻：

正方首先阐述其立场，认为网络社交虽然看似拉近了人与人之间的距离，但实际上却减少了面对面的真实交流，从而加剧了人们的孤独感。正方通过列举一系列社会现象和心理学研究来支持其观点。

反方反驳与防守：

反方针对正方的论点进行反驳，强调网络社交为人们提供了更广阔的交流平台，使得人们能够更容易找到志同道合的朋友，从而缓解孤独感。反方通过分享网络社交平台上温馨、积极的交流案例来反驳正方的观点。

攻防转折点的出现：

在辩论进入质询环节或自由辩论阶段时，正方辩手突然提出一个有力的新论点，即网络社交中的“表面社交”现象。他们指出，很多人在网络社交平台上只是进行浅层次的交流，缺乏深入的情感沟通，这种表面社交反而让人们感到更加孤独。为了支持这一论点，正方辩手引用了一项最新的心理学研究成果，该研究显示，长期依赖网络社交的人更容易感受到孤独和社交不满。

反方应对与反攻尝试：

面对正方的这一突然转折，反方辩手需要迅速调整策略进行应对。他们可能试图通过质疑该研究的普适性或提出其他网络社交的正面案例来削弱正方新论点的影响力。然而，在这个例子中，我们假设反方未能有效反驳正方的这一新论点，导致攻防态势发生显著变化。

攻防转折后的局势：

经过这一攻防转折，正方辩手在辩论中占据了主动地位。他们继续围绕“表面社交”现象展开论述，进一步巩固和深化其立场。而反方则需要在剩余的辩论时间内努力寻找新的突破口或加强已有论点的说服力，以试图扭转局势。

这个例子展示了辩论中攻防转折的典型过程：一方通过提出有力的新论点或发现对方论点的显著漏洞，实现攻防态势的显著变化，而另一方则需要迅速调整策略进行应对，以试图重新夺回主动权。攻防转折是辩论中最为精彩和紧张的时刻之一，它要求辩手具备敏锐的洞察力、快速的反应能力和深厚的知识储备。

2. 立场摘要

辩论中的“立场摘要”是指对辩论双方所持观点的精练概括和总结。它通常包括辩手的主要论点、论据以及支持这些论点的逻辑推理。以下是一个关于“科技发展利大于弊还是弊大于利”辩题的立场摘要举例。

正方立场摘要（科技发展利大于弊）。

主要论点：

科技发展极大地促进了社会生产力的提高，推动了人类文明的进步。

科技创新为解决全球性问题（如疾病、贫困、环境污染）提供了可能。

科技产品丰富了人们的生活，提高了生活质量和便利性。

论据支持：

历史上，每一次科技革命都带来了社会生产力的飞跃，如工业革命、信息革命等。

现代医疗技术的进步显著延长了人类寿命，降低了疾病死亡率。

互联网、智能手机等科技产品的普及，让人们能够更便捷地获取信息、交流沟通。

逻辑推理：

科技进步是社会发展的必然结果，它带来的正面影响远大于负面影响。

尽管科技发展可能带来一些问题（如隐私泄露、就业结构变化），但这些问题可以通过法律、伦理等手段加以规范和解决。

从长远来看，科技发展将为人类创造更多的福祉和机会。

反方立场摘要（科技发展弊大于利）。

主要论点：

科技发展加剧了社会不平等和资源分配不均。

科技产品的过度使用对人们的身心健康造成了负面影响。

科技进步带来的环境问题日益严峻，威胁到人类的生存环境。

论据支持：

数字鸿沟现象表明，科技发展并没有让所有人受益，反而加剧了社会贫富差距。

过度依赖电子产品导致视力下降、颈椎病等健康问题频发。

在工业化和城市化进程中，环境污染和生态破坏问题日益突出。

逻辑推理：

科技发展虽然带来了一定程度的便利和进步，但其负面影响却不容忽视。

如果不能有效解决科技发展带来的社会问题和环境问题，那么其弊端将逐渐显现并占据主导地位。

因此，在推动科技发展的同时，必须高度重视其可能带来的负面影响，并采取相应的措施加以预防和治理。

需要注意的是，立场摘要应简洁明了地概括辩手的主要观点和论据支持，以便听众或评委能够快速了解双方的立场和论证思路。同时，立场摘要也应保持客观中立的态度，不掺杂个人情感或偏见。

3. 要求回应

在辩论中，“要求回应”是一种战术手段，用于迫使对方辩手直接针对己方的某个论点、论据或质疑进行明确回答。这不仅可以检验对方论点的稳固性，还能在辩论场上占据主动，引导辩论走向。以下是一个关于“要求回应”的举例说明。

辩题示例

辩题：人工智能的发展是否会导致大量工作岗位的流失？

正方立场：

正方认为人工智能的发展会导致大量工作岗位的流失，因为机器可以高效完成许多原本由人类承担的任务，从而减少了对劳动力的需求。

反方立场：

反方则认为人工智能的发展虽然会改变就业结构，但并不会导致大量工作岗位的流失，相反，它还会创造新的就业机会，并促进人类向更高层次的技能领域发展。

在辩论的某个阶段，正方辩手提出了以下论点并要求反方回应：

正方论点：人工智能已经在制造业、零售业等多个领域展现出了替代人类劳动力的能力，例如自动化生产线上的机器人、无人超市中的智能结算系统等。这些实例充分证明了人工智能的发展正导致大量低技能工作岗位的消失。（正方通过具体实例来支撑其论点）

要求回应：对方辩友，我们刚刚列举了人工智能在多个领域替代人类劳动力的实例，并据此认为人工智能的发展正导致大量工作岗位的流失。请问对方辩友，您是否认同这些实例的真实性？如果不认同，请您明确指出哪些实例存在误导或夸大的成分；如果认同，那么请您解释为什么在这些岗位被替代的同时，不会引发大规模的工作岗位流失问题。（正方以事实为依据，直接而礼貌地要求反方对其核心论据进行明确回应）

反方可能的回应：

直接反驳论据：我们承认人工智能在某些领域确实能够替代人类完成某些任务，但这些实例并不能全面反映人工智能对就业市场的影响。事实上，许多被替代的工作岗位同时也在催生新的就业机会，例如人工智能的研发、维护、监管等岗位。（反方通过提出新的论据来直接反驳正方的实例）

质疑论据的相关性：对方辩友提到的实例确实存在，但这些实例主要集中在低技能工作岗位上。然而，我们讨论的是整体就业市场的影响，而非单一技能层次的就业变化。因此，这些实例并不能全面支持您的论点。（反方通过质疑论据的相关性来削弱正方论点的说服力）

提出新的视角：我们理解对方的担忧，但我们认为人工智能的发展更像是一场就业革命而非灾难。它要求我们重新审视教育、培训和职业规划，以适应新的就业需求。通过提升自身技能，人类完全有能力在人工智能时代找到属于自己的位置。（反方通过提出新的视角来回应正方的论点，并试图引导辩论走向更广阔的讨论空间）

在这个例子中，“要求回应”不仅促使反方直接面对正方的质疑，还推动了辩论的深入进行，使双方能够更充分地阐述自己的观点和论据。

老经验的辩手会尽力用完申论时间的每一秒钟，向听众展现自己的辩论技术高超，并避免产生准备不足的印象。

需要注意的是，正方一辩的申论。首先，正方一辩申论是整场辩论比赛的第一个发言，开头必须比其他发言更精致。其次，正方一辩申论并不需要针对任何先前发言做临场反应，因此可以撰写完整的讲稿。

4. 申论发表

主要是利用两项媒介——语言与非语言，其中非语言又可以区分为声音语言与身体语言。

在语言方面，辩手要培养自己的语言能力。

辩手说话的语气要肯定，并且不使用情绪语言。

多用生动的语言，如使用身体语言、表情、目光、手势、站姿等。

5. 声音语言

拥有声音表情是口语传播的特征之一，如果辩手从头到尾都用一样的声音音量、语速与语调，缺乏抑扬顿挫，就等于是将声音的说服管道浪费了。

（二）结辩技巧

表示结辩的正文应该包括以下三点：

第一，简要说明双方立场；

第二，建立比较双方立场谁优谁劣的标准；

第三，说明基于什么理由我方应该获胜。

结辩最常见的开头方式是直截了当地切入正文。

在经过了双方的激烈讨论后，现在让我们来分析一下核能电厂究竟有没有继续兴建的必要。

精致的结尾：引用名人的意见，或是发表一段展望未来的话语作为整场比赛的总结。但结辩辩手还可以选择更简单的建议裁决方式来为辩论画上句号。

经过今天这场比赛的讨论，大家可以很清楚地发现，我方的制度远比对方制度解决了更多的社会问题，因此安乐死当然应该合法化。

（三）团队技巧

首先是记录的，也就是记下论点。在比赛中。辩手们应该将双方的发言要点与重要证据记录下来，以便掌握论证交锋的要点。

其次是准备发言。一方面，记录论点可以为自己即将到来的申论做准备，记载的反驳论点将成为自己的发言摘要。另一方面，“准备发言”与“准备发问”非常相似。哪些要点可以放在自己的质询之中，还须构思提出询问的方法。

担任申论工作的辩手应该将己方辩友在质询中获得的成果纳入自己的发言内容中。

后续攻击——建议辩手们在进行后续攻击时应当注意以下几点：

第一，提醒听众对方在答辩中承诺将提出的证据，并持续检验对方是否履行承诺。

第二，指出对方在质询中承认的事项，并且说明这些事项的重要性。

第三，指出对方在质询中无法回答的问题，并且说明其代表的意义。

第四，明确指出质询答辩中双方达成的基本共识，并说明根据此种共识己方的立场将优于对方立场。

三、质询答辩技巧

美国法律界红极一时的律师爱德华·威廉斯（Edward Williams），曾经在接受《时代》周刊访问时谈到质询的技巧。他说：“质询是一种艺术，它就如同你要将绳圈套在被传唤来伤害你的证人身上，使他被你控制，反过来帮助你，这种情况就像是与证人共处暗室，他手持匕首，随时想捅你一刀，这时你必须小心翼翼地紧跟在他的身后。你绝不能在质询中做实验，绝不能问不知道答案的问题。如果你有确定的答案，证人却并未那样回答，你可以立刻干掉他，否则被干掉的就是你。”

注意：质询者控制质询时间，提出任何与题目有关合理而清晰的问题，并可随时停止被质询者的回答。作为质询者，他只能问，不可以利用质询时间自行申论。答辩者只能答，不能反问质询者。

（一）质询的准备

1. 逆向思考

在“大学生创业利大于弊”的辩论中，针对正方主打的“大学生创业即使失败，仍将增进其挫折抵抗力”，以及反方可能主打的“大学生创业会造成课业分心”等议题，辩论队伍都应该设计好质询题目，如果场上确如预料中的出现了这两个议题，就可以使用事前准备好的质询来回应。

事前的准备工作做得越充分，猜中的议题越多，质询就越可以依赖事前的准备，而不必只靠临场发挥。

2. 打造地基

最好的论证拥有三大组成要素：一是无可否认的根据；二是无从推翻的推论；三是无可回避的主张。

如果正方回应“大学生创业会造成课业分心，因此弊大于利”的方式，是“很多事情都会造成大学生分心，因此造成分心不构成弊大于利的理由”，这个正方主张就将是质询要试图建立的大楼。而怎样使反方接受这个主张呢？类比论证是一个很可能的方法。正方如果以交男女朋友、打球与参加社团做类比，强调这些事也会使大学生分心，但却不被认为弊大于利。例如，辩手可以这样问：

问：对方辩友，请问您有没有女朋友？

答：有。

问：那请问你交女朋友是不是会花时间？

答：我懂得时间分配。（答辩者打算逃脱）

问：那请问有没有大学生会交男女朋友交到无法兼顾课业。（质询者不为

所动，继续以其他大学生为对象来追问）

答：这不一样。（答辩者回避问题）

问：请回答我的问题，有没有大学生会因为交男女朋友而耽误课业。（质询者不为所动，再次追问同一问题）

答：呃，有可能，但是……（获得对方承认类比）

问：谢谢你，我得到我要的答案了。

在上例中，如果交男女朋友、打球、参加社团，这些多数人不认为弊大于利的事，依照反方的逻辑都属于弊大于利。其实辩案的外部连贯性就将受到重创。

（二）问题的形式

1. 一般问题

一般问题指的是寻求答辩者回答的问题，又可以按照学生考试中的常见题型，分为是非题、简答题、选择题与申论题。

问：请问有没有大学生会因为交男女朋友而无法兼顾课业？

答：不一定。

问：你说不一定，是不是因为有些人会，有些人不会。

答：对。

问：那表示有人会嘛。

质询者应该尽量避免询问的是“要求无限答案”的申论题，也就是说，所谓的“开放式问题”。申论题的风险是给予对方过大的回答空间，因而使质询者丧失质询的主导权。

如果质询者问：“请问您方为什么反对赌博特区？”答辩者的答复是“赌博的坏处可以从十个方面来分析”，这下质询者要如何回应呢？

2. 特殊问题

（1）建议式询问

当答辩者被质询者的问题逼到墙角时，利用建议式询问替他说出他不愿说出的答案，然后快速收尾。

问：那么您方为什么要让他出狱呢？

答：嗯……

问：是不是因为他已经服完与他的犯罪罪刑相当的刑期了呢？（因为对方出现迟疑，质询者迅速提出建议式询问）

答：嗯……

问：谢谢，我想我已经得到需要的答案了。（对方在建议式询问后再度出现迟疑，质询者迅速将系列问题收尾）

（2）对质式询问

对质式询问要的也不是答案，而是希望提出违反答辩者立场的伤害性事实，来暴露他的发言与事实不符，以降低其可信度。

问：您刚才是不是说多元入学方案实施之后，学生的升学压力获得减轻，补习的人也少了？

答：是的。

问：可不可以请您念一下我手上这份资料？

答：好。

问：这份资料是来自 2001 年 5 月 16 日出版的《市政统计周报》，请念这一段。

答：根据调查，2019 年本市中等以下各级学校学生，平日放学后参加校外补习之比率，为 55.14%，较上年 54.05% 提高 0.64 个百分点。初中、高中学生亦半数以上下课后进入补习班，分别为 67.96% 及 55.41%。

问：请问是不是还有超过半数的学生在补习，甚至补习人数还增加了呢？

（三）质询的目标

质询的主要目标可以归纳为限定、攻击、防御三大类。

1. 限定

质询的第一个主要目标是限定辩论的范围，质询者通过澄清对方立场、建立双方共识等做法，将随后的攻防焦点引导到关键议题上。

问：您方所主张的“高考应增加在校成绩”，请问是“五育”成绩中的哪些部分?

答：是增加智育，通过这样的方法，我们可以……

问：谢谢您，我要问下一个问题了。

通过这则简单的质询，质询者得知正方要增加的是智育成绩，就可以放弃预先准备用来反驳增加其他四育分数的论点，而集中讨论只增加智育的问题。

2. 攻击

攻击，即质询者试图通过暴露对方的论证问题、证据缺失与内部矛盾来减损对方辩案的说服力。在辩论“以大企业为主的产业结构优于以中小企业为主的产业结构”时，反方使用了下面这则质询来攻击对手：

问：对方辩友，您刚才提到的以大企业为主的产业结构可以提升产品的研究与开发能力，对不对?

答：是的。

问：请问您，瑞士这个国家您知道吧?

答：大概了解。

问：包括钟表业在内的精密工业是瑞士的重要产业之一，对吧?

答：是的。

问：您念一下《天下杂志》报道中的这一段话。

答：瑞士是一个以中小企业为主的国家。

问：但是瑞士的钟表也仍然保有国际竞争力，对不对?

答：是的，但是……

问：谢谢您，我得到了我要的答案了。

3. 防御

防御，即质询者试图通过回应对方攻击以及获取承认等方式来强化己方的辩案与立场。

下面是回应攻击的一个实例：

问：您方认为，无期徒刑的受刑人出狱后仍可能再度犯罪，而给社会造成危害是吗?

答：是的，根据我方的资料，他们仍有再犯的例子。

问：好的，他们有人会再犯，所以应该判他们死刑喽？

答：是的，应该将他们与社会永久隔离。

问：请问您，一般人可不可能犯罪？

答：可能，但这些人不是一般人。

问：您方是否有证据证明这些人的再犯罪率比一般人的犯罪率来得高？

答：没有，可是……

问：你没有证据，谢谢您，我再请教您下一个问题。

（四）质询者应该注意的事项

1. 质询者要保持良好的风度

如果一位律师性格乐观、谈吐率直，表现追求真理的热情，并且对证人彬彬有礼，如果能掌握自己询问的方向，在达成目标时便回座，实时展现公平竞争的精神，那么他将为己方创造良好的情势，在下意识中强有力地影响陪审员的讨论与判决结果。

2. 质询者要掌握询问的主导权

在已经得到自己所需要的答复后，质询者应该简短地表示，“谢谢您，我得到了我需要的答案了”或者“对方辩友，我要问您下一个问题了”来终止答辩者的回答。

（1）质询者的问题要尽量简单明了

一旦答辩者因为不了解问题，而要求质询者重述时，质询的宝贵时间就要浪费大半了。

（2）质询者要懂得拿捏论证强度

将问题定为“如果在青少年犯罪后公布家长姓名，是不是有可能使原本对父母不满的青少年故意犯罪来使父母蒙羞呢”，就比询问对方“是不是会有很多对家庭不满的青少年将故意犯罪”要实际得多。

3. 质询者要避免自行申论与评论

质询者自行申论的常见方式有两种：

先申论后质询：在台上质询后表示，“在开始质询对方辩友以前，我方先澄清一点……”

冗长说明：当对方针对某项问题答复“不知道”时，以“让我告诉你的方式”做冗长的解说。

（五）答辩者应该注意的事项

在辩论的激烈交锋中，质询答辩环节无疑是对答辩者智慧、应变能力和心理素质的极大考验。此阶段，答辩者不仅需精准理解质询者的意图，迅速构建回应框架，还需以清晰、有力的方式展现自身立场，同时保持风度与尊重。以下是对质询答辩时答辩者应注意事项的详细叙述，并辅以实例说明。

1. 深入理解问题，明确回应方向

答辩者首要任务是准确捕捉质询者的核心问题，避免误解或偏离主题。这要求答辩者具备高度的注意力和快速的分析能力，能够迅速提炼出问题的关键点。

假设辩题为“网络社交是否促进了人际关系的深化”，质询者提问：“对方辩友认为网络社交如何克服了地域限制，促进了远距离人际关系的建立？请举例说明。”答辩者应首先确认问题的核心在于“网络社交如何克服地域限制并促进关系深化”，然后结合具体案例（如在线学习社群、跨国友谊等）进行阐述，而非泛泛而谈或偏离至其他议题。

2. 逻辑清晰，论据充分

回应时，答辩者需构建逻辑严密、条理清晰的论述框架，确保每一点回应都能紧密围绕核心论点展开，同时提供有力的证据或数据支持。

针对上述质询，答辩者可以这样回应：“网络社交通过即时通信、视频通话等功能，极大地缩短了人与人之间的距离。比如，许多国际学生通过网络平台与全球同学共同学习，不仅交流了学术知识，还建立了深厚的友谊，这正是网络社交克服地域限制、促进人际关系深化的生动例证。”

3. 灵活应对，巧妙转折

面对质询者的尖锐提问或意外挑战，答辩者需保持冷静，灵活调整策略，必要时可采用转移话题、反问、承认并解释等技巧，巧妙化解压力。

若质询者质疑："但网络社交也导致了面对面交流的减少，不正是人际关系疏远的体现吗？"答辩者可以回应："确实，网络社交的普及在一定程度上改变了人们的交流方式，但这并不等同于人际关系的疏远。相反，它为人们提供了更多元化的交流渠道，使得人们能在不同情境下选择合适的方式表达情感，如节日时通过视频祝福，日常通过分享生活点滴，这些都是增进关系的方式。

4. 语言表达与肢体语言并重

答辩者的语言表达应简洁明了，避免冗长复杂的句子。同时，肢体语言如眼神交流、手势运用等也能增强表达效果，展现自信与真诚。

在回应质询时，答辩者可通过适时的点头、微笑等肢体语言来传达友好与开放的态度，同时用简洁有力的语言直接回应问题，如"您提到的这一点，实际上正是我们想要强调的……"这样的表达既体现了对质询者的尊重，也有效传达了自身观点。

5. 尊重对手，保持风度

无论质询内容如何尖锐，答辩者都应保持冷静与礼貌，避免情绪化回应，展现辩论应有的风度与素养。

当质询者提出较为尖锐的批评时，答辩者可以回应："感谢对方辩友的提问，这确实是一个值得深入探讨的问题。不过，我认为……"这样的回应既表达了对质询者的尊重，也为自己赢得了思考和组织语言的时间。

6. 总结提炼，强化论点

在质询答辩的尾声，答辩者应简短总结自己的回应要点，强化核心论点，给听众留下深刻印象。

如"综上所述，网络社交通过克服地域限制、提供多样化交流方式，实际上促进了人际关系的深化与拓展。我们不应因其带来的变化而否定其积极作用，而应积极适应并利用这一工具，促进更广泛的人际连接。"

总之，质询答辩是辩论中最为关键的一环，答辩者需综合运用逻辑思维、语言表达、心理素质等多方面的能力，以清晰、有力、尊重的方式回应质询，从而在辩论中占据有利地位。

7. 其他注意事项

首先，答辩者要避免规避逃跑。

问：您知道最近有份调查死刑恫吓力的研究报告吗？

答：死刑当然有恫吓力，我方……

问：谢谢您，我是问您是否知道这份研究报告？

答：很多研究都调查过这方面的问题，举例来说……

问：您不知道对不对？（建议式询问）

答：是的，我不知道。

由于规避是很容易招致评委反感的行为，答辩者应该尽量避免这样做。

其次，如果有但是，应该先说。

错误例子如下：

问：只要感受极大痛苦，经过本人同意，无论患有什么样的疾病，都可以申请安乐死吗？

答：只要符合上述条件，即可提出申请，但是……

问：谢谢，我得到了我要的答案了。

正确例子如下：

问：只要感受极大痛苦，经过本人同意，无论患者有什么样的疾病，都可以申请安乐死吗？

答：审核委员会会严格评估该项疾病是否濒临死亡，只要符合上述条件，即可提出申请。

四、赛前模拟演练

机械辩论是指辩手不能把辩论要素变成自己本能的一部分，只会机械刻板地套用辩词内容与辩论技巧。本能辩论则是指辩手将辩论的内容与技巧变成本能的一部分，能够融会贯通、灵活运用。然而，要怎样从中规中矩的机械辩论提升到自由挥洒的本能辩论境界呢？行之有效的方法是增加模拟演练。

（一）赛前的两种演练

模拟演练是指赛前模拟竞赛场景的辩论练习。模拟演练的主要类型有以下两种：

1. 攻防演练

攻防演练是以议题为单位的辩论练习，由辩论队伍中的每位辩手轮流进行。

（1）防守

每位辩手可以根据己方在某个核心议题上的论证与论据，再由其他队员与指导教师扮演对方辩手，对他提出各种质疑，负责申论的队员则必须一一加以答复。

（2）进攻

可以由指导教师或教练扮演对方辩手，提出对方可能主打的论点，再请台上辩手发表反驳意见，发表完毕后，则由教师或其他辩手针对他的反驳发表对手可能回应的意见。

（3）质询

辩论队伍可以根据事前设计好的质询稿，由一位辩手担任对方的答辩者，让每位辩手练习质询。

2. 实战演练

实战演练是模拟正式辩论情境的练习赛。

（二）分工与分稿

从奥瑞冈式正方的角度来看，一辩申论扮演的主要是提出辩案的角色，主要负责“立”。二辩则介于立案与攻防之间，扮演锁定争议焦点的枢纽，以“锁”为主要职责。而三辩的任务是针对锁定后的争议焦点施展有效的反驳行动，主要负责“破”。至于由三人之中挑选一人来兼任的结辩，其主要职责为总结辩论，并提供评审人员判决己方获胜的理由，其主要职责在“收”。

反方的辩手职责与正方类似，但略有差异。反方一辩申论扮演的角色介于正方一辩申论与正方二辩申论之间，是先“立”后“锁”。反方二辩申论则介于正方二辩申论与正方三辩申论之间，是先“锁”后“破”。至于反方三辩申论以及反方结辩与正方一样，仍是以“破”与“收”为主要职责。

（三）决定选手

一般来说，选拔选手的主要标准有以下四点：

一是学识能力。辩手是否对辩题涉及的背景知识有充分认识，能否掌握更多的论点与论据。

二是思维能力。辩手是否具有出色的逻辑思维能力，能够立刻解读论证的结构，且发现其中的问题，并有效掌握辩案架构。

三是表达能力。辩手是否具有出色的口语表达能力，可以展现较佳的讲台形象。

四是反应能力。辩手是否具有出色的临场应变能力。

五、课堂练习

根据以下选题任选其一，进行正反方选择，结合申论技巧完成申论稿设计。

表 14–1　辩题

正方	反方
高分是高能的体现	高分不是高能的体现
文凭能够代表知识水平	文凭不能够代表知识水平
逆境有利于人才成长	逆境不利于人才成长

六、课堂小结

通过本节课的学习，巩固和学习了辩论的一般发表技巧、质询答辩技巧，并进一步开展赛前模拟演练，为辩论比赛的正式开展做好充足的准备工作。辩论比赛的基本技巧方法都已经学习过了，真正能够做到融会贯通，就需要多多实践。

答辩过程有三大原则：一是队员们必须在事前决定他们在辩论中必须坚守的立场。二是如果问题不明确或很模糊，答辩者应当要求澄清。三是答辩者应当以最直接、最能展现风度的方式来回答问题。

七、课后作业

（一）复习内容

复习辩论赛前演练，回顾和总结在模拟比赛中的表现，分析并改进自己在辩论技巧、论点构建、论据运用和应对挑战等方面的问题。通过复习，加深对辩论赛流程的理解，提高在比赛中的应变能力和整体表现，为正式比赛做更加充分的准备。

（二）预习内容

做好质询式辩论小组任务的准备工作，做好提纲的设计和辩论的预演。

（三）作业题目

根据选题选择正反方，完成质询的准备工作，设计质询问题。

表 14-2　辩题

正方	反方
友情升华是爱情	爱情升华是友情
发掘人才需要考试	发掘人才不需要考试
金钱是谈婚姻的必要条件	金钱不是谈婚姻的必要条件

八、课外拓展

表 14–3　非政策辩论的辩手职责

	正方	反方
一辩	"立" 说明己方在定义与定向两大议题上的立场，完成初步举证，提出主要论证与论据	"立＋锁" 说明己方在定义与定向两大议题上的立场；提出主要论证与证据；比较己方立场与对方的不同
二辩	"锁" 补充论证与论据锁定争议焦点，有时间进行攻防	"锁＋破" 锁定争议焦点，攻击对方立场，防御己方立场
三辩	"破" 攻击对方立场防御己方立场	"破" 攻击对方立场防御己方立场
结辩	"收" 总结辩论，提供判决标准	"收" 总结辩论，提供判决标准

表 14–4　政策辩论的辩手职责

	正方	反方
一辩	"立" 说明己方在"需、根、解"三项主要核心议题上的立场；完成初步举证；提出主要论证与论据	"立＋锁" 必要时质疑正方合题性；说明反方的政策立场；说明己方在"需、根、解、损"四项核心议题上的立场，以锁定辩论焦点
二辩	"锁" 必要时说明己方在合题性上的立场；补充论证与论据；锁定争议焦点；有时间则进行攻防	"锁＋破" 必要时回应合题性；补充论证与证据；攻击对方立场；防御己方立场
三辩	"破" 必要时回应合题性；攻击对方立场；防御己方立场	"破" 必要时回应合题性；攻击对方立场，防御己方立场
结辩	"收" 总结辩论，提供判决标准	"收" 总结辩论，提供判决标准

九、阶段测试

表 14–5　阶段测试 2

<table>
<tr><td>测试次数</td><td colspan="3">阶段测试 2</td></tr>
<tr><td>测试目的</td><td colspan="3">主要是评估学生对辩论理论知识的掌握程度，包括辩论的基本原则、技巧和方法等。通过测试，促使学生深入理解辩论的本质和价值，提高逻辑思维和辩证思维能力，为未来的学术和职业生涯打下坚实的基础。同时，测试还能帮助教师了解学生对辩论理论知识的掌握情况，为进一步的教学提供指导和参考</td></tr>
<tr><td rowspan="4">测试要求</td><td>测试方式</td><td colspan="2">闭卷</td></tr>
<tr><td>测试平台</td><td colspan="2">超星学习通</td></tr>
<tr><td>测试时间</td><td colspan="2">45 分钟</td></tr>
<tr><td>纪律要求</td><td colspan="2">1. 提示学生注意测试纪律，独立自主完成题目。
2. 请学生在规定时间内完成试卷</td></tr>
<tr><td rowspan="4">测试内容</td><td rowspan="3">题型与分值（总分 100 分）</td><td>多选题</td><td>每小题 4 分，共 8 小题，共 32 分</td></tr>
<tr><td>填空题</td><td>每空 2 分，共 24 空，共 48 分</td></tr>
<tr><td>简答题</td><td>每题 10 分，共 2 题，共 20 分</td></tr>
<tr><td>考核知识点</td><td colspan="2">主要考查知识点为辩论概念、辩论原则、辩论技巧、反驳策略、驳论方法、辩论战术、案例分析等内容，包含了辩论部分的理论内容，并通过理论联系实际，熟悉辩论全过程，对辩论单元内容的复习和考查</td></tr>
<tr><td>测试要求</td><td colspan="3">1. 测试内容需涵盖辩论理论的基本知识，包括辩论的定义、原则、技巧和策略等。
2. 测试题型应多样化，包括多选题、填空题、简答题，以全面考查学生对辩论理论的理解和应用能力。
测试难度应适中，既不能过于简单，也不能过于复杂，以保证测试的有效性和公正性。
3. 测试时间应控制在规定的时间内，要求学生快速准确地完成测试。
4. 测试结束后，应由专业教师进行评分，并给出详细的评分标准和反馈，以帮助学生了解自己的不足之处并加以改进</td></tr>
</table>

第七节　小组汇报

一、任务目标

本节通过辩论项目，测评学生现场论证攻防，使学生掌握立场分析、方案策划、申论文稿、现场发表等综合能力，真实反映学生学习本门课程的情况，锻炼和培养学生的团队合作及创意思维能力。

通过本次任务的实践，可以提升学生的逻辑思维、辩题分析、论辩攻防等专业能力，同时培养信息收集及书面表达、口头交流及团队合作、现场质询辩论、临场应变等可转移能力。

二、选题要求

本次小组任务共有 6 个选题方向，具体名称和要求见表 15-1，各小组需选择其中一个方向完成团队专题演讲任务，教学班内小组之间选题不得重复。

表 15-1　选题名称及研究方向

序号	选题名称	研究方向
1	大学生兼职利大于弊	“大学生兼职利大于弊”，主要关注职业技能培养、经济收入增加以及社会经验积累等方面的研究
2	大学生兼职弊大于利	“大学生兼职弊大于利”的主要研究方向聚焦于影响学业表现、增加心理压力以及削弱社交活动等方面的探讨

续表

序号	选题名称	研究方向
3	逆境更有利于人的成长	应对挑战的心理机制、个体逆境经历与发展成就的关系以及逆境经历对人格塑造和情感智慧的影响等方面的探讨
4	顺境更有利于人的成长	积极环境对个体心理健康、学业成就、人际关系的促进影响，以及幸福感对个体全面发展的正面推动等方面的研究
5	当今社会，合作比竞争更重要	合作的影响对组织绩效、社会发展和个体幸福感的比较分析，以及合作型领导与团队动力、创新能力的关联研究等方面的探讨
6	当今社会，竞争比合作更重要	竞争激励对创新、经济发展以及个体职业成就的影响，以及竞争环境对资源配置、市场竞争力的塑造等方面的研究

三、分组要求

学生自由组合，4—6 人为一组，根据学习任务要求，分工协作，共同讨论，完成学习，如表 15–2 所示：

表 15–2　分组形式及任务安排

任务	主要工作	人员安排
资料收集	包括市场调研、视频案例和方案样例等内容	1—2 人
案例分析	包括案例选取、案例来源和支撑作用等内容	1—2 人
论证攻防	包括逻辑推理、论证反驳和语言表达等内容	1—3 人
项目总结	小组成果的汇总	1 人

四、内容要求

（一）任务环节要求

1. 主题选择

每个小组选择一个明确的辩题，确保其具有争议性和探讨性。

2. 研究准备

每个小组进行充分的研究，包括查阅相关文献、统计数据，以及收集相关案例和论据，确保辩论立场具有充分的支撑和论证。

3. 辩论立场确定

明确辩论立场，包括确定支持或反对某一观点，并提出清晰的论点和论据。

4. 辩论策略规划

制订有效的辩论策略，包括组织辩手发言顺序、安排反驳对方观点的方法，以及准备回应可能提出的质疑和反驳。

5. 团队协作

小组成员之间密切合作，确保各自发言内容的连贯性和协调性，避免重复和冲突。

6. 时间管理

小组合理安排时间，确保在规定的时间内完成辩论任务，包括发言时间、辩论环节以及总结结论的时间分配。

（二）报告内容要求

1. 任务梗概

此部分为各自小组对任务的阐述（描述报告内容，写清任务的选题依据、主题背景、辩论思路等内容，不少于 400 字）。

2. 项目照片

课堂汇报照片（照片不少于 3 张）。

3. 项目情况及分工阐述

由小组各成员从不同分工角度拟写（描述报告内容、具体实施情况以及各分工情况，如何操作和展示，不少于 200 字）。

4. 项目总结

由小组各成员从不同分工角度拟写（完成以上内容后，总结本次小组报告的得失及感受，阐述自己所承担的任务，每名成员不少于 200 字）。

（三）辩论汇报 PPT

1. 简洁明了

PPT 内容应简洁明了，不应过于拥挤或复杂。

2. 结构清晰

PPT 应按照逻辑顺序展示主要观点、辩论结构及支撑内容。

3. 图片资料

尽量使用清晰、高质量的图片来支持辩论观点的展示和讨论。

4. 文字内容

文字内容应简明扼要，使观众能够轻松阅读。

5. 成果和展望

在总结成果时，明确表达辩论观点及辩论思路。同时，提出进一步的展望。

五、过程要求

一是各小组应经过充分讨论推选出组长，确定研究内容，组长拆分研究内容并分工给组员；

二是根据所选题目进行主题分析，凝练辩论观点，收集经典案例和素材资料，利用多种辩论方法设计辩论提纲；

三是团队协作沟通，所涉及知识可查阅书籍、网络资料或者询问教师；

四是组长需要根据实际情况向教师汇报研究进度；

五是小组成员整合研究内容，并撰写小组任务报告；

六是制作汇报 PPT，现场进行辩论，并对辩论内容进行答辩。

六、成果要求

根据研究内容，小组成员共同参与团队质询式辩论，撰写小组任务报告和答辩 PPT。

（一）辩论作品

将完整的辩论汇报视频交由教师保存，教师将挑选质量较高的辩论作品进行展示。

（二）小组报告

研究结束后，学生要提交小组任务报告（纸质版和电子版各一份）。

（三）答辩 PPT

研究结束后，学生要根据研究内容，结合小组任务报告制作答辩 PPT。答辩 PPT 要与小组任务报告中内容一致。文件命名为：× × 级 × × 班—第 × 小组—研究题目。

七、时间要求

一是小组任务及题目将在第 1 课进行布置，布置任务后 2 天之内确定小组成员及研究题目；

二是本次小组任务第 15、16 次课集中答辩，每组在答辩前一周完成小组报告和 PPT；

三是组长至少每周向教师汇报研究进度；

四是答辩结束后，小组成员需要按照教师的指导和点评，完善小组研究内容，修改小组报告，一周内上交所有相关材料。

八、考核标准

小组任务的完成情况主要考核小组报告的撰写质量、小组汇报的实际效果、现场回答准确程度等方面。其中，小组整体得分占小组任务总成绩的 70%，个人得分占小组任务总成绩的 30%，两次小组任务共占本门课程总成绩的 25%。

表 15-3　演讲与辩论课程小组任务 2 评分标准

<table>
<tr><th colspan="2">小组评分（满分 70 分）</th></tr>
<tr><th>评分项目</th><th>考核点及标准</th></tr>
<tr><td rowspan="3">辩论呈现
（30 分）</td><td>界定辩题合理，词语定义辨析到位，构思议题到位，证据获取贴切、真实。论证的主张、根据、推论、主张、驳论使用到位，给予 7—10 分；基本符合辩题要求，辩论内容设计较为普通、创新性较弱，给予 4—6 分；没有达到预期辩论效果，辩论内容设计有较大漏洞，给予 0—3 分</td></tr>
<tr><td>架构清晰、逻辑思路有条理。辩论目的明确，基调把握合理，探求焦点合理。立论巧妙限题、升高起点、精心定义、追求创新。方案设计完整，充实，给予 7—10 分；辩论技巧运用较少，现场表达语言生动性及应变能力欠佳，给予 4—6 分；辩论内容及观点缺乏说服力，辩论效果一般，给予 0—3 分</td></tr>
<tr><td>训练组织秩序井然，各环节衔接自然，能够有效处理现场各种情况，随机应变能力强，给予 7—10 分；汇报组织不够流畅，对现场控制组织效果一般，给予 4—6 分；汇报活动混乱或停滞，活动组织效果较差，给予 0—3 分</td></tr>
<tr><td rowspan="3">小组报告
（30 分）</td><td>小组报告能够对本次小组任务进行全面、客观的描述，给予 7—10 分；报告内容较为详尽，思路清晰，给予 4—6 分；报告语言不够精练，对汇报展示过程或语言表达不够清晰，给予 0—3 分</td></tr>
<tr><td>小组报告包含必要的选题分析、观点立论、案例选取，辩论提案，内容饱满、语言通畅，给予 7—10 分；报告内容缺少 1—2 项，辩论内容较为充实，给予 4—6 分；报告缺项较多，辩论结构设计不够完整，给予 0—3 分</td></tr>
<tr><td>小组报告整洁美观，封皮、目录等齐全，满分 10 分。有字体、排版等错误的，一处扣 1—2 分</td></tr>
<tr><td rowspan="2">PPT 制作
（10 分）</td><td>对设计过程的介绍完整翔实，思路清晰，酌情给予 0—5 分</td></tr>
<tr><td>PPT 设计美观，图文搭配合理，页数在 10 页以上，酌情给予 0—5 分</td></tr>
<tr><th colspan="2">个人汇报评分（满分 30 分）</th></tr>
<tr><td>个人工作量
（10 分）</td><td>个人工作量饱满，承担重要工作，给予 7—10 分；工作量较为饱满，承担辅助工作，给予 4—6 分；工作量不足，给予 1—3 分；无工作量得 0 分</td></tr>
<tr><td>团队协作
（10 分）</td><td>沟通能力强，在团队中能提出建设性的意见和观点，给予 7—10 分；能与成员保持沟通，善于倾听并提出意见，给予 4—6 分；不能有效和组员协作，给予 0 分</td></tr>
</table>

续表

个人汇报评分（满分 30 分）	
答辩表现（10 分）	仪表整洁，衣着得体，态度认真、端正，语言流畅，表达清晰，给予 7—10 分；语言不够流畅，给予 4—6 分；照本宣科、不能脱稿，给予 1—3 分；不参加答辩得 0 分；回答问题，每出现一次错误，扣 1—3 分

九、课后作业

1. 针对辩论立场进行分析，改进小组报告。

2. 修改完善立论和陈词内容，为参赛做准备。

第八节　竞赛辩论词赏析

本节为拓展内容。主要包括 1999 年国际大专辩论会决赛辩词，通过这场精彩的辩论比赛我们可以更直观地感受到选手们论辩攻防机智反应和精彩博弈的语言交锋，另外在每部分辩词后面还附有关于辩词的点评，大家可以参考借鉴，希望对大家的辩论实践有所帮助。

一、1999 年国际大专辩论会决赛辩词摘录

图 16-1　国际大专辩论赛

（一）国际大专辩论赛的由来

国际大专辩论赛首创于 1999 年，两年一届。2007 年更名为国际大学生群英辩论会，并于 2011 年永久落户青岛。这项赛事通过中国中央电视台和新

加坡新传媒的电视转播，影响力日益增大，并逐渐成为华语辩论的最高舞台。来自全球范围内各大院校的辩手在这一舞台上各显神通，大力推广和发扬辩论艺术和中文文化。历届以来，大赛赛制也在不断创新，使比赛更具有观赏性和竞争性，比赛中辩手深厚的理论功底以及精彩的临场应变和团队配合，往往成为人们念念不忘的经典。

（二）精彩辩词背景介绍

1999 年国际大专辩论赛，作为 20 世纪末最后一场辩论赛，意味着非凡的结束又象征着伟大的开端。这场在北京举办的世纪之辩，深刻总结了十余年辩论会的经验和教训，在比赛规则上进行了重大的制度创新，从而开创了一个与新加坡模式几乎完全不同的崭新时代，它是辩论赛史上革命性的转折，是辩论赛走向新生的萌芽。

首先，它把原本由三个人承担的陈述任务放到一个人身上，将背诵的影响减弱到最低限度。其次，它不仅要求辩手之间要相互盘问，而且要求盘问之后要做出小结，突出地考查了辩手的临场应变能力和现场总结能力。最后，最重要的是它增加了类似足球比赛中的自由人制度，这种自由人之间的对话，使辩手对问题无可逃避，一旦你试图回避问题，立刻会被对方挤入死角，“辩”的交锋在这里就得到了充分体现。

于是，我们终于能够欣赏到一场充满刺激与对抗的辩论赛，我们终于可以听到期待已久的思想交锋，我们终于可以感受到辩论本身所散发出的智慧魅力。在这场关于“美是主观感受还是客观存在”的世纪之辩中，我们屡屡为对阵双方的精彩表现而叫好，为双方的机敏与睿智而由衷地赞叹，它把我们带入了一个真正属于辩论的天地。

（三）精彩辩词

正方：马来亚大学（陈瑞华、郑玉珮、何晓薇、胡渐彪）

反方：西安交通大学（樊登、郭宇宽、路一鸣、谭琦）

1. 陈述立论阶段

陈瑞华（正方）：主席、评委，大家好！到底是客观存在的美决定了人对美的感受呢，还是人的主观感受创造了美？今天我们双方辩论员在此辩论，就是要解决这千古难解的美学难题。如果说美是主观存在的话，那就是说，今天美的存在与否完全由个人主观意念而决定着。但我方今天就是要告诉大家，美的存在有它一定的规律，就因为这不变的规律，因此美的存在不以个人主观的意念而改变，这就是我方的观点：美是客观存在的。

美是一个事物或行为的特质，它有着三个特性：第一，形象性；第二，感染性；第三，功利性。第一，形象性指的是，一个事物如果要发挥它的美，它就必须拥有一个具体的形象或形式；第二，它也必须拥有一个感染性，让人们能够引起本身的欢愉或喜爱的感觉；第三，它也必须拥有一个功利性，能够给予人精神及物质上的好处，例如进化及使用等。由于美的存在必须以这三个特性作为衡量，因此也就产生了一个客观的规律。而由于要用这个客观的规律去衡量，对方又怎么能够说这是主观感受呢！

除此以外，美的三个特性也是独立于人的主观意念之外，人的主观感受不能够改变这三个特性的规律。在欣赏的过程中，主体与客体之间所产生的关系只能是感受与被感受的过程，是客观存在的美引起了人的美感，而不是人的美感创造了客观事物的美。美不以欣赏者的个人主观意念而改变。金字塔的美始终存在于金字塔本身，就算没有人去欣赏金字塔，但是金字塔的美却也是千古地流传下来呀！

如果说美并没有一个客观的标准，那么就是说，我们以个人的主观喜好来作为标准的话，那么千百个人就有千百个不同的标准。请问，这又和没有标准有什么分别呢？当然，一个事物的美和丑对于不同的人来说，可能有不同的美感，但这种种不同的美感起源是由个人不同的背景、不同的审美观念，以及个人不同的修养而决定的。当然，我们可以欣赏美，去发现美，并且可以用美的规律去创造它，但是却不能够轻言地要取消美，或否定美的存在。如果说美是主观感受的话，那我就不明白了，人类一直追求的真、善、美等伟大的目标，不完全没有意义了吗？因为它们因人而异，随时改变哪！法国美学家狄克罗斯就告诉我们，不管有没有人，卢浮宫的美不会因此而荡然无存！谢谢。

樊登（反方）：谢谢主席！各位好！对方同学为什么忘记了罗丹曾经说过，在艺术家的眼里，这个世界没有什么东西是不美的。而且主观的东西就代表了任何人都可以随意地改变它吗？主观难道不具有普遍性，我们就不能倡导和培养吗？其实对方同学今天始终强调的是，美需要有一种客观的物质基础，这一点与我们根本就不矛盾，有哪一种主观感受可以脱离客观的物质基础而存在呢？

我方认为，美是情感的想象活动所引起的精神愉悦，它需要感受于存在而会于心灵。如果美是客观存在，像这张桌子一样的话，那么我们根本就不用“感”，也不用“会”，只要“看”就可以了，这样倒也方便。只不过我们看到的将会是千篇一律的美，因为美是客观存在的，那么只要大家的视力差不多，对美的认识就应该是相同的呀！这样一来，就有一些问题不好解释了，为什么我们要不断地交流对于音乐、绘画、美术，包括辩论的感受？为什么人们对于一些问题总是不能达到一种共同的默契呢？这样一来对方就需要解释的是：为什么蒙娜丽莎的微笑，让我们猜测了几个世纪？为什么宋元的山水画至今我们说不尽，道不完？为什么大家对一块奇石的看法会截然相反？为什么那么多的艺术流派会百花齐放？这么多的“为什么”，对方同学怎么解释？其实哲学家休谟早就解释过了，他说：美从来就不是物质的客观属性，根本没有客观的标准。这一点与中国传统文化也暗暗呼应，从孔子的“智者乐水，仁者乐山”到柳宗元的“夫美不自美，因人而彰”，都在说明着这个道理。如果对方同学还不相信的话，那我可以告诉诸位，实验心理学的学者们早就用科学研究的方法证明了，任何线条啊，颜色啊，本身并不具备美的标准。而人类为什么会对这些线条、颜色的组合产生感情，觉得它美呢？那是因为我们对它倾注了很多的情感与想象，加上各自不同的文化背景，才构成了我们这个斑斓的、美的世界。所以我们才能够见到国旗、国花，觉得它们是最美的；所以我们过三峡时，看到的不是山，而是等待夫婿归来的女子；所以我们见到黄河就能够感受到母亲般的情怀。说到这儿，我感觉到我们的生活是多么的美好，我们可以感受、想象、去听、去看。人类在客观世界就已经受到了太多的约束，如果我们美的这种自由的体现，还要被对方用客观的标准来束缚住的话，那我只能说我感觉到非常的悲哀！谢谢！

【点评】在规范发言中，正方以美的存在有它的规律为正方立论的起点，阐明美的形象性、感染性和功利性三大特性，强调美存在客观的标准。最后，引征狄克罗斯的话作为结语，使开篇立论鲜明清晰，先发制人，富有进攻性。

反方开言能否直接“接球”很重要，反方一辩用罗丹的话来回应狄克罗斯的观点，接球接得自然得体，接着反方用一串问句先行反击，提出“主观的普遍性”（社会的客观）问题，把正方忽略的——由主体参与的社会的客观这一阵地占领了，继而认同正方美需要一种客观的物质基础，以退为进地把对方立论限定在物质基础范围内，为自身扩大了防区。在回应之后，反方不仅给出了美的明确定义，而且用轻松的比喻揭示出美的多样性特征，接着用连问自答的方式发起猛攻，气势宏大。最后，反方还把美与自由范畴直接关联，提出了美是自由的体现，使主论上升到一个相当的高度。

辩论赛是一种“逻辑之辩”。“逻辑之辩”是对某一命题的正方或反方的合理性进行逻辑强化或逻辑弱化的“对辩”。论辩术的开创者普罗泰戈拉认为：任何命题都有两个相反的论证，论辩的目的和主要技艺就是如何使弱的论证变为强有力的论证。

正方的强化手段应是不仅要强调美的客观性，而且要强调主观的普遍性也是一种客观存在，即使面对主观性，仍可强调主观的内容或主观所反映的对象总是直接或间接地表征着、体现着客观存在。这样一来，正方就为自身的立论设立了一个十分宽阔灵活的防区，使反方受逼。事实上正方立论只强调了美的自然客观实在性，忽视了社会的客观存在与主观性的内容的客观存在，并且在阐述美的形象性、感染性和功利性特性时，忽略了它们与主体活动的不可分割性。在提出美的客观标准时，没有阐明不同主体的审美标准的内在联系与本质，从而为对方的攻击留下余地。正方较多地从命题双方的对立性上考虑立论，而不是较多地从命题双方的辩证性上考虑立论，故存有较大缺陷。

反方在实战中比正方更有利些，反方的立论既强调了美是一种情感的想象活动所引起的精神愉悦，又强调了主观具有普遍性，还强调了离开主体的任何客观存在是无意义的，也就是无所谓美丑与否，并用美的自由本质来消解正方关于美的客观标准说，从而在广度、深度、力度上均占了优势。

2. 自由人的发言时间

谭琦（反方）：大家好。《聊斋志异》里面的鬼魂有没有形象呢？有。有没有感染力呢？有。有没有功利性呢？有，可以用来吓唬小孩儿。可是鬼魂是客观存在吗？不是。谢谢！

胡渐彪（正方）：大家好！先针对对方辩友对我们做出的第一个攻击，对方一辩说我方言论是建立在美是建立在物质基础之上。错了，这点对方辩友揣测错误，我方完全没有这个概念，请您澄清这一点。第二，今天对方辩友的立场有一个离题的错误性，对方辩友所谈的不是美，他们说的是美的感觉。举一个例子给大家，我们知道针是尖的，但是这个针尖和刺到我手有尖的感觉是截然不同的概念。我们知道针的尖是存在于客观世界，它的感觉确实是在主观感受里面，两者截然不同。诚如对方辩友刚才所说的，今天没有一样东西不美。我方也承认，因为这个美的特性是存在于每一样东西之中。为什么我们会感觉有不同美的感觉呢？很简单，因为美的特性是多样化的，人从什么角度去看美就会得到不同美的感受的结论。

但是请注意，美的感受和美本身截然不同。请待会儿对方辩友澄清这一点。

3. 质询环节

反方二辩向正方提问。

郭宇宽（反方）：谢谢！对方同学说美不等于美的感觉，那我想请教对方一辩，美能不能脱离人的感觉而存在？如果能的话，举出一个例子来，好不好？谢谢！

陈瑞华（正方）：美当然能够脱离人的感觉而存在啦！一朵花存在于客观世界之中，但是我们能够说花是感觉吗？花的美是感觉吗？不能。花有美的特质，花有美的特性在。但是今天我们能够感觉到花的美，是因为我们在不同的角度来观赏美，因为花能够给予我们不断的感染。但是我们不能够说美和美的感觉是一样的。对方清楚了？

郭宇宽（反方）：请教对方同学，那么既然美是可以感觉到，感觉不到不代表不美，那么对于电磁场这种我们不能直观感受到的东西，请教你们的二辩，它到底美还是不美呢？

郑玉珮（正方）：美不美是要存在在事物之中，但是我们能不能感觉到美，就是凭我们自己的主观感受。但是如果说我们感觉不到美的话，并不表示说那样东西不美，它就必须有美的特质。对方刚才说电磁场，那么电磁场本身若是拥有美的特质，它能散发出美的特质，能影响、感染人的话，那么它就会令人有美的感受。但是若美的特质不在电磁场上，那么就无法让我们感受到它的美。所以美本身还是客观存在的，在那个事物之上，而并非我的（时间警示）主观感受，就告诉说，电磁场美不美呀！（掌声）

郭宇宽（反方）：请教对方三辩，当社会上对美的认识不统一的时候，你是根据什么样的标准确定你的审美取向的呢？

何晓薇（正方）：对方刚才说当社会上美的标准不统一，我会如何确定审美取向。我们今天要知道的是，美是客观存在的，它本身有一定的形象性，也具有一定的感染力，而且它必须能够满足人的功利性要求。因此而看，如果一样事物具有美的特征，就是这三样美的特征，它就能够发出它美的光辉，让人们去决定它到底是美还是不美。然而当我们说它是不是美的时候，这是一种人的主观判断，而不是……（时间到）而事实上是客观存在呀！（掌声）

正方二辩向反方提问。

郑玉珮（正方）：请问对方一辩，美是不是一种可供研究的对象？

樊登（反方）：美当然是一个可供研究的对象，要不然我们在这里辩论它干什么？我们研究它就要看看它到底是客观的呀，还是主观的。对方同学说是一个客观的东西，但是它可以随着人的意志不断地改变，而且说在没有人的时候，有一个东西也可以是很美的。那我就请问了，一朵花如果很美的话，没有人去欣赏它，换了一只小狗走到了花的跟前，它对花会采取一种什么样的感觉？如果觉得这个花有点香味的话，它说不定一口就上去了。这个时候，

小狗怎么能够知道这个花美不美呢？没有人的时候，花到底美还是不美呢？（掌声）

郑玉珮（正方）：请问对方二辩，一个诚实的人所散发出来的内在美，是不是会因为您的主观改变而随意改变呢？

郭宇宽（反方）：首先我们说，美和善还不是一个概念。假如对方同学把这种善也当作一种我们今天讨论美学中的美的话，那我们可以说，为什么那个既善良而又丑陋的赵传要说：虽然我丑，但是我很温柔呢？他应该说，因为我很诚实，我很善良，所以我根本就不丑哇！所以对方同学的概念出了一些小小的偏差。而美是我们自己心灵中的感受，这一点的话，是在各人看来有不同的角度。假如说（时间警示）统一的话，为什么对同样一块瓜，会看出来有的人是西瓜，有的是冬瓜呢？这显然不客观嘛！（掌声）

郑玉珮（正方）：请问对方三辩，我美不美？（笑声）

路一鸣（反方）：对方二辩非常美，但这个观点只代表我个人的感受。有没有人认为对方二辩不美呢？如果有人胆敢说对方二辩不美，我们要不要踏上千万只脚让他永世不得翻身呢？如果美的标准是客观的话，你何必问我美不美，你只要评价、衡量，拿自己的标准去衡量一下那个客观的标准，何必问大家你美不美呢？（热烈掌声）（时间到）

【点评】自由人发言和盘问是开展正面交锋的良机也是在理论的基础上向对方发射撒手锏武器的良机，特别是盘问应该通过两难设问、逻辑归谬、事实反驳、揭露矛盾等逻辑手段，使对方面对凌厉的攻势而难以招架。例如，反方自由人以简洁的言辞，用“鬼魂”以正方关于美的三特性相比，进而消解正方的立论，具有尖锐的逻辑攻击力。尽管正方自由人对于反方一辩进行了反击，异军突起地抛出了美的感受与本身截然不同这一撒手锏，但因他没有直接回应反方自由人的发难，致使锐气大减，反而反方二辩在第一个盘问中则直接回应美不等于美的感觉，并通过反问和要求举例，把对方逼到角落，不仅在气势上压过对方，而且进一步暴露了正方立论狭窄的缺陷。在下面的盘问中，反方又以两难问题“感觉不到的电磁场美不美”“超越不同审美标准的审美取向如何确定”进行发难，很好地抓住了盘问攻击的良机。正方的回答则或者越来越被动，或者勉强招架，或者答非所问，使自己在对立中居于劣势。

正方的盘问设计存在问题，尽管正方的盘问试图以退为进，为自由辩论的展开埋下了伏笔，但却被反方抓住机会追击，十分被动。一问“软弱不力”，提出美是不是可供研究的对象，结果招来反方的一阵猛打。二问“留有余地”，但善与美的关系问题一经提出就被对方做了发挥。三问“引火烧身”，设问“我美不美”，却不自觉地为对方的逻辑展开垫了底。殊不知，盘问的特点是“只问不辩”，如果不是通过两难设问、逻辑归谬、事实反驳、揭露矛盾等逻辑手段，在唯一可能的一句话中使对方难以招架，那就等于把阵地让给对方。

4. 盘问小结

郭宇宽（反方）：谢谢！对我的第一个问题说，一朵花摆在那里，你不去感受，它也是美的。这种说法对吗？不要急。我的第二个问题中，对方辩友就告诉我们电磁场不具有美的特性。为什么电磁场不具有美的特性呢？因为人无法直观地感受它。一个东西一旦人无法直观地感受它，连美的特性都没有了，这不就说明美不能脱离人的感受而存在吗？那么再反观第一个问题，对方同学为什么说那朵花是美的呢？是因为就算他自己没有直观的感受，也有人去感受了，把这种感受传达给了他。这就好像有人买了一个东西作为礼物送给了对方辩友，难道因为她没有掏自己的腰包，就告诉大家在这个世界上买东西可以不花钱的吗？假如这样，真是要误人子弟了呀！（掌声）对于我的第三个问题，那对方同学告诉我们说，这个美是一个客观的东西，大家应该掌握一个统一的标准。真的是这样吗？刘德华说，他的梦中情人有一头乌黑亮丽的长发；而我的梦中情人却是一头乌黑亮丽的短发，这怎么统一得起来呢？假如要统一的客观的话，到底是刘德华错了，还是我错呢？假如我们俩都没错的话，那肯定就对方辩友说的那个标准是客观的错了。假如一定要统一起来，是不是我们的梦中情人都应该半边脑袋是长头发，（笑声）半边脑袋是短头发呢？而且审美是我们自己的感受，如果在审美上我们都不能够由自己的感受来做主的话，那么我们只好说还不如回家卖红薯。谢谢大家！

郑玉珮（正方）：刚才我问对方一辩，美是不是一种可以供研究的对象。

对方承认了，他说美是可以研究的。那么这不就向我们证明了美是客观的存在吗？若美不是客观存在的话，对方要研究什么呀？如果对方说美是主观感受的话，那么主观感受是什么呢？就是存在对方主观里面的一种想法，是一种对方主观的感觉。如果对方说美是主观感受，那么又可以研究的话，对方是不是告诉我，他将研究他自己的感受啊？那么那不叫美学，那个叫心理学啦，对方辩友！对方二辩又向我回答说善不等同于美。那么我倒奇怪了，为什么内在美就不能是美呢？善良、诚实所散发出来的感染力、影响力难道就不能是一种美吗？对方这样子说，是不是要告诉我们只有外在美才是美，内在美就不是美呀？亚里士多德都告诉我们，善跟美是统一的呀！对方说，如果看到一朵花，香的话，小狗会有什么样的反应？小狗闻到那朵花香，这也就是说，花的本性美是客观存在在那里的，不管是狗还是人都会感受得到啊！而对方三辩，我就必须谢谢他了，因为他说我美呀！但是对方三辩又说，如果现场观众有谁认为我不美的话，那么可是要骂他们的哟！这倒不必，因为美丑是大家主观感受衡量标准的不同。但是并非表示说，对方感受到我丑的时候，我的脸就会马上变得面目狰狞。因为我还是我，我还是站在这里……（时间到）只是鉴赏角度不同而已。谢谢！（掌声）

【点评】盘问小结，自由人对话、自由辩论是辩论赛中承上启下短兵相接整体配合的阶段，也是体现逻辑之辩的可变性与辩者的综合素质的最重要的阶段。

盘问小结是对盘问攻击的强化与巩固。反方先发制人，对正方的回答逐条进行归谬。并且用形象的语言、生动的比喻说明：花之美的感受传达、自在状态下的电磁场的非美特性、梦中情人发型的多元标准的主观感受性，现场效果很好。正方针锋相对、据理力争，但在这里出现了几个明显的偏颇，一是认为可研究的就是客观存在的，二是认定研究感受的只是心理学而不是美学，三是独断地认可狗具有对花香的反应或审美感受。

5. 总结陈词

路一鸣（反方）：好一场唇枪舌剑的自由之辩！不过我们仔细分析，在对方的口若悬河之下，对方非但不能自圆其美，而且还有几点非常明显的美中不足。第一，对方的立论基础无非说：美可以脱离人的主观意识而存在。所以对方自由人才告诉我们，这本唐诗拿到了国外，就算这个人没有看过，也会觉得它是美的。如果这本唐诗从来就没有人看过，有没有人觉得它是美的？如果对方二辩，没有人去欣赏她的话，有没有人觉得她是美的呢？其实，对方论证的是：美可以脱离一部分人的主观意识而存在。那是因为另一部分人主观上认为它美，我们知道了。我们从来没有见过西施、貂蝉是什么样子的，为什么我们现在一提到西施、貂蝉就想到了美呢？那是因为美就是人们主观上流传下来的口碑。这个时候，美是主观的普遍性。第二，对方又把美和善混为一谈，想要论证他们的辩题。对方又说，美和丑其实是可以统一的。如果真是这样的话，那么美可以有一个不以人的意志为转移的作用而存在，因而它对人应该有影响。不过如果我没有感到它的美的话，它对我的影响是什么呢？它的美的作用又在哪里呢？下面我总结我方观点。

第一，客观存在的事物只有融入了人的主观想象与情感才会显得美。从山川河流到花鸟鱼虫，从春夏秋冬到风云雨雪，我们看到，客观的事物是不以人的主观意识为转移的，正所谓“天行有常，不为尧存，不为桀亡”。而有了人的主观想象，才有了“山舞银蛇，原驰蜡象，欲与天公试比高”。

第二，我们认为，审美的标准和结果，会因为人们的客观生活经历和他的文化背景而不同。我们看到，很多人喜欢维纳斯的雕像。维纳斯的雕像风靡西方世界，但我们中国的老婆婆却一定要给她缝上坎肩儿才能心安理得。楚王好细腰，唐皇爱丰满。那么在情人眼中，无论如何对方都如西施一般沉鱼落雁。这个时候我们看到，美其实是源于人们的主观想象和内心情感，是人们借助客观事物来表达人情冷暖。

第三，我们强调美是主观感受，因为这反映了人追求自由的价值信念。人的肉体受制于客观，从而人的精神就追求无限的驰骋空间。我们爱生活，因为生活的故事上（时间警示）下五千年，叫人浮想联翩；我们爱自然，因为“万类霜天竞自由”，那是生命的礼赞！

综上所述，我方认为，美丑无对错，审美无争辩。因而，我们才强调美是自由的象征，我们来自五大洲的辩友才能胸怀宽广地唱一首：一心情似海，

感动天地间！谢谢！（热烈掌声）

何晓薇（正方）：在感谢对方的滔滔陈词之后，我仍然不得不指出对方所犯下的一个错误，就是离题。对方今天告诉我们的种种，始终是人究竟是怎么样去审美，人觉得这个事物美不美。然而这是我们今天要讨论的题目吗？我们今天说，美是主观感受还是客观存在，说的是美究竟是以怎么样的一种形式存在啊！然而对方今天举出的花，举出的种种事物告诉我们，说的始终还是一种人怎么样地去审美，而不是我们今天所要讨论的题目啊！再者，对方告诉我们美和善之间不能够合起来谈。可是我们看到的是什么呢？许许多多的人具有内在美，难道对方说这些内在美不是善吗？这些善行不是美吗？再来，对方又说许许多多的人审美角度不同。可是这也不是我们所要讨论的啊！事实上，美，它是一种规律，是一种脱离于人的主观意识而存在的，它是客观存在的事物。

第一，美具有形象性。黑格尔就说了：美能在形象中见出。不管是自然界当中的"江南可采莲"的美，还是社会里舍身救人的美，甚至是艺术当中"问君能有几多愁，恰似一江春水向东流"的美，这种种的具体形态，正是美的形象性所在啊！

第二，美具有感染性。它的感染力量，或者让我们黯然神伤，在"十年生死两茫茫"之中不胜唏嘘，或者是让我们肃然起敬，在"留取丹心照汗青"之中敬仰万分。而这股力量正是让客观存在的美持续徘徊在人的脑海之中的呀！

第三，美具有功利性。人的本质力量推动人类追求美好的事物，而美正是可以让人感到愉悦啊！"阳春白雪"是美，"下里巴人"也是美，它们都是美，因为它们满足了不同的人的不同需要啊！

而这三种规律处在人的主观感受之外，不受人的主观感受的控制啊！同时规律本身的存在，也正是论证了美是客观存在的啊！实际上，因修养、经历，因社会条件、历史条件的种种不同，所以各人的审美能力有所不同，所以美有相对的美。然而对方不能够因此就把美和审美混为一谈！认为美是主观感受，这就完全否定了美的客观实在性，颠倒了美与美感两者之间的关系呀！

罗丹就曾经告诉我们：美是到处都有的。而我们的眼睛事实上不是缺少美，而是缺少了发现！谢谢！（热烈掌声）

二、辩题

事实辩题：

论证一般事实

1. 人性本善 / 人性本恶。

2. 不破不立 / 不立不破。

3. 知足常乐 / 知足未必常乐。

4. 仁者无敌 / 仁者未必无敌。

5. 一山能藏二虎 / 一山不能容二虎。

6. 强将手下无弱兵 / 强将手下未必无弱兵。

迹象：预测某事会实现

7. 男女平等是可能实现的 / 男女平等是不可能实现的。

8. 人类和平共处是一个可能实现的理想 / 人类和平共处是一个不可能实现的理想。

9. 金钱的追求与道德可以并行 / 金钱的追求与道德不可以并行。

类别：A 属于 B

10. 性教育是科学教育 / 性教育是道德教育。

11. 人类是环境的保护者 / 人类是环境的破坏者。

12. 网络经济是泡沫经济 / 网络经济不是泡沫经济。

13. 网络爱情是真正的爱情 / 网络爱情不是真正的爱情。

14. 网络的娱乐性比实用性强 / 网络的实用性比娱乐性强。

15. 虚荣心主要体现精神追求 / 虚荣心主要体现物质追求。

16. 真正的爱情一定是天长地久的 / 真正的爱情不一定是天长地久的。

17. 同性恋是个人问题，不是社会问题 / 同性恋是社会问题，不是个人问题。

18. 艾滋病是医学问题，不是社会问题 / 艾滋病是社会问题，不是医学问题。

19. 留学归国是个人问题，不是社会问题 / 留学归国是社会问题，不是个人问题。

迹象：A 代表 B

20. 高分是高能的体现 / 高分不是高能的体现。

21. 文凭能够代表知识水平 / 文凭不能够代表知识水平。

22. 经济发展水平的高低能代表文明程度的高低 / 经济发展水平的高低不能代表文明程度的高低。

因果：A 削减 B

23. 法治能消除腐败 / 法治不能消除腐败。

24. 地方保护主义可以克服 / 地方保护主义不可以克服。

25. 儒家思想可以抵御西方歪风 / 儒家思想不能抵御西方歪风。

26. 低价位政策能够使国产软件战胜进口品牌 / 低价位政策不能使国产软件战胜进口品牌。

27. 加大打击力度能够从根本上消除盗版现象 / 加大打击力度不能从根本上消除盗版现象。

28. 用和平手段可以遏制恐怖主义 / 用和平手段不能遏制恐怖主义。

因果：A 造成 B

29. 逆境有利人才成长 / 逆境不利于人才成长。

30. 效率必然牺牲平等 / 效率不一定牺牲平等。

31. 网络影响人际关系 / 网络不影响人际关系。

32. 纪律会促进个性的发展 / 纪律会限制个性的发展。

33. 生态危机可能毁灭人类 / 生态危机不可能毁灭人类。

34. 距离会使感情变得疏远 / 距离不会使感情变得疏远。

35. 读大学，长进最大的应该是知识 / 读大学，长进最大的应该是人格。

36. 电子商务将会改变现有营销模式 / 电子商务不会改变现有营销模式。

37. 经济发展可以避免自然环境恶化 / 经济发展不能避免自然环境恶化。

38. 社会主义市场经济能避免拜金主义 / 社会主义市场经济不能避免拜金

主义。

因果：A 控制 B

39. 时势造英雄 / 英雄造时势。

40. 强权胜于公理 / 公理胜于强权。

41. 外行能够管好内行 / 外行不可能管好内行。

42. 廉政建设主要靠自律 / 廉政建设主要靠他律。

43. 代沟的主要责任在父母 / 代沟的主要责任在子女。

44. 社会安定主要靠法律维持 / 社会安定主要靠道德维持。

45. 个人的命运是由个人掌握 / 个人的命运是由社会掌握。

46. 新闻自由是社会改革的最大动力 / 新闻自由不是社会改革的最大动力。

47. 实现男女平等主要应该依靠男性的努力 / 实现男女平等主要应该依靠女性的努力。

48. 以暴制暴是打击恐怖主义最有效的途径 / 以暴制暴不是打击恐怖主义最有效的途径。

因果：A 先于 B

49. 友情升华是爱情 / 爱情升华是友情。

50. 发掘人才需要考试 / 发掘人才不需要考试。

51. 机遇是成功的关键 / 机遇不是成功的关键。

52. 金钱是谈婚姻的必要条件 / 金钱不是谈婚姻的必要条件。

53. 温饱是谈道德的必要条件 / 温饱不是谈道德的必要条件。

54. 青年成才的关键是自身能力 / 青年成才的关键是外部机遇。

55. 企业发展需要无私奉献精神 / 企业发展不需要无私奉献精神。

价值辩题：

正价值或负价值

56. 网络有聊 / 网络无聊。

57. 钱是万恶之源 / 钱不是万恶之源。

58. 便利器具便利 / 便利器具不便利。

59. 美丽是福不是祸 / 美丽是祸不是福。

60. 大学校园越大越好 / 大学校园并非越大越好。

61. 环境立法促进经济发展 / 环境立法阻止经济发展。

62. 保护弱者是社会的倒退 / 保护弱者不是社会的倒退。

63. 市场经济有利于道德发展 / 市场经济不利于道德发展。

64. 名人拍摄商业广告可以虚构 / 名人拍摄商业广告不可以虚构。

65. 网络的发展对文学弊大于利 / 网络的发展对文学利大于弊。

66. 应当鼓励“新新人类”作家 / 应当批判“新新人类”作家。

67. 网络能成为婚姻的有效途径 / 网络不能成为婚姻的有效途径。

68. 网络对大学生的影响利大于弊 / 网络对大学生的影响弊大于利。

69. 外来文明对中国文明利大于弊 / 外来文明对中国文明弊大于利。

70. 提倡购买国货有利于经济发展 / 提倡购买国货不利于经济发展。

71. 全球化能为我国带来经济发展 / 全球化不能为我国带来经济发展。

72. 信息高速公路对发展中国家有利 / 信息高速公路对发展中国家不利。

73. 流动人口的增加有利于城市的发展 / 流动人口的增加不利于城市的发展。

74. 人的功利色彩增强是社会进步的体现 / 人的功利色彩增强不是社会进步的体现。

75. 在现代社会，英雄主义已经不合时宜 / 在现代社会，英雄主义并非已经不合时宜。

76. 传统道德观念有利于社会主义市场经济 / 传统道德观念不利于社会主义市场经济。

77. 博彩事业的兴旺是社会进步繁荣的象征 / 博彩事业的兴旺不是社会进步繁荣的象征。

A 价值优于 B 价值

78. 哭比笑难 / 笑比哭难。

三、补充参考资料

（一）辩论中的“需、根、解、损”

在奥瑞冈政策性辩题中，一向的传统就是会从辩题方案的四个项目来审视，一旦正方（特别是单题制）完成这四点的要求，基本上就会赢得比赛。因此，反方的任务就是质疑正方能提供充足理由，并满足以下四点。

1. 需要性

单题制的政策性辩题，通常题目是违反现状。譬如，“国家应废除死刑”。那么正方必须说明当前到底有哪些重大问题，因此“需要”改变现状，推动新的政策。“需要性”其实就是在谈“现状问题”。倘若现状没有问题（现状推定），那么就没有施行新政策的必要，正方又何必大费周章，因为任何变动，都有可能遇到不确定的新问题。举例来说，废除死刑后，是否会造成凶性残恶者更无所忌惮，犯下罪行。虽然，这不一定会发生，但在政策变动后，总是可能产生新问题，所以宁可选择现状推定。

2. 根属性

根属性大概是这四点中比较难直接理解的。简单地说，现状的问题是否来自（根属于、根源于）要改变的政策。倘若不是，那么采取其他方案，才能对症下药。

也有论者从因果关系来解释，也就是要解决现状问题，达成的好处是“果”。而是否找到真正的“因”，也就是持方的“计划方案”是否为解决问题的主因。否则，反方可以主张采用其他方案，更能直接解决正方提出的问题。

例如，有人认为废除死刑，可以避免误判后造成不可弥补的伤害。但是，自由刑（把人关起来），青春岁月，也是不可弥补啊！因此，废除死刑与解决误判的问题，其实没有直接因果关系。

这里可以注意到，根属性与解决力的差别。根属性是说有没有因果关系；解决力是说能否解决问题。因此，纵使废除死刑可以“解决部分”误判的问题，也就是有“部分解决力”。但是，反方会说，最好的方式应该是提升法官素质、改善审理制度等，这才有直接的因果关系或者说就能解决正方的问题，根本不用废除死刑。

例如，主张“上课禁止使用手机”的理由之一，可以解决分心问题。但是有人主张，就算不使用手机，人们还是会看杂书、睡觉、聊天等。问题在于课程规划、教学技巧，因此，这无关使用手机与否，手机与分心没有因果关系。

这就是从根属性来看。提出的方案是否与问题有因果关系。如果没有，就称为这方案缺乏根属性。

3. 解决力

解决力，顾名思义，就是解决问题的能力。譬如，世界需要超级英雄。正方强调当前的犯罪问题（需要性），而认为世界需要能力强大的超级英雄，像是世界警察般（根属性）管理全球秩序。而且，还要进一步说明，超级英雄拥有解决各种层出不穷的犯罪问题的能力（解决力）。

细心的读者可能注意到，解决力其实有时与根属性重叠。或者，就算计划方案没有根属性，即主要的问题与解决方案纵使没有因果关系，但是，只要能发挥解决力，就可以说明正方计划是有效的。因此，也有论者认为，其实根属性是可以省略考量的。

4. 损益比

任何政策都会有利与弊，正方提出一个新方案后，除了强调说明现状的问题，提出有因果关系的方案外，而且具备解决问题的能力。最后，还要告诉我们，经由利弊比较后，带来的利益是大于弊害。这样才算完整建构出正方的计划方案。

当然，如果是双题制，或者反方也是违背现状，就成为双正方。这时的反方，也要提出一套计划方案，符合“需、根、解、损”的要求。

例如，超级英雄的引进，固然可以解决世界上的许多问题，带来利益。但是，超级英雄的不可控制性（人类没有这些超能力，无法制衡它们）带来的灾难，怎么办？而且有超级英雄的出现，不也刺激超级坏蛋的出现？因为超级英雄违背了现有的科学定律，既然同意它们存在。同样地，也就应预设其他超能者出现的可能性。这样一来，世界不是有更多的毁灭性危险？所以，这就是弊端。接下来就是利益比较，倘若弊端有可能大过利益时，那么损益比的项目上，就应主张反对此方案。

以上就是从“需、根、解、损”四点来检视计划方案。虽然，一般不常听到申论稿完全照着这四点发挥。一方面过于制式；另一方面有可能是帮对方整理。不过，在评判时，有的就是从这四点来一一审视。因此，在准备申论稿时，不妨想一下自己的方案能否建构起这四点。

（二）辩论文献选读

1. 质询的原则

美国辩论学先驱艾宁格（Ernest Ningde）与布洛克瑞德（Brock Reed）在他们的名著《用辩论做决定》中，对质询者提出以下建议。

要有效地提出问题，必须要特别注意一些事项，其中四项原则特别重要。

第一，利用有组织的系列问题来建立一些基本主张，要比乱问一些随机混乱的问题有效得多，系列问题应该用来提出一个主要的建设性论点，反驳一个主要的反方论证，或是暴露对方证明方式的前后不一致。

第二，系列问题应该在事前详细规划，前面的问题须为后面的问题打好基础，有关第一个问题所有合理答案都应该被预期，并针对不同回答设计不同的第二问题，系列问题都应该通过此种方式充分准备。演练将可以帮助学生提高他们问题的品质，并预期对方的回答。辩手应该保持弹性，针对对方发表的特殊辩案，以及他们对早先问题的答复来调整预备的问题系列。

第三，系列问题所希望达成的最终主张不应该作为询问主题，问题的意义与重要性也不应该在质询中讨论。你从问题中获得了什么，应该留到随后的申论中进行。在后续发言中对质询所获结果做最大限度的运用是辩论艺术的重要部分。

第四，质询时间应该做有效使用，辩手应该避免提出复杂问题、冗长陈述或是需要冗长答案的问题。

2. 答辩的原则

美国辩论学先驱艾宁格与布洛克瑞德在他们的名著《用辩论做决定》中，对答辩者提出以下建议：

问问题只是质询，是辩论艺术的一半。辩手也要准备在被对方质询时辩护他们的立场。有关答复问题有以下四项基本原则：

一是队员们必须在事前决定他们在辩论中必须坚守的立场，他们必须预期可能遭遇的问题系列，并预备有助于辩护立场的答案，演练对此种准备很有帮助。

二是如果问题不明确或很模糊，答辩者应该要求澄清。然而，如果故意以要求澄清来浪费时间是有失风度的，听众很可能会察觉这种拖延战术。

三是答辩者应该以最直接、最能展现风度的方式来回答问题，他应该避免闪避问题，或是加上一大堆条件限制使答案变成毫无意义。

四是辩手不应该被限制回答“是”或“不是”，他也可能要必须交代部分前提。但答辩艺术是要提出明白的、清楚的，却能针对问题的回答，而且同时又能达成辩护己方立场的功效，要做说明或设定限制应该等到后续的申论中再做。

（三）辩论规则

1. 程序规则

（1）比赛人员

竞赛辩论分正反两方，各派出赛辩论选手三位，依申论次序分别为：正（反）方一辩、二辩、三辩，并指定其中一位兼任结辩。出赛名单应于比赛预定时间十分钟前报会场主席，否则视为弃权。

（2）发言程序

发言时间采用“544”制，即申论 5 分钟、质询 4 分钟、结辩 4 分钟。正反辩论选手发言顺序如下：

正方一辩申论，5 分钟。

反方二辩质询正方一辩，4 分钟。

反方一辩申论，5 分钟。

正方三辩质询反方一辩，4 分钟。

正方二辩申论，5 分钟。

反方三辩质询正方二辩，4 分钟。

反方二辩申论，5 分钟。

正方一辩质询反方二辩，4 分钟。

正方三辩申论，5 分钟。

反方一辩质询正方三辩，4 分钟。

反方三辩申论，5 分钟。

正方二辩质询反方三辩，4 分钟。

休息时间，2 分钟。

反方结辩，4 分钟。

正方结辩，4 分钟。

（3）计时方式

计时工作由主办单位指派计时人员负责，并以按铃方式告知发言辩论选手。申论于 4 分钟，按铃一声；4 分 29 秒、30 秒各按铃一声；4 分 58 秒、59 秒，5 分，再各按铃一声。质询及结辩，应于 3 分整按铃一声；3 分 29 秒、30 秒各按铃一声；3 分 58 秒、59 秒，4 分整再各按铃一声。时间届满，辩论选手即应停止发言，否则视为违规。

2. 立场规则

（1）合题性

正方界定立场应完全符合辩题要求，否则视为违规。反方界定立场应反对辩题，否则视为违规。

双方的基本立场界定应于一遍申论中完成，并不得于其后修正，否则视为违规。

（2）合题性质疑

正方表达之立场不合题或反方表达之立场合题时，反方至少应于一遍申论中，正方至少应于二辩申论中提出质疑，否则视为接受他方界定的立场。

3. 发言规则

（1）发言义务

辩论选手于指定发言时段登台发言，发言应符合清晰明了之原则，并展现风度及礼仪。除指定发言时间外，不得有高声谈话、故作姿态或展示道具之行为。

（2）道具使用

发言辩论选手在发言中可以使用平面或实物道具辅助发言，但不得使用有声或录像道具，道具一经使用他方也有使用权利。

（3）协助违规

参赛辩论选手于比赛开始后，不得从己方辩论选手之外他人处获得协助；发言辩论选手于发言计时开始后，不得从其他出赛辩论选手处获得协助，否则视为违规，但经发言辩论选手主动要求传递资料、证据者不在此限。

（4）质询权利

质询者控制质询时间，可提出任何与题目有关、合理而清晰的问题，并可随时停止被质询者之回答。

（5）质询义务

质询时间内，质询者应询问问题，不得自行申论或就质询所获之结果进行引申，否则视为违规。质询者自行申论或引申发言时，答辩者可要求其停止。

（6）答辩义务

答辩者应回答质询者所提的任何问题，但问题不合理时，答辩者可说明理由拒绝回答。答辩者可要求质询者重述其质询，但不可恶意为之，否则视为违规。

（7）反质询

答辩者不得对质询者提出询问，否则视为违规。答辩者提出反质询时，质询者可要求其停止，并拒绝回答。

（8）结辩义务

结辩人员应就己方论点及双方交锋情形加以整理陈述，不得提出任何申论及质询阶段未提出的论点，否则视为违规。

4. 抗议规则

（1）伪证抗议

辩论选手于发言中引述的证据资料应合事实，某方引述证据资料有误时，可由他方根据证据资料反证，提出抗议。

（2）抗议方式

依前条或其他事由而发抗议事项时，应由结辩或领队于赛前或赛后十分钟内，以书面方式向主席提出，否则不予受理，抗议提出后，主席应知会他方，他方亦可以书面答辩。

（3）抗议裁决

双方提出抗议时，主席应将“抗议裁决单”交予裁判人员（每项抗议一张），由其各自阅读书面抗议及答辩书，分别裁定。裁判人员要求验证事项者，其裁决单由主席收回后，应及时做相关处置，并于验证完毕后再交给该裁判人员裁定，抗议裁决的结果，应于各裁判的评分表中分别执行，并将裁决单附于评分表后供查询之用（见表 16-1）。

表 16-1　评分表

<table>
<tr><td colspan="2">时间</td><td colspan="2">地点</td><td colspan="3">场次</td><td colspan="2">主席姓名</td><td colspan="2">评委姓名</td></tr>
<tr><td colspan="11">评分区（请评委填写）</td></tr>
<tr><td colspan="6">个人分数评定</td><td colspan="5">团体分数评定</td></tr>
<tr><td colspan="2">申论（10 分）</td><td colspan="2">质询（10 分）</td><td colspan="2">答辩（5 分）</td><td></td><td colspan="2">结辩（5 分）</td><td colspan="2">整体分数（20 分）</td></tr>
<tr><td>正一</td><td>__分</td><td>反二</td><td>__分</td><td>正一</td><td>__分</td><td rowspan="3">反方</td><td rowspan="6">请依结辩表现评定</td><td rowspan="3"></td><td rowspan="6">请依论点表现评定</td><td rowspan="3"></td></tr>
<tr><td>反一</td><td>__分</td><td>正三</td><td>__分</td><td>反一</td><td>__分</td></tr>
<tr><td>正二</td><td>__分</td><td>反三</td><td>__分</td><td>正二</td><td>__分</td></tr>
<tr><td>反二</td><td>__分</td><td>正一</td><td>__分</td><td>反二</td><td>__分</td><td rowspan="3">正方</td><td rowspan="3"></td><td rowspan="3"></td></tr>
<tr><td>正三</td><td>__分</td><td>反一</td><td>__分</td><td>正三</td><td>__分</td></tr>
<tr><td>反三</td><td>__分</td><td>正二</td><td>__分</td><td>反三</td><td>__分</td></tr>
<tr><td colspan="11">计分区（由计分人员填写）</td></tr>
<tr><td>辩次</td><td>姓名</td><td colspan="2">申论</td><td colspan="2">质询</td><td colspan="2">答辩</td><td>总分</td><td>个人总分</td><td>个人名次</td></tr>
<tr><td>正方一辩</td><td></td><td colspan="2"></td><td colspan="2"></td><td colspan="2"></td><td></td><td rowspan="3"></td><td></td></tr>
<tr><td>正方二辩</td><td></td><td colspan="2"></td><td colspan="2"></td><td colspan="2"></td><td></td><td></td></tr>
<tr><td>正方三辩</td><td></td><td colspan="2"></td><td colspan="2"></td><td colspan="2"></td><td></td><td></td></tr>
</table>

<table>
<tr><td>辩次</td><td>姓名</td><td>申论</td><td>质询</td><td>答辩</td><td>总分</td><td>个人总分</td><td>个人名次</td></tr>
<tr><td>反方一辩</td><td></td><td></td><td></td><td></td><td></td><td rowspan="3"></td><td></td></tr>
<tr><td>反方二辩</td><td></td><td></td><td></td><td></td><td></td><td></td></tr>
<tr><td>反方三辩</td><td></td><td></td><td></td><td></td><td></td><td></td></tr>
<tr><td colspan="8">结果区（除评委签名外，由计分人员填写）</td></tr>
<tr><td>辩方</td><td>个人
总分</td><td>结辩
分数</td><td>整体
分数</td><td>总分</td><td>胜方</td><td>计分人员
签名</td><td>评委签名</td></tr>
<tr><td>正方</td><td></td><td></td><td></td><td></td><td rowspan="2"></td><td rowspan="2"></td><td rowspan="2"></td></tr>
<tr><td>反方</td><td></td><td></td><td></td><td></td></tr>
</table>

（四）补充材料

1. 辩论规则

在进入正式准备比赛之前，我们先简单介绍一下辩论赛的规则。

辩论比赛就像是一场语言上的拳击擂台赛。为了要让比赛精彩，同时也要保障在场的辩手，彼此是在有序的情况下进行的。因此，每种赛制都会有一些规定。不过，就像“考试引导教学”，一般教学容易导向以考试内容与方式进行。同样地，比赛规则也会引导辩论比赛的走向，因此各种赛制的规则，会影响整个辩论赛的进行。

首先，比赛制度不止一种。

在很多地方，大多比赛是打奥瑞冈制，这是当年从美国引进辩论比赛时，修改自当年美国奥瑞冈大学（又译俄勒冈大学）的辩论赛制。有趣的是，现在奥瑞冈大学不是采用奥瑞冈制，他们的学生对以他们学校为名的辩论制度，也感到十分讶异。

奥瑞冈制包括了申论、质询与结辩三个部分，通常人们称奥瑞冈“333”制，或奥瑞冈“544”制，前者是指奥瑞冈制申论 3 分钟，质询 3 分钟，结辩 3 分钟。而后者就是申论 5 分钟，质询 4 分钟，结辩 4 分钟。

进行的顺序如下：

正方一辩上台申论。完毕后，仍在台上。反方二辩上台质询，正方一辩答辩。

反方一辩上台申论。完毕后，仍在台上。正方三辩上台质询，反方一辩答辩。

正方二辩上台申论。完毕后，仍在台上。反方三辩上台质询，正方二辩答辩。

反方二辩上台申论。完毕后，仍在台上。正方一辩上台质询，反方二辩答辩。

正方三辩上台申论。完毕后，仍在台上。反方一辩上台质询，正方三辩答辩。

反方三辩上台申论。完毕后，仍在台上。正方二辩上台质询，反方三辩答辩。

休息 2 分钟后，反方先结辩，然后正方结辩。

2. 辩论重点

首先，理论上，整场辩论的计划方案，大原则必须在正方一辩、反方一辩就已经完全提出。后续的讨论，只能在大原则下进一步地说明与解释。在结辩时，尤其是不能提出新论点，否则视为违规，裁判应忽略不计，甚至因为违规而酌情扣分。

这里的理由很简单，如果一方的立论点最后才出现，看似好像成立。但是，并未经整场辩论的检验或只是让对方措手不及反应，这种成立是有问题的。因此，所有重要原则，必须在一辩就提出。

当然，在真正辩场中，什么是原则，什么是细则、补充说明，这些往往会有模糊地带。尤其是在一些示范赛中，因为各个辩手都是非常优秀的选手，但是又很难花足够的时间讨论，整合论点。因此，常常看到二辩、三辩可以提出新论点。虽然增添了比赛的可看性，但是，就一场正式比赛而言，则是比较不恰当的。

其次，奥瑞冈制的质询，因为是仿效法庭制，在质询时，原则上是禁止答辩者提问，主导权完全在质询者身上，就像律师询问证人、被告、原告一般。另外，为了避免辩手在质询时，借机长篇大论地申论，所以在规定上，也要求只能质询，不能自己引申。不过在实务中，大多的辩手还是会简单说明论点，很少能够做到完全不引申，只问问题而已。而且这样的整理，有助于评审得知提出这些问题的用意。

此外，奥瑞冈制的辩赛，常常在校际举办，因此会有主场优势的问题。鉴于此，在比赛规定上，会禁止台下观众鼓掌或发出声音。这是为了避免造成台上发言者或裁判受到影响。毕竟裁判也是一般人，容易受到群众的笑点、附和、鼓掌，来认定论点有效与否。因此，在主席说明规则时，往往会呼吁观众不要发出声音与鼓掌。

但是，在辩论赛场合中，对于辩手的精彩表现，甚至有些戏剧性的演出，台下观众只能忍住，不敢发笑或是附和。忍不住发出声音的，当意识到这个规定时，还会感到不好意思，刻意闭嘴，不反应。结果造成台下只能冷冷地看比赛，辩手在台上卖力辩论时，换来的只是观众冷淡的不反应。这种规定似乎造成观众对于比赛的疏离感。

这对于辩论比赛的推广，不是一件好事。这其实是可以考虑修改的地方，视不同场合来改变。甚至，还可以鼓励观众反应，让台上、台下有良性的互动，整个比赛就会很热闹。正如前面提到辩论的特性，除了寻求了解事物的真实面貌，还包括娱乐性质，这是过往比较没有注意的一环。当时推广辩论，还有其政治意义，希望与民主化并进的意味，现在则可以朝更多元发展。

除了奥瑞冈制，另一个比较常见的，就是华人辩论圈中过去称为“新加坡制”或有人称为“议会制”。近年来，随着华人圈辩论赛事的蓬勃发展，特别是随着现在网络时代的视频转播，这类的辩赛，似乎更为精彩。通常台下观众爆满，台上辩手更像是明星般地表现语言上的机智，甚至还非常有戏剧性。

为何辩论赛事风行于华人圈中呢？在马来西亚的华人，为了保存中华文化，特别是华语的使用，因此大力推广“华教”（华文教育）。而辩论赛也就是他们推动华语的方式之一，比赛时，往往受到当地华人的参与及支持。邻近马来西亚的新加坡，也同样受到类似的影响。

而在我国，在《奇葩说》之前，就已经有些高校将辩论视为重点发展。尤其当政治、社会氛围似乎仍有一定的限制时，辩论思考能够给予的空间是比较宽广的，更容易吸引学生们的关注。而在《奇葩说》爆红之后，对于辩论的兴趣，更是吸引了更多的年轻族群。《奇葩说》的辩手们，已经形同歌唱明星般，有自己的庞大粉丝群，甚至还开始代言商品。

在我国台湾地区世新大学口传系举办的“舍我杯”辩论赛，就是采用类似的制度，简单的顺序如下：

正方一辩开始申论（4分钟），反方四辩质询正方一辩（3分钟）。

反方一辩开始申论（4分钟），正方四辩质询反方一辩（3分钟）。

正方二辩开始申论（4分钟），反方三辩质询正方二辩（3分钟）。

反方二辩开始申论（4分钟），正方三辩质询反方二辩（3分钟）。

反方三辩进行驳论（4分钟）。

正方三辩进行驳论（4分钟）。

自由辩论环节，双方各有3分钟。主席提醒双方辩手，每一位辩手须至少发言一次，否则视为违规。如一方时间已经用完，另一方可以继续发言。有请正方先行发言。

反方四辩进行结辩（4分钟）。

正方四辩进行结辩（4分钟）。

由此可以发现，主要的差异在于“自由辩论”环节。在实际的辩场上，有论者认为“自由辩论”只是“倒垃圾”而已，在彼此通过一两句话向对方提问，或者扼要回答，再转攻对方。因为双方你来我往，就算一而再再而三地追问，对方也很容易躲掉。因为不时换人发言，很快就会转移话题。但是，自由辩论可以增加趣味性，特别是双方你来我往的短暂发言，唇枪舌剑，增加了比赛的刺激感。

在结辩方面，可以注意一下结辩的顺序。在辩论场中，通常是正方开始，正方结束。因为，一般认为正方先开始，已经面临了反方后来予以反驳的风险。倘若结辩时，又是正方先结，反方最后驳斥一番，对正方似有不公。因此，结辩时，让正方后结，让反方面临同样被驳斥的风险。

此外，目前还有的比赛，增加“奇袭”环节，也就是于任意环节后，一方提出“奇袭”，可以展开质询或者申论。借由这种不确定因素，一方面是战术运用，可以让某些火力强的辩手，有再次发挥的机会；另一方面，可以增添比赛的灵活性。

在时间的运用上，也有辩赛曾尝试使用总体时间来计算，譬如，正方总体发言就是 20 分钟，至于各个正方选手要发言多或少，就由各个选手自行决定。这种好处是时间弹性处理，不会让人在无话可说时，重复发言，耗尽时间。或者，对于比较想说清楚的地方，又可以比较充裕。也有的辩赛，开放观众提问、评审提问，其实可以依每场比赛举办方，适当地予以调整。

美国常见的辩赛还有一对一的林肯—道格拉斯辩赛制，这是源于林肯与道格拉斯（1858 年）竞选参议员时，两人精彩的辩论。而英国的国会制（2 对 2），则象征是执政党领袖与阁员对上反对党领袖与反对党议员，彼此轮番发言，并没有一对一质询。不过，发言中，另一方可以插话（heckling），提出会议询问（point of information），发言者可以自行决定是否接受、回应。非常类似于英国的议会辩论。而美国的政策性辩论，因为评分上重视论点得分，所以强调语速快，尽可能地丢论点来取胜，这又是另一种风貌。

此外，有些辩论赛，是整年一个辩题，所有的比赛，就是围绕在一个辩题上，可以想见，这时辩手们经过这一年的历练，几乎可以说已经可以写出一本书或硕士论文了。譬如，美国的交互质询辩论学会（Cross Examination Debate Association）2016—2017 年度的题目是：美国联邦政府应该建立国内的气候政策，包括至少在国内对于私部门的温室效应气体的排放量应增加限制门槛。

当然，更常见的，则是比赛前一段时间，诸如 1 个月、3 个月前公布题目，让辩手准备。然而，英国的辩论赛制则通常采即席制。即在比赛前 15 分钟公布题目，这更加考验选手们的机智、幽默与累积的能力。

介绍上述各种辩论比赛，只是希望强调，事实上，规则是人制订的。本来各种赛制，都会依举办目的、实际情况做调整。辩手在了解游戏规则之后，就尽力发挥，依照一定的规则走，就可以做最好的展现。不过，每种赛制确实可能造成不同的发展趋势，这是在考量规则时必须注意的。

以下附上几种赛制的简介：

1 对 1：林肯—道格拉斯辩论赛。

2 人国会制：正一发言、反一发言、正二发言、反二发言、反一总结、正一总结（各 3 分钟）。

3 人奥瑞冈制：正一发言、反二质询、反一发言、正三质询、正二发言、反三质询、反二发言、正一质询、正三发言、反一质询、反三发言、正二质询、反方结辩、正方结辩。

4 人新加坡制：正一发言、反四质询、反一发言、正四质询、正二申论、反三质询、反二申论、正三质询、反三驳论、正三驳论、自由辩论、反四结辩、正四结辩。

2/3/4 人简单辩论制：正方发言、反方发言、反方结辩、正方结辩（各 3 分钟）；

正反方可以各提出一次“奇袭”（3 分钟），由提出方任一成员主问，由另一方任一成员主答；开放 4 位观众发言提问或申论（各 30 秒）；正、反方回应（各 2 分钟）；美国学生议会辩论（约 20 位）；提案者阐述后，回座。反对者一一陈述理由。提案者可以反驳。